佛教寶藏

不動慧獅子 編著

佛陀的智慧猶如大海廣大無邊，
佛陀的心就是大慈悲心。
只要輪迴不空，
佛陀將永不入涅槃。

前　言

佛陀的智慧猶如大海廣大無邊，佛陀的心就是大慈悲心。佛陀爲了教化眾生，成就了微妙不可思議的色身，爲苦海中的眾生作最勝依怙。只要輪廻不空，佛陀將永不入涅槃。

《佛教寶藏》是二千五百多年來，超越國界與種族而一直緜延下來的佛經之精華。

本書旨在提供給一般人，應如何把佛陀的教誡應用到日常生活裏，並對於人們心靈上的問題，給予活生生的解答。希望世人能在佛之智慧的幫助下，透視日漸紛亂的社會環境，以保持一分清醒，走向更快樂更幸福的人生，進而悟入大喜樂之境界。

本書附錄部分，內容雖較爲艱深，但它是整部成佛之道的縮影，是所有佛之教誡的心要，所以凡是有心步入修行之道的人，都應再三熟讀，並牢記它。

目次

佛陀

煩惱與解脫

趨向菩提的方法

隨佛而行的人

附錄　心中心法

佛陀

第一章　歷史上的佛陀

第一節　偉大的一生

一、喜馬拉雅山南麓，靠近羅希尼河（Rohini）一帶的地方，有一個很富裕的國家，名叫迦毗羅衛國（Kapilavastu）。國王淨飯（Śuddhodana），姓瞿曇（Gautama，喬達摩），是釋迦族（Śākya）的後裔，他繼承了緜延世代的純正血統，勤政愛民，英勇能幹，所以深爲全國百姓的愛戴。

王后摩耶夫人（Māyā）是屬於釋迦族另一分支拘利族（Koliya）的公主，也就是天臂城（Devadaha）城主善覺王的妹妹，算來還是淨飯王遠房的親戚。

淨飯王和摩耶夫人結婚了好多年，都沒有生下一男半女，直到二十多年後的一個六月十五的晚上，摩耶夫人夢見被四大天王連臥舖抬到名叫雪山的地方，在潔沐淨身之後，一頭六牙白象在臥舖旁向右繞了三匝，從右脇進入體內，而懷了孕。

此後，舉國上下都屈指盼望王子的誕生。

在接近生產的那個月，王后依照當時印度的習俗，回天臂城娘家去待產。途中在藍毗尼園（Lumbini）休息。

藍毗尼園位於迦毗羅衞城和天臂城交界的地方，園中遍植沙羅樹。這時正值初夏，沙羅樹滿樹盛開著花，花叢間有五色蜜蜂和各種禽鳥飛翔著，並時時發出美妙的聲音，整個花園美得就像帝釋天王的遊苑一樣。王后因此決定在第二天的清晨，前往沙羅樹林中去觀賞。

日出時分，王后漫步到一棵蓊鬱葱蘢的沙羅樹之下，看著一枝滿綴花朵的樹枝，竟情不自禁的舉起右手想去攀觸它，不料樹枝就像蘆葦遇到熱氣一般，自動的垂入她的手中。就在這一刹那間，王子從王后的右脇出生了。

王子出生後，突然有兩股清水，一溫一清涼從空中洒下，使王子和摩耶夫人增加了不少氣力。之後，王子從婇女的手中下來，立在地上，觀望了上下四方，然後向各方行七步，以莊嚴的聲音作獅子吼說：

「一切天、人之中，以我最尊最勝，這是我在人間的最後一生，我要渡盡一切衆生，遠離生死苦海。」

這是西元前五百六十五年四月十五日的事情。（或說四月八日）

二、當時，有位仙人名叫阿私陀（Asita），正在雪山修行。他已得八定，能知過去四十刧和未來四十刧之間的一切事情。四月十五日那天，他發現迦毗羅衞城的空中，有吉瑞之象，於是便到城裏來，要求謁見太子。阿私陀仙人以神通觀察之後，不禁露出歡喜的微笑，但隨後却又哭泣了。

他說：

「太子具有三十二相八十隨形好的大丈夫相，再過三十五年必定能成佛，成爲人天的教主。但是我將在他未成佛之前死亡，轉生在無色界天，任憑百佛千佛出世，我都無緣見到。這眞是我莫大的損失啊！」

仙人說完，立卽俯下身去，對王子禮拜。

三、王子出生後的第五天，淨飯王爲王子舉行命名的儀式。會中請了一百零八位精通三吠陀的學者。最後由大家共同選定悉達多（Siddhartha）爲王子的名字。悉達多就是一切願望都能圓滿達成的意思。

學者之中，有八位精通六分吠陀、擅長觀相之人。這次看到王子的德相，有七人一致伸出兩支手指頭，作兩種預言說：

「有這種大人相的人，假使繼承王位，將成爲統治四大部洲的轉輪聖王。假使出家修道，將成爲無上正等正覺的佛陀。」

但是其中有一位青年學者，名叫憍陳如，却只伸出一個手指頭，作堅定的預言說：

「王子長大之後，絕對不會留在家裏，他將來一定是個破除煩惱蓋障的佛。」

淨飯王聽了這些預言非常高興，可是後來却越想越擔憂，唯恐王子長大之後離家而去，於是問學者們說：

「我兒子會見到什麼而想出家呢？」

學者們答道：

「四種徵兆。」

「那四種徵兆？」

「一個老人，一個病人，一個死人，和一個出家人。」

淨飯王聽了，立刻下令道：

「從今以後，不准這四種人在王子面前出現。我的王子不須成佛，他應該像其他的人一樣，娶妻生子，組織家庭。我要親眼見他繼承我的王位，統治國家。」

四、王子出生後的第七天，摩耶夫人不幸去世。此後王子就交由淨飯王的另一位王妃摩訶波闍波提（Mahā-prajāpati）撫養。

王子從七歲起就開始接受文武教育。父王爲他聘請各種名師，進宮敎他讀書、作文、算術、射箭等技藝。

有一年春天耕耘祭時，王子隨著父王到各處田園巡視，看見農夫在耕田犂土，有一隻小鳥啄走了犂尖所掘出來的小蟲，王子喃喃自語道：「可憐啊！生物如此的互相殘殺。」

於是偷偷的離開人羣，獨自坐在樹底下沉思起來。

王子誕生後不久就失去了母親，現在又目睹生物互相殘殺的情形，在他幼小的心靈上，早已刻下了人生苦惱的傷痕。這個傷痕就像刻在小樹之上一樣，隨著小樹的成長而日益擴大。王子也因此年復一年的更沉入於冥想。

淨飯王知道王子有了修道的思想，爲之憂慮不已，此時又想起從前仙人和學者們的預言，更加惶恐與不安。於是想盡了各種辦法要使王子快樂起來，但是都沒有效果。在王子十九歲那年，淨飯王終於接受羣臣的建議，決定迎娶舅父天臂城主善覺王的女兒耶輸陀羅(Yaśodharā)爲妃。

五、此後十年之間，王子均流連於春、秋、雨等不同的宮殿裏，享受著歌舞管弦的生活。

淨飯王爲了不使王子生起出家之心，特別下了一道命令，不許任何人在王子面前提到老、病、死等人生憂悲苦惱之事，服侍王子的人，要日以繼夜的表演各種清歌曼舞，也不許現出辛苦疲倦的樣子。

此外，又在宮殿四周建造圍牆，裏面除了青春美貌的女子之外，其他的人一概不准進入，即使裏面有人無意中受點小傷，也要立刻抬出去，不到復原不許回來。

淨飯王雖然把世間所有痛苦的情形，都阻隔在王子的生活圈子之外，但是王子並不快樂，卽使在作樂之中，他也不時的沉思冥想，苦心探討人生之眞諦。

六、有一天，王子忽然向淨飯王提出想出城遊園林的要求，淨飯王雖然心懷憂慮，但由於愛子心切，還是很快的答應了。大王立刻下令在王子出城的那天，凡是所要經過的街道，家家都要清洗打掃，街道散鮮花、窗門結綵縵，務必使人看了覺得新鮮美麗。又禁止工人在路上工作，窮人、盲人、病人、老人那天都不許外出，直到王子通過時爲止。

一切都準備就緒之後，王子才乘著華麗的吉祥車子，從宮門出發。

這時淨居天子知道王子出家的時機快到了，爲了讓此因緣成熟，於是幻化成一個白髮蒼蒼的老人，彎著腰駝著背，手拄著拐杖，在馬路上顫動著行走。老人之忽然出現，驚動了很多人，大家雖想驅走他，但已來不及了。

王子看到如此怪異的老人，問駕車的車匿說：

「車匿，這人怎麼了，爲什麼他的頭髮特別白，跟我們的不一樣呢？爲什麼他的背脊那樣彎曲，不能伸直呢？他的身體爲什麼不停的顫抖？牙齒又在那裏呢？車匿！他是不是生下來就這樣？」

車匿回答說：

「王子啊！這叫『老人』。他不是生下來就這樣，他跟所有的人一樣，都曾有過強壯結實的身體、烏黑的頭髮、明亮的眼睛、整齊的牙齒。但在世界上生存久了，就慢慢變成這樣。」

王子又問道：

「車匿，你是說全世界的人，只要生存久了都會變成這樣。那我呢？我的父王、我的妻子，是不是也一樣會衰老、駝背、顫抖、髮白、齒落？」

車匿說：

「王子啊！的確是像你所說的這樣，老是沒有人能避免的。不論是富人、窮人、有權力的人、沒權力的人、尊貴的人、卑賤的人，都完全一樣。人一生下來，是註定要老的。」

悉達多王子聽了非常傷心，立刻命令車匿駕車回宮。

七、王子回宮之後，淨飯王馬上召見車匿，垂問今天王子的心情是否歡樂。當國王知道路上所發生的一切，非常擔憂，心中想著：「不能讓王子捨棄王位，不能讓王子離家出家，不能讓占相學者的預言成為眞實。」因此他又命令屬下訪求各種增集五欲的方法，以供王子享樂。

八、過了不久，王子再度乘吉祥車，出宮遊園林。

淨居天子立刻化成病人，躺在王子經過的路旁呻吟，並一再以極微弱的聲音哀求別人幫助他。病人的身體已被病魔折磨得不成人形了，又因痛苦而扭成一團，掙扎不息。王子瞧見了，立卽下車扶著他，問車匿道：

「車匿！這人怎麼了，他的眼神怎麼跟一般人不一樣？他的呼吸爲什麼這樣微弱？皮膚爲什麼又是呈黑紫色的呢？」

「王子啊！這是『病人』。你趕快離開他吧！他現在全身正佈滿了病毒，內臟開始腐敗，到最後連他的呼吸也會停止。如果你太靠近他，他的病毒會傳染給你，到時你也會像他一樣。」

「車匿！世上除了這種病以外，還有其他的病嗎？」

「有的，病有很多種，但不管得的是那一種病，都是痛苦的。」

「車匿！難道沒有人能解救他嗎？難道世人就這樣讓病魔任意摧殘嗎？」

「王子啊！世人生病是很平常的事。雖然有很多醫生正努力尋找克服病菌的方法，但是却沒有人能眞正遏止病的發生。這個病卽使治好了，什麼時候還會再生病，任誰也無法預料。因爲世人隨時隨地都會生病的。」

「眞的嗎？是不是包括父王，還有我在內？」

「王子啊！有身則有病，生病是不分貴賤、男女、老少的。」

王子聽了，悵然不悅，想道：「如果是這樣，那麼人類活在世上就只有痛苦和恐怖了，因爲沒有人知道，今晚睡下之後，明天會不會變成像這個病人一樣。」於是心中對於世間之眷戀，頓然棄捨。

九、此後有一天，悉達多王子又在遊園林的路上，看到了天人幻化的死人。死人躺在擔架上，前後有雜色繒幡導引，後面跟著一羣人，悲號哭泣著。出了城外，死人被放在一堆木柴上，然後點燃了火，熊熊地燃燒起來。

王子看了很驚訝，以震顫的聲音問道：

「車匿！爲什麼那人靜靜的睡著，讓別人燃燒他呢？爲什麼旁邊的人放聲哭泣而不去搶救他呢？」

「王子啊！那人已死了。他雖然有脚，但不能再走路，雖然有眼，但不能再看到東西。他對一切事物，已不再有知覺了。不論是熱、是冷、是火、是雪，他完全失去了知覺。他已死了，目前屍蟲已漫布在他的全身，啃食他的肉體，若不燒掉他，臭味將會散布在整個空氣中。他從此不再回來了，他的親戚朋友們正爲此而傷心呢！」

「車匿！這就是『死』嗎？我是國王的兒子，也會像這名男子一樣要死嗎？我的父王，耶輸陀羅，以及我所認識的人，總有一天，都會被放在木柴上燒掉嗎？」

「王子啊！人既有生，就一定會有死，任何人都無法防備和逃避的。」

王子聽了非常傷心，遂默默不再說話了，他想：

「這眞是太可怕了，世上的人，除了會老會病之外，總有一天，還得要死，而却沒一點方法可以防備。這些老、病、死的問題，我必須想出解決的辦法才行。只要我找到了方法，父王、耶輸陀羅，以及全世界的人，就不必籠罩在老、病、死的恐怖之中了。」

十、又有一次，王子在園林中散步時，忽然見到天人幻化的出家人，披著黃色的袈裟，捧著鉢，正安詳的從前面走過。從他寂靜的外表，王子猜想他內心必定充滿了快樂與寧靜。於是問車匿道：

「車匿！這是什麼人哪？」

「王子啊！這位是『出家人』。」

王子一聽出家人這三個字，心中自然升起既恭敬又歡喜的微妙感受，遂立刻吩咐車匿驅車走向出家人。

王子下車合掌向出家人問道：

「仁者，你剃除鬚髮，穿著袈裟衣，毅然捨離家庭，目的何在呢？」

「王子啊！我之所以出家，目的在捨離世間之恩愛，並收攝六根，不受五欲，慈心對待一切衆生，以求解脫世間之痛苦啦！」

悉達多王子聽了很高興的讚嘆道：

「善哉！善哉！世間唯有此道最爲尊勝。」

十一、悉達多王子自從見到出家人以後，整天都很快樂的靜坐在園林裏，心中始終縈繞著出家的念頭。

這時淨飯王派人來告訴他，說他的妃子已經生下一個可愛的孩子了，但是他聽了並沒有表示很歡喜的樣子，反而說：「羅睺羅（障礙或繫縛的意思）來了！羅睺羅來了！」因爲王子當時這麼說，淨飯王就爲他的孫子取名爲羅睺羅。

十二、悉達多王子二十九歲那年的六月八日，諸占相學者又向國王預言道：

「王子如果不出家，再過七天，就能成爲轉輪聖王，屆時七寶會自然顯現，釋迦種姓也會因此而大盛。」

淨飯王聽了很高興，爲了盡最後一次的努力，遂通令全國，尋找出最聰明又最美麗的女子，於今日起長期住在王子的寢宮裏，日夜爲王子表演各種美妙的歌舞，希望能博得王子的歡悅。

到了第七天的晚上，又有許多打扮得花枝招展的美女，手執種種樂器，圍繞著王子歌舞起來。但是這時王子的心，早已脫離五欲的煩惱，對於歌舞毫不感興趣，不一會兒就睡著了。這些唱歌和跳舞的女子看到王子睡了，也紛紛放下手中的樂器，各自躺在地板上休息。

過了一會兒，王子醒了。他盤足坐在榻上，看見這些女子因睡著而露出的種種醜態，有的口中流著口水沾汚了肢體、有的咬牙作聲像是瞋恨的鬼魅、有的發出鼾聲、有的說著囈語、有的張著大口、有的把衣服敞開著，一一現出令人討厭作嘔的樣子。王子很驚訝，這些平日美如天仙的女子，怎麼會變得如此的討厭可怕。突然間，他覺得這座華麗的寢宮，宛如一座縱橫狼籍攤著死屍的墓地，三界就像煉獄一樣，沒有一處安樂的地方。於是喊了一聲「世間眞是禍患啊！」而決定今夜就離宮出家。

十三、深夜時分，悉達多王子騎在有靈知的犍陟（Kantaka）馬上，帶著車匿，悄悄地離城。

這時，魔王波旬早已伺機要來糾纏王子，因此在空中說道：

「回宮殿去吧！再過七日你將有輪寶顯現了，不久之後，這世界上的一切都是屬於你的！」

王子叱咄道：

「魔王啊！去吧！我當然知道輪寶將顯現，但我不要王位，也不要塵世上的一切。我要成佛，我要救渡一切衆生，我要讓十方世界都震動。」

魔王心裏想：

「我不相信你能逃出我的手掌心，今後只要你生起一念貪欲，或邪惡不善之心，我還是可以逮住你的。」

從此以後魔王就像影子一般，一直跟在王子的身後，每時每刻都在找尋他的過失。

這時正是六月十五月圓之夜，皎白的月光傾洒著大地，王子很想回頭對故都作最後的一瞥，才生起此念，大地突然裂開，像作陶用的拉坯車那樣地旋轉起來，似乎告訴王子說：「大士啊！請堅定信心，不要回頭看。」

十四、悉達多王子騎著犍陟馬，一夜之間，通過三個王國，於黎明時分到達阿奴摩（尊勝、常滿之意）河的岸邊。

王子立於銀光一片的沙灘上，問車匿道：

「車匿！這條河叫什麼名字？」

「王子啊！這是阿奴摩河。」

王子心想，這是出家的好緣起，於是右手執刀，左手拉起頭巾和髮髻，毫不猶豫的一併切斷。然後換下貴重的衣服，纏起僧衣，手上捧著鉢，沿途乞食到南方去了。

十五、王子出家後，在當地一個名叫阿奴夷的奄波樹林中住了七天，享受著離塵絕俗的快樂。之後才繼續向南行，到了摩竭陀國的國都王舍城。

第二天清晨，王子先在近城的小河裏沐浴，然後才進城一家挨一家的托鉢。王舍城的人民，見到王子具足種種相好和高貴的威儀，都紛紛把最美好的食物供養他。

自從王子入城托鉢以後，此消息就被傳開了，說是有一位莊嚴無比、儀態高貴的出家人來到王舍城了。後來國王也知道了這個消息，立刻派人跟蹤王子，並調查他的來歷。最後得知這個出家人乃是迦毗羅衛國的太子，他為了解脫世間之種種痛苦，不久前才捨棄王位出家修梵行的。頻婆娑羅王非常欽佩王子偉大的行為，於是請求王子在王舍城住下來，以便長期供養王子珍貴的食物。但王子婉拒了這項請求，說：

「大王！我對於物質無所希求，我是為求最上菩提而出家的，所以在我未達到目的之前，我不能長住在一個地方。」

頻婆娑羅王最後與王子相約，請求王子成佛之後，先降臨到他的國土，教化他和他的人民。

十六、悉達多王子離開王舍城後，遇到了當時印度最有名的阿羅藍（Arāda）和優頭藍伽（Udraka）兩位仙人。

王子先後跟他們學習解脫生死的方法。經過兩位仙人的指點，王子的學識雖然很快就達到了和兩位仙人相等的地步，並能進入無所有處定和非想非非想處定（世間最高層次的禪定），但是橫亙在心中的生死問題，卻仍然無法得到解決，因此他知道只一味修持禪定，而沒眞實義的智慧，絕不是菩提之道。遂決定不再往各處去求知，只想單獨運用自己的智慧作大精進，以尋找脫離生死的眞理。

十七、二千多年前的印度和現在一樣，有很多外道出家人，認為只要以種種方法使身體受苦，死後就會升天得到永久的快樂，因此山林曠野間，到處充滿著修這種苦行的出家人：像有的人以一隻脚站立著，有的人以雙脚倒掛在樹上，有的人把頭埋在土裏，有的人躺在插滿芒刺或鐵釘的木板上，有的人則幾乎不吃東西等等。

悉達多王子也試驗過許多種苦行的方法，希望藉此得到開悟。有一天，他來到一個名叫優樓頻羅的地方，看到一片很幽靜的樹林，其地平坦，林木茂盛，又靠近河流，認爲這是作大精進的好地方，因此就住了下來。

十八、曾經預言悉達多王子如果出家將成佛果的八位學者，除了憍陳如之外，都已隨業報轉生去了。他們生前都曾各自告誡自己的兒子，一定要隨王子出家，皈依他的教法。王子出家後，憍陳如即帶領其中四人的兒子出了家，也一樣沿門托鉢往南方而來，最後在優樓頻羅的樹林中與王子相會。

嗣後六年之中，他們五個人都跟隨在王子身旁充當侍者，擔任掃除與其他大小事務。他們之所以侍奉王子，是相信王子修精進大苦行能達到徹底的覺悟，當王子覺悟了，自然會把覺悟的眞理敎導他們這些當弟子的人。

十九、王子決定以極端的苦行作大精進，因此開始減食，直到每天只吃下一粒胡麻或一粒米爲止。有些時候，甚至完全斷食。這樣經過了六年，王子的身體變成非常消瘦，本來金色的身體逐漸變爲黑色，三十二種大人相也都失去了。

有一天，王子作無息禪觀時，因身體太虛弱而暈倒下去，完全失去了知覺。這時，剛好有一位牧羊童經過，知道王子因絕食而暈倒，立即擠出羊奶，幫助王子甦醒過來。王子醒來之後，又繼續坐在樹下用功，不久，忽然聽到一羣女孩子的歌聲，唱道：

「琴的弦啊！轉得緊，弦絲寸寸斷，

琴的弦啊！調得鬆，弦音不悅耳，

不鬆不緊，恰恰好，妙音響天邊。……」

當王子聽到「不鬆不緊，恰恰好，妙音響天邊」這段歌詞時，心中自然生起無比光明的覺受，心想：苦行絕對不是導致覺悟的途徑。世人若堅持苦行而把生命之弦拉得太緊，這樣不但無法使心力集中，而且還會把證道用的寶貴人身，白白浪費掉。

王子回想六年來所作的苦行，是過去的人所沒有作過的，相信將來也不會有人能出其右，然而這種嚴苛的苦行，就像將虛空打成結一樣，並沒有讓他獲得想要追求的東西。因此王子決定放棄這種毫無意義的修行方法。

二十、悉達多王子於天亮後，又重新到附近的村落托鉢乞食，攝取滋養。不久之後，三十二種大人相又逐漸顯現出來，皮膚也再復轉為金色了。

但是以憍陳如為首的五比丘，却不以為然。他們仍然堅持，只有透過苦行，才是獲取無上正等正覺的唯一方法。所以當王子放棄苦行時，他們認為王子求道之心已退轉，因貪舒服而墮落了。如果這時還指望王子有所成就的話，那就和想積露水來洗臉一樣的不可能。於是各自攜帶衣鉢，遠離王子到幾百里路外的鹿野苑去了。

二十一、優樓頻羅附近有一個名叫將軍村的村落，村中長者家有一名女兒，名叫善生。她曾向大榕樹許過願，說她如果能得到好歸宿，並且第一胎是男孩的話，就要獻上價值十萬枚錢幣的供品。後來她的願望果然達成了，於是決定在四月十五日那天攜帶供品還願。

善生希望以轉乳的方法取得味甘而富營養的乳粥作供品，因此預先將一千頭母牛放牧在杖蜜林中，然後將這一千頭母牛擠出的乳餵五百頭母牛，之後再將這五百頭母牛擠出的乳餵二百五十頭母牛，如是次第減半，直到以十六頭母牛擠出的乳餵八頭母牛。

四月十五日的清晨，善生取得這八頭母牛所出的乳，放在鍋裏，加蜂蜜熬成乳粥，然後裝在價值十萬枚錢幣的金鉢裏，頂在頭上，帶著名叫滿的使女，一同走到大榕樹下。却說這善生所準備的供品，正應了一切諸佛在成道之日，必須收受一個價值十萬枚錢幣的金鉢的瑞應。

善生走近榕樹時，看見悉達多王子坐在樹下，身光徧照全樹，又具種種相好，因而大為喜悅。她將王子當作樹神，以最虔誠的心，俯身前進，獻上金鉢和以花熏過的香水，並禮拜王子說：

「祝你早日達到你的心願，就像我已達到我的心願一樣。」

善生起身之後隨卽離開，把價值十萬枚錢幣的金鉢視同朽葉，不曾回顧。

二十二、悉達多王子於凌晨時作了五個大夢，心想今日一定要成佛，於是携帶著鉢，到尼連禪河邊，在一個名叫善住的浴場洗澡。洗完了澡，在河岸邊將善生所供的乳粥搓成四十九個像小湯圓似的丸子，然後全部吃下。王子吃了之後，氣力頓然充沛，身體煥發出光輝，如同百千金燈光聚一般，以此善生的福報甚大。

王子繼而將金鉢投入尼連禪河中，說道：「如果今天我可以成佛，那麼金鉢就逆流而上，停在中途，否則就順著水流下去吧！」

王子的話一說完，金鉢就開始移動，先是橫截水面到達河川的中央，然後就如一匹快馬似的逆流而上，到了相距八十肘長的地方，又稍作停住，再順著一道漩渦，沉到龍王的宮殿中。與過去賢劫三佛所用的金鉢並排在同一行列的末尾。

龍王聽到金鉢丁東相碰的聲音，以數百偈讚嘆道：

「昨日有一佛出世，今日又有一佛出世。」

龍王說畢現高大身，矗立在空中。原來每遇佛出世，龍卽湧出地面，就以現身地面的時間而言，佛出佛沒就像是昨日與今日一樣。

王子在岸邊的沙羅樹林過了一日，到了日落時分，才走向菩提道場。此時，正好有一位名叫吉祥的刈草夫，身上背著姑奢草（kuśa，卽現在所說的吉祥草）迎面而來，他見王子具足種種相好，知道王子必是一位聖者，因而請求王子接受他八束青草的供養。

二十三、王子接受青草之後，登上了菩提道場。

菩提道場乃是賢劫之初，與大地同時出現的。它位於此世界之中心，下至金輪，上至地面，全由金剛所成。因爲賢劫一千尊佛都將在這裏入金剛定成就無上菩提，所以這個地方，名叫菩提道場，或叫金剛座。

王子首先在道場之一方站立，刹那間，前方大地突然上升，彷彿到了有頂天，背後的大地却急速下降，彷佛到了無間地獄。王子知道這不是成就無上菩提的地方，遂向右繞轉到另外一個位置。但是情形仍然一樣，不論他站在那裏，大地總是向一方傾轉。這樣換了幾個地方，直到他站在菩提樹下時，才覺得大地異常的平穩。王子心想，這大概是三世諸佛成就無上菩提的位置了。於是將八束柔軟的青草往地上一振，立刻自行舖成寬約十四肘的獅子法座。

王子於法座上，面向東方坐下，就座前，發出金剛般的誓言說：

「我今若不證，無上大菩提，

寧可碎是身，絕不起此座。」

二十四、初夜，王子入降魔定，放大光明，諸魔見到光明，便生畏懼。

魔王波旬派遣三名女兒到王子面前，以三十二種媚態，作親暱狀，欲壞王子之道心。

但是王子的心，就像湛然不動的清水一般，絲毫不爲所動。

魔王波旬看見王子道心如此堅固，更加害怕，遂率領八十億魔軍前來干擾。魔王到了菩提樹下，向王子喝道：

「悉達多！這位子是我的，你趕快起來，否則我將抓住你的脚，把你丟入海裏了！」

王子回答說：

「魔王啊！你的惡願是永遠不會實現的。你的福力遠不如我，怎能令我放棄成佛的願望呢？你在過去世中，因以造了一座佛寺，受持一天八關齋戒，供辟支佛一鉢食物，而享有今天的福報，成爲第六天的天王。但是僅以此區區福力是無法牽動我一絲一毫之信念的。我在三大阿僧祇劫中，供過無量無數的佛，和難以數計的菩薩、辟支佛、阿羅漢，並發出無量的清淨願。如今一切智慧、福德、因緣都已圓滿，今夜就是我示現成佛的時候，所以金剛座是屬於我的。」

魔王非常生氣地問道：

「悉達多啊！我過去做過布施，而典爲六天之王，這是實情，而且有你爲證。但你自稱作過無量的布施，有誰能替你證明呢？」

王子以右手指地說：「大地可以爲證。」

王子的話剛說完，大地立刻現出六種震動。地神手執微塵從金剛際出，說道：

「有此大地以來，我就一直在這裏，所以我可以爲王子作證。一切大地若碎爲微塵，我尚可數出來，但是王子之廣大功德，非我所能知。王子成佛之時節因緣已到矣！」地神說完就不見了。魔王此時再也忍不住他的狂怒，立即揮動魔軍，將王子團團圍住，前方和左右方的部隊各長達十二由旬，後方的部隊一直延伸到世界的盡頭，吶喊之聲隆隆不絕，幾乎可以使大地震裂。

這時，王子的心早已遠離煩惱，對於大敵當前，能不驚不怒，寂然入於慈心三昧。魔王見狀，就颳起一陣狂風，此風勢原足以使一座大山吹出一條路，四方大小村莊化爲微塵，可是因王子具有無比功德的威力，其風勢大爲減弱，當吹到王子身邊時，竟連法衣的邊緣也不能使它飄動一點點。

魔王接着又使出降大雨、下巖石、噴火吐煙、飛砂走石、雷雨交加、天昏地暗、天雨各式兵器等猛烈攻勢，但都未能將王子嚇跑。這些兵器接近王子身邊時，反而變成了朵朵鮮花，飄落在王子的身上，所有凶惡詛咒之聲，也頓時化爲讚頌之歌。魔王此時急得快發瘋了，遂將隨身携帶之輪盤，向王子身上擲來，口中還大喊着：「要你從座位上逃開！」。此輪盤平日具有無比威力，就是鋼鐵般的大柱，也會被擊得粉碎，但此輪盤到達王子的頭頂上時，即化爲一輪無比莊嚴的寶蓋，停住在空中。魔王及魔軍見了，傲慢之心一時盡摧，紛紛向四方逃散。

二十五、王子降退魔軍之後，內心更加澄淨，就像沒有風浪的池水一樣，寂然地入於四禪定了。王子於定中，一心思惟眞實義，到了中夜就得到了能知過去世一切生的宿命通，之後，又得到了能知一切衆生生來死去的天眼通。

後夜時分，王子將十二因緣依其順逆的次序加以觀察，立時一萬個大世界起十二種震動，得到漏盡通。於東方發白，黎明拂曉時，現證殊勝智慧而成佛。

此後王子就被尊稱爲如來、應供、正徧知、明行足、善逝、世間解、無上士調御丈夫、天人師、佛、世尊了。

二十六、佛陀成佛後第四十九天，有兄弟二人，名叫帝履富沙和跋梨迦，率領五百輛商隊經過。這時，坐在樹下的佛陀，顯得非常安祥和喜悅，就像打了勝仗的人，正在爲勝利的戰果而高興一樣。兄弟二人見了，生大歡喜，立卽獻上麵和蜜丸，請佛慈悲納受。

佛陀將納受時，心想：「如來是不以手接受食物的，怎麼辦？」四大天王知道佛陀的意念，隨卽各奉上一枚金鉢，佛陀以出家人不適合用寶器做的鉢，而不予納受。四天王於是捨金鉢，奉上銀鉢，乃至頗胝、琉璃、瑪瑙、車渠、眞珠等鉢，佛陀都不納受。旣而奉上菜豆色的石鉢，佛陀才以平等之心，全部納受，然後次第相疊在左手上，以右手按之使成爲一鉢。佛陀就以這寶貴的石鉢，接受二商人的食物。

二十七、佛陀爲了調伏衆生，使衆生敬重教法，所以在成道後四十九天本當說法時，却仍然默默不語（因爲佛陀成道後四十九天中，曾爲天界諸大菩薩講《華嚴經》等甚深教法，所以這裏指的是人間）。佛作這樣的思惟：

「我所覺悟的眞理，甚深微妙，難見難悟，若不是在無量劫中供養佛，是不能得聞乃至信解的。如今衆生迷惘顚倒，貪着五欲，難可教化，不如默然而住，免得徒自劬勞。」

主管這個世界的大梵天王，知道佛陀默然而住的旨意，心想：「爲了敬重教法，我應到如來座前勸請轉法輪，否則衆生將因此而損滅善法，增長惡法，長時蒙受痛苦。」於是和諸梵天衆從梵宮下來，至菩提道場禮拜佛陀說：

「善哉世尊，祈請慈悲爲衆生而轉法輪。今有衆生煩惱微薄，堪能悟入甚深之法，惟願世尊轉於法輪。」

當時佛陀爲了使衆生對教法起恭敬心，進而得到眞實利益，所以沒有立卽答應。大梵天王殷勤勸請，至再至三，並以大福德之千輻金輪獻上，恭敬啓白佛說：

「摩竭陀這個地方，以前唯有罪行，今幸遇世尊在此成道，惟願世尊慈悲，不捨本願，爲諸衆生轉法輪。」

佛陀見大梵天王至誠勸請，心中非常歡喜，乃欣然受請轉於法輪。

二十八、佛陀應允大梵天神的勸請後，以佛眼觀察，知道五比丘是他最初轉法輪的對象，於是決定六月十五月圓日那天，到瓦臘納西（Vārānasi）的鹿野苑（Mrgadāva）爲他們說法。

佛陀於十四日傍晚到達鹿野苑，五比丘見了互相約定說：「法友啊！沙門瞿曇來了！你看！他因爲生活過得舒適，身體不但肥壯，諸根豐潤，皮膚還作黃金色哩！我們不要跟他說話，不要禮拜他，只替他準備一個座位就可以了。」

佛陀知道他們的心念，因此對他們起特別的慈悲心。

五比丘受到佛陀無比慈悲力的加持，當佛陀走近時，都不敢堅持自己所約定的諾言，紛紛出迎作禮，並以最恭敬的心侍奉佛陀。但他們因不知道佛陀已證得無上大菩提，談話之間，還直呼佛陀爲「瞿曇」或稱「法友」。

佛陀教導他們說：

「比丘們啊！對如來不可直呼名字或稱法友，以免長時遭受苦惱。比丘們啊！我是如來正等覺哩！」

佛陀既而在十五日那天，爲五比丘說《轉法輪經》，於二十日那天，說《無我相經》，說畢，五比丘都入阿羅漢果。就在這時候，世間出現了三寶。佛陀爲佛寶，《轉法輪經》和《無我相經》爲法寶，五比丘爲僧寶。如是三寶具足，誠爲人天之第一福田。

二十九、當時，瓦臘納西城中有一位富家青年，名叫耶舍。他因厭惡世間之五欲，而於中夜棄家出行，途經鹿野苑時，佛陀察知他有歸佛之根性，遂在半途叫住他，說：「善來，耶舍，我此有離苦之法。」耶舍聽了佛之教法後，當夜卽得法眼淨，第二天入阿羅漢果。

隨後，耶舍要求在佛之教法中出家，佛陀說道：「善來，比丘！」佛陀話才說完，已見耶舍鬚髮自落，袈裟着身，儼然成爲圓具百年之莊嚴比丘了。

耶舍尙有五十四位貴族朋友，他們聽到佛陀已出世，立刻相邀前來謁見佛陀，並請求出家。佛陀也是以「善來，比丘」之出家法，使他們順利出家得成就戒，乃至入阿羅果。

雨季時，佛陀和六十位比丘在鹿野苑安居，行過自恣後，告訴他們說：

「比丘啊！你們現在已脫離世間之一切繫縛，堪爲世間之無上福田了。世上有無數的衆生，迷在生死的岸頭，很需要你們去濟渡，你們快去吧！你們不要長住在一處，不要兩人同行，應該到各處遍洒此甘露般的淸淨教法。」

佛陀派遣六十位比丘到各方遊化後，自己則往優樓頻羅林去。

三十、佛陀到了優樓頻羅林，住在外道迦耶山象頭精舍裏。佛陀在此以種種神變，使迦葉三兄弟和他們的一千名弟子歸向佛道，並以「善來、比丘」之出家法，使他們全部出了家，受成就戒。最後又以「燃燒的方便說法」，使他們全部證得阿羅漢果。

佛陀在迦耶山住了三個月，於十二月十五日帶領着一千多名阿羅漢弟子到王舍城，去履行過去他和頻婆沙羅王的約定。

佛陀和弟子們到了王舍城，暫住在城外的「杖林園」裏。

不久，頻婆沙羅王接到報告，聞佛來到杖林園，心中甚爲歡喜，立即率領臣民十二萬人，前來禮拜佛陀，並希望聆聽教法。這時，王和臣民都親眼看到優樓頻羅迦葉侍坐在佛側，不禁起了疑惑，心想：「迦葉長老乃是全國上下最崇敬的修道者，年事既高，修道又久，難道他眞的會把事火之器具丟棄，而作佛之弟子嗎？這到底是佛拜迦葉爲師，或是迦葉拜佛爲師呢？」

佛陀察知他們的意念，就以偈言問迦葉。偈言大意是：

「迦葉啊！我要問你，你爲何棄火的祭祀呢？你所祭祀的火神，難道沒有讓你得到快樂嗎？」

迦葉也以偈言作答，大意是：

「世尊啊！請聽我說。我自念從祭祀火神以來，已有八十年，雖然每天日夜不斷的精進，但終究一無所獲，直到聽聞世尊之教法後，身心才得到究竟的解脫。」

迦葉說完偈言，立即踴身向空中，示現身上出火身下出水，身上出水身下出火等種種神變，然後收攝神力，禮拜佛陀說：「世尊是我的上師，我是世尊的弟子」三稱之後，退坐一旁。

大衆此時已知道迦葉爲佛的弟子，又由於迦葉所示現的神變，知道佛有大威神力，因而大加稱讚。

隨後，佛陀爲大衆講演四種神聖的眞理。會中，王和十一萬臣民證得初果，其他一萬人則同聲發願做佛在家的弟子。

當時，頻婆沙羅王又供養了一座名叫迦蘭陀（Kalandaka）的竹林園給佛陀，佛陀默然欣受。接受時，大地因佛教在此世間生了根，而發生震動。在迦蘭陀竹林園起的精舍，就是此世間的第一座佛寺。

三十一、這時，王舍城附近住有兩名青年，一個名叫舍利弗，一個名叫目犍連。兩人都是有大智慧、大辯才，並通解一切經書義理的普行沙門。

有一天，舍利弗在王舍城的街上，看到五比丘之一的阿說示長老入城乞食。阿說示長老表情肅穆，衣服整齊，行步安詳，威儀禮節都不失常法，舍利弗見了感到非常的驚異和歡喜。心想：「我出家已久，頗知法式，却從未見過像這樣的出家人。這位出家人，不但諸根靜默，而且臉上又露出無限的快樂與寧靜，看來他已得到眞理了，至少也應是得到眞理的人的弟子。」舍利弗於是很恭敬的向阿說示長老問道：

「大德！您的威儀高雅，面貌慈祥，令人看了非常歡喜，不知您的老師是誰？教導您們些什麼？」

長老微笑着說：

「大德，我的老師是佛陀。他本是釋迦太子，爲了解脫生死而出家修梵行，如今他已證得無上正等正覺，我是依他的教誨修行哩！」

舍利弗接着又問道：

「敬愛的大德啊！佛陀的教誨是說些什麼呢？可否告訴我？」

長老很謙虛的說：

「大德！我出家的時間很短，年紀又小，所以無法宣說佛陀甚深微妙之法。不過，我可以大略的告訴你。」

長老於是說了一個偈頌：「諸法因緣生，是法說因緣，是法因緣盡，大師如是言。」

舍利弗聽完此偈，卽得法眼淨。囘去後又將此偈轉告好友目犍連，目犍連也隨之證得法眼淨，入初道。

舍利弗和目犍連遂率領其兩百名弟子，前往竹林精舍，求佛出家。此時佛正在爲大衆講經，遙見二人及諸弟子前來，跟在場的大衆說：「比丘們啊！你們看見前面來的人嗎？這兩人是我弟子中，一個是智慧第一，一個是神通第一哩！」

後來佛陀以「善來，比丘」之出家法，令兩人及諸弟子同時出家。目犍連出家後七天證阿羅漢果，舍利弗因以將來當作逐佛轉法輪師，而於半個月後入阿羅漢果。兩人後來都是佛陀的上首弟子。

三十二、當佛陀還住在竹林精舍時，看佛陀當初派出去宏法的阿羅漢弟子們都回精舍來了，佛陀覺得爲弟子們說戒經的因緣已經成熟，於是在月圓之日，召集所有的阿羅漢弟子共一千二百五十位，舉行集會。

佛在大會中，教導一偈，作爲比丘們的禁戒。偈曰：

「護口意清淨，身行亦清淨，

淨此三行跡，修行大仙道。」

值得注意的是：參加這次大會的阿羅漢弟子，都是佛陀以「善來比丘」之出家法親自剃度的比丘，這次的集會，也是釋迦世尊在此世間示現成佛的唯一僧會。

因此有些地區的佛教徒，每年到了這一天，仍然維持著舉行「敬法節」的紀念儀式。

三十三、當淨飯王聞知悉達多王子已經成就最上菩提，今在王舍城附近的竹林精舍轉妙法輪的消息時，馬上派遣一位名叫「迦留陀夷」的青年大臣，帶領一千人到竹林精舍，請佛陀回迦毘羅城與他相會。

佛陀依照父王的意思，於二月十五日正當春季時，帶領衆弟子從王舍城出發，大約走了兩個月，才到達迦毘羅城，住在城外的尼拘樹園裏。

第二天早晨，佛陀和平常一樣，帶領比丘衆入迦毘羅城托鉢。淨飯王聽到太子在自己的國土裏向人民乞食，感到無比的驚異和忿怒，立刻前來阻止。

淨飯王帶著忿怒和失望的口吻道：

「世尊，你爲何不顧及我們的面子，爲何要步行乞食？難道比丘衆的食物沒有人供給嗎？」

佛陀很平靜的回答道：

「大王啊！這是我們傳統的作法，過去現在未來都是一樣的。」

淨飯王說：

「世尊，我們尊貴的釋迦族，過去從沒有人做過乞食這種可恥的事情哩！」

佛陀很慈悲的告訴淨飯王說：

「大王啊！你說的是所謂的王統，而我的意思不是指這個，我是說我現在是傳承過去諸佛的系統。燃燈佛、憍陳如佛乃至迦葉佛，這幾位佛和其他無量無邊的佛，都是以行乞度化人民，和維持自己生命的。」

佛陀說完後，又講些教法給淨飯王聽，淨飯王聽了立得法眼淨，終於消除了內心的忿怒。並將佛陀的鉢接過去，請佛陀和衆弟子到王宮托鉢。

三十四、佛陀在王宮用過膳後，依照淨飯王的請求與兩位上首弟子，一同到羅睺羅母妃的寢宮去。因爲夫人不能像別的人一樣來聽法，心裏很傷心。

到了寢宮，佛陀在預設的座上坐下，耶輸陀羅夫人急忙出來捉住佛的脚，把頭伏在脚指下，虔誠禮拜。

佛陀很慈悲的敍說她過去世和今生守身如玉的美德，並說些教法給她聽，然後離座而去。

佛陀回迦毘羅城後的第七天，以種種方便，渡他的兒子羅睺羅出家。羅睺羅當時只有七歲，是佛教中的第一個沙彌。

除了度羅睺羅爲沙彌外，佛陀又渡了他同父異母的弟弟難陀，以及釋迦族中其他王子出家。後來佛陀又率領比丘衆囘王舍城。

三十五、自此很多年以後，佛陀又帶著從弟難陀等人，囘迦毘羅衛國一次，那是爲了探問父親淨飯王。當時淨飯王病得很重，因見佛陀囘來，病情稍有起色，但以年事過高，於佛陀囘來三天後就去世了。

佛陀的姨母摩訶波闍波提夫人（Māhā-prajāpatī），曾經撫養過佛陀，視佛陀爲己出。當她的丈夫淨飯王去世之後，非常地悲慟，遂不願再過世俗的生活，希望能在佛之教法中出家，藉以親近佛陀，聽聞教法。

摩訶波闍波提夫人於是帶著許多歡喜修梵行的女子去謁見佛陀，請求佛陀慈悲攝受，讓他們在佛之教法中出家。夫人雖然再三地哀求，却連連遭受佛陀之嚴詞拒絕。

淨飯王火化之後，佛陀就離開了迦毘羅城，到四處去遊化。後來摩訶波闍波提夫人聽說佛陀住在毘舍離國的大林精舍，就立卽帶著那羣女子，剃光了頭髮，披上袈裟，一路步行而來。經過長途的跋涉，他們終於到達精舍的外面。夫人看到每個人的脚底都紅腫不堪，身體也個個消瘦無力，又不知這次能否如願，想到這裏，不由得哭泣了起來。

阿難知道了這件事，心生悲憫，立刻走到佛陀的座前，以最高之恭敬心，請求佛陀允許女子可以入清淨僧團。阿難經過三次的乞求，佛陀仍然以嚴詞拒絕，並叫他不要再提這件事情。

阿難見到佛陀不允許女子出家的態度是如此的堅決，心想如果再作直接的請求，佛陀斷然不會答應，不如換個方法，說不定佛陀會答應的。於是很恭敬的再向佛陀問道：

「世尊！假如女子離開俗家，以決定心願嚴守出家戒律，精勤修學，這樣她們能依聖道之次序證得聖果嗎？可以得到涅槃嗎？」

佛陀回答說：

「阿難！女子出家受持戒法，精進修學，一樣能證得聖果，得到涅槃。」

阿難接著又問：

「世尊！如果是這樣，摩訶波闍波提夫人對您有大恩德，她不但是您的姨母，又是您的養母，代替您的生母供奶給您，一直到您長大。世尊！懇求您爲了夫人，就許可女子在世尊的教法中出家吧！」

佛陀聽了，終於答應說：

「好吧！阿難，如果摩訶波闍波提夫人願意嚴格奉行『八敬法』，就讓她們出家吧。」

摩訶波闍波提夫人聽說佛陀答應她們出家，非常高興。她要阿難代為稟告佛陀說，她願意終生嚴謹地奉行八敬法，就像少女小心維護著她頭上的花鬘一樣。

後來佛陀告訴阿難道：

「阿難！正法中有女子出家，將住世不久。好比一個族姓中，女子多男子少，家道必定衰落。阿難！我本不樂意女子入我清淨僧團的，女子出家會使佛法清淨梵行不得久住，本來我的教法當有千年之盛，如今五百年之後，正法就逐漸衰微了。」

又說：

「阿難！女子入清淨僧團，八敬之法在入滅之前不得踰越。縱然是見道的比丘尼，還是要向年少之比丘，恭敬頂禮，或承事合掌，否則我之教法將因此而紊亂。」（註）

三十六、佛陀一生中從事教化衆生，共達四十五年之久。

在這四十五年裏面，除了雨季，在施主所供的精舍安居以外，所有的時間，佛陀都在做宣揚佛法的工作。

佛陀每天在天未亮以前就起來，漱口沐浴之後，卽入定觀察衆生的根性，看看那一個適合佛的教化，並於適當的時間去渡化他。

到了乞食的時候，佛陀就整衣持鉢，到附近的民家化緣。有時單獨一個人去，有時則和比丘們排成整齊的行列去。

佛陀出門時，微風會將他面前的道路拂淨，雲端會洒下水滴，使得路上的塵土不揚，天人會持傘罩蓋在他的上空，並以花朵散在他走的路上。路上高起的部分會自行塌下，低陷的部分會自行升高，使得他無論在那裏落脚，都覺得極為平坦舒適。

有時候，有些人會恭請佛陀到他家受供，只要適合原因，佛陀都會接受邀請。用膳過後，佛陀就隨順各人的根機為他們說法。之後，才從座起，返回精舍。

佛陀乞食回來，就靜靜地在休息室或樹下禪坐，等到所有的比丘都吃過飯了，才入臥室休息一會。當比丘們在廣場集合齊了，佛陀就開始為他們講演適時適機的教法，或勉勵比丘們努力修學佛法，以期達到此生成就的目的。散會之後，所有的人卽分別到寂靜的樹下，或林中，或荒蕪的屋子，依照佛陀剛才所教導的眞理，實際修持，或背誦偈頌。

佛陀無論住在那裏，附近的人都會來拜見佛陀，或帶東西來供養。而佛陀每次總是以種種方法，及善巧的言詞為他們說法，使在場聽法的人，不論是窮人、富人、有知識的人、無知識的人，都覺得佛陀好像只為他一個人說法一樣，因此每個人聽了都非常高興，並在佛陀面前發願，要生生世世遵守戒律，皈依佛的教法。

等到這些人回去之後，佛陀就回到精舍沐浴，入定片刻，再為比丘講經，或接見別處來的比丘，爲他們闡釋難懂的問題，或傳授教法。這些都是初夜時分一般經過的情形。

到了中夜，比丘們大都頂禮後離去，這時十方來的天人卽抓住這個機會，在佛陀座前提出問題請問佛陀。這些問題應有盡有，甚至只有四個音符長的小問題。

之後，佛陀進入臥室睡覺，保持神志清明，臥姿仍以右脅著床，兩足相疊微傾，左手平放在身上，右手彎著附貼在頭部，與獅子一般。

佛陀每天都這樣周而復始的做宏法渡生的工作，直到第四十五年，知道渡化衆生的因緣快盡了，才朝向喜馬拉雅山一帶之方向而來。

三十七、佛陀八十高齡那年，從王舍城轉往舍衛（Śrāvasti）城的途中，爲了勸令懈怠的人精勤學法，於是在毘舍離城（Vaiśāli）這個地方示現疾病，然後親自告訴他的侍者阿難說，再過三個月，他就要入涅槃了。

佛陀離開毘舍離城後，又繼續往前行，到了婆婆城（pāvā），在金匠兒子純陀（Cunda）的芒果園中休息。在那裏，佛陀爲純陀一家人說法，之後，接受純陀的邀請，於第二天清晨到他家受供。這是佛陀臨涅槃前，所受最後一次的供養，因此純陀得到的福報甚大。

佛陀受供之後，病情越加嚴重了，但是佛陀仍然忍受著病魔的煎熬，艱難地繼續向前行，希望去到拘尸那城（Kusinagara）。

佛陀到達城外的沙羅林（Sala），臥在其中兩棵樹的中間，頭朝向北邊。在這裏，佛陀作了最後誠懇的教誨，直到臨涅槃前之一刹那，都不曾停止。佛陀在完成了這個世間之導師任務後，就安詳靜謐的入了大般涅槃。其時爲四月十五月圓之日。

拘尸那城的人們聽說佛陀入了涅槃，都悲慟不已。阿難遵從佛陀之囑咐，將佛陀之遺體火化。所得舍利分爲三分，一分給天人，一分給龍王，一分留在人間，分別造塔供養。

第二節　最後的教誨

一、佛陀在拘尸那揭羅城郊外的沙羅樹林中，作了最後的教誨。

佛陀說：

弟子們！你們必須各自以自己爲燈火，以自己爲依靠，不要依賴他人。而且也須以佛的教法爲燈火，以佛的教法爲依靠，不要以他教爲依靠。

你們應觀自身如見污穢之物，不可貪婪。須知痛苦和快樂的受都是苦因，不可耽溺其中。應知一切事物都是虛幻無自性，不可爲俗事所迷惑。如此方能斷絕一切的痛苦。當我涅槃之後，仍然能終生奉行這些教法的人，才是我眞正的弟子。

二、弟子們！我過去爲你們說的教法，你們必須常常聽聞、常常思維、常常修習，不可捨棄。如果能依照我的教法如實而行，你們一定會得到覺悟的快樂。

我的教法，最重要的就是修心。所以必須努力克制自己的欲望，端正自己的身語意，遠離貪婪、瞋恨與愚痴，而且不可忘記無常。

你們的心時常被邪惡所引誘，被欲望所俘虜，所以你們必須努力克制它，作自己心的主人。

心能使人成佛，也能使人成為畜生。迷則成鬼，悟則成佛，這都是心的作為，所以好好的匡正你的心吧！謹慎持戒，致力於修道，不要離道而行。

三、弟子們！你們必須在我的教法之下互相和睦，彼此敬愛，不可起爭執，像水乳般的交融和好，不可像水和油一般的相排斥。

你們要遵守我的教法，共同學習，一起修行，互相鼓勵，共享法樂。不要為無謂的事情而煩心，不要為無謂的事情而浪費時間，努力去摘取覺悟之花果吧！

弟子們，我親自證悟此教法，又將此教法說給你們聽，你們應該堅守我的教法，一切都要依此教法而修行。

如果不遵依我之教法而修行的人，即使和我相遇，也等於沒見面，即使跟我在一起，也如同遠離著我。相反的，如果遵依我之教法而修行的人，即使他與我相隔千里，就如同在我的身旁一般。

四、弟子們，我的一生即將結束，與你們永別的時刻已不遠。但是，你們切莫悲傷，因爲世間是無常的。人出生之後，就不可避免死亡。現在我的身體就像一部老舊的車子一樣在日漸腐朽，這正是我以身來印證世事無常的道理。

弟子們！悲傷無益，你們必須從這件事去領悟世事無常的道理，以智慧去看清人世間的眞實相。要變的東西總是會變，想以人力企圖使它不變，那是不可能的。

煩惱的賊經常窺伺着你們，想伺機打倒你們。如果你們的房裏有條毒蛇，在沒有趕走那條毒蛇之前，你們絕對無法安心的在那裏睡覺。

所以煩惱的賊不可不驅除，煩惱的蛇不可不趕走，你們必須謹愼地守護着自己的一顆心，不要受煩惱的侵襲。

五、弟子們，現在是我生命的最後一刻。可是你們應當知道，這只是肉體上的死亡而已。肉體由父母所賜，靠飲食而保存，所以生病、受傷、毁壞是難免的。

佛的本質不是肉體，而是智慧成就的法身。雖然肉體至此毁滅，但是法身却是永遠的存在。所以只見到我肉體的人，並沒有眞實的見到我，而是依我教法覺悟的人，才算是眞正的見到了我。

我涅槃之後，我以前所說的一切教法，就是你們的導師，你們必須繼續保持此教法，就像尊敬我一樣的尊敬它。

弟子們，我在這後半生四十五年之間，已將該說的法都說完了，該作的事也都作完了。我沒有任何的隱秘，一切都完全闡明了。

弟子們！現在已經是我最後的時刻了，從此我將入涅槃，這是我最後的教誡。

附註：

①依八敬法，出家女眾在有比丘的僧團中，其職權絕對不能高過任何一個比丘，否則犯墮惡道戒。任何一位出家女眾，如果她不把八敬法放在心裏，卻反而以位居高位為榮，以駕御比丘為樂，則無論她做什麼事，都會成了毀壞正法的因緣。

②依佛之教誡，任何一位師父，如果只知剃渡弟子，而不盡教導之責，或自己不懂戒律，以訛傳訛，則犯墮三惡道戒。所以《善見律》中說：「若不解律，但知修多羅（經）、阿毘曇（論），不得渡沙彌。」

過去釋迦牟尼佛在世時，有一位比丘渡了一個弟子，但從不教導他，以致使他做了許多非法的事。這位弟子死後生龍中，每七日受一次火厄，每次火厄都燒盡牠全身的肉，只留下一付骨頭，火厄過後身肉旋即復生，過七日又再受火厄。如此受報，循環不息。牠不堪其苦，心裏想：「我到底做了什麼惡業，要受這樣的苦報呢？」於是以神通力觀察自己的宿命，知道自己前世是個出家人，但師父從未教導牠如何守持禁戒，以致落得今日如此悲慘的下場。因此對師父生起瞋恚心，欲加報復。

有一天，牠的師父和五百人共乘一條船渡海，龍立即從水中出，以爪抓住船舷，船遂不得前進。眾人非常驚慌，問道：「你到底是誰？為什要如此對待我們？」

「我是龍，我要船上的那位出家人，只要你們把他丟下海裏，我便放你們走。」

「這麼多人中，你為什麼單單要這位出家人，他到底和你有什麼冤仇？」

「他是我前世的師父，我跟他出家，但他從沒有盡到做師父的責任。我之所以不知道做一個眞正的出家人，我的行為會如此頻頻違背佛之教誡，以及我今天會落到這樣悲慘的下場，都是由他而起。」

船上的比丘聽了，知道眾人之事難以違逆，遂一聲不響逕自跳入水中。比丘投水喪命後，也墮入惡趣，受無量苦報。

所以，求出家的佛弟子，找師父一定要謹慎。我們要知道，一個有資格為人師父的人，他自己一定嚴守戒律，男女有別，如果是女師父則除此之外更要嚴守八敬法。因為師父如果徒有名聞、廟產、學問，而不守或不懂清淨戒，則將無法使你成為眞正的出家人。一個出了家但不能成為眞正出家人的人，則將依自己所犯的戒律，受種種苦報。

③比丘不應剃度女人出家。因為佛也從未親自渡過一個女人出家，佛之如此，全為防止漸染，杜絕譏嫌。《薩婆多論》中說：如果佛親渡女人出家，外道一定會誹謗說，「瞿曇沙門，本在王宮，在婇女中，今雖出家，猶自度女人以自娛樂」。

所以比丘為了守護自己以及弟子的清淨戒，為了維護正法的清淨相，以使眾生對正法信向無疑，不應剃渡女眾，當然更應絕對禁止和任何女眾住在一起。

第二章　永恒的佛陀

第一節　慈悲與願望

一、佛心就是大慈大悲的心。所謂大慈心，就是以各種方法施給一切衆生無限的安樂。所謂大悲心，就是以各種方法，拔除一切衆生所有的痛苦。

佛心正如一位時時關懷子女的慈母一般，不斷的守護着、養育着、救助着所有一切的衆生。「衆生的苦惱便是我的苦惱，衆生的快樂便是我的快樂」，佛心就是這樣，片刻也不離我們而去。

佛的大悲因人而起。人因接觸佛的大悲而產生信心，透過信心而獲得覺悟。這好比是一位母親，因爲愛兒子而自覺是一位母親，也好比是一個兒子，因爲接觸了母親的慈愛，而獲得心安一樣。

然而，人們却不瞭解佛心，一味執着於自己錯誤的見解，因而痛苦頻生。他們隨着煩惱而行動，所以身上背負着深重的罪業，上氣不接下氣，倉皇地在重重迷惑的山中奔跑不已。

二、佛的慈悲不只限於現在一世，從世人當初有了迷惑，而轉動輪廻那天開始，直到未來，佛的慈悲將永無止盡之時。

佛常在人們面前，示現最親切的形象，以各種方法救助人們。

好比佛誕生爲釋迦族的太子，然後捨棄榮華富貴，而出家、苦行、悟道、說法、入滅示寂等，就是佛爲教化衆生而慈悲示現的。

因爲人們的迷惑是無窮的，所以佛的法力也是無窮的；因爲人們的罪孽是無底的，所以佛的慈悲也是深不可測的。

佛在開始修行之前。曾經立下四個偉大的誓願。第一、衆生無邊誓願渡，第二、煩惱無盡誓願斷，第三、法門無量誓願學，第四、佛道無上誓願成。佛既然以此四大誓願爲目標而努力修行。所以我們只要知道此四大誓願的內容，也就可以瞭解佛的心卽是救渡一切衆生的大慈悲心了。

三、佛爲了成佛而遠離殺生之行，希望以不殺生的功德而使衆生得以長壽。

佛遠離偷盜之行，希望以不偷盜的功德而使衆生皆得所求。

佛遠離邪淫之行，希望以不邪淫的功德而使衆生得以消除害人之心，得以消除饑渴的痛苦。

佛爲了成佛而遠離妄語之行，希望以不妄語的功德而使衆生說誠實語，並帶來內心的平靜。

佛遠離兩舌之行，希望以不兩舌的功德而使衆生得以和合相處，言行不離道。

佛遠離惡口之行，希望以不惡口的功德而使衆生之心得以平靜，不惶不亂。

佛遠離綺語之行，希望以不綺語的功德而使衆生得以彼此互相關懷。

佛爲了成佛而遠離貪婪之行，希望以不貪之功德而使衆生得以消除貪婪之心。

佛遠離瞋恨之行，希望以不瞋之功德而使衆生心中常懷慈愛。

佛遠離愚痴之行，希望以不痴之功德而使衆生得以深信因果，恭敬佛法僧三寶。

由此可知，佛的慈悲都是爲一切衆生而發，其本願都是爲一切衆生之幸福而著想，除此之外別無其他理由。佛如同父母般的憐憫衆生，希望人們能平安的通過迷惑的海洋，到達幸福的彼岸。

第二節　佛的救度及救度方法

一、沉淪在苦海中的衆生，很難聽見佛站在覺悟的彼岸所作對衆生的呼喚。所以佛親身走進苦海中，以各種方法來拯救衆生。

現在我們就說個故事作爲比喩吧！在某地有一戶人家，住著一對夫婦和他們的孩子。

有一天，當父親外出回家時，發現家中正冒著濃濃黑煙。他吃驚之餘，立刻大聲喊叫「孩子們！快逃出來吧！」可是孩子們貪玩，渾然不覺火災的來臨，也沒有理睬父親的呼喚，仍然逗留在屋內。

父親為了孩子們的安全，只好改口大聲喊道：「孩子們！我這裏有很稀奇的玩具，快出來拿吧！」孩子們一聽到玩具，立刻歡天喜地的奔出正在燃燒的屋子，因而免除了一場不幸的災害。

這個世界宛如一座失火的房屋，但是世人卻未察覺它正在燃燒，也不知道自己置身於隨時會被燒死的恐怖之中。所以，佛大發慈悲心，不斷的以各種方法來救渡世人脫離苦海。

二、再說另外一個故事來作比喻：很久以前，有一位長者的獨生子，因為年紀很小就與父母失散，所以認不得父母，變得終年在外漂泊流浪，每日過著三餐不繼的困苦生活。

父親因想念兒子，不久之後也離開了故鄉，到處尋覓兒子的蹤跡，然而歷盡千辛萬苦，仍然杳無音訊，最後只得在某一個城鎮住了下來。這樣經過了幾十年，潦倒落魄的兒子偶然的流浪至父親旅居的城鎮。

父親一眼就認出了兒子，於是很高興的叫一個傭人去把流浪的兒子接回家來。可是兒子卻對這突來的機遇感到懷疑，而不願同往。父親為了方便讓兒子回家，只好派人告訴他，要一個長者願以優厚的條件僱用他來家中工作。兒子被優渥的條件所吸引，於是接受這項工作，而成爲其父的傭人。

兒子在長者家中工作，仍然不知道這是自己的家。父親逐漸的提拔他，最後讓他管理長者家一切的財產。雖然如此，兒子仍不知長者就是自己的父親。

長者眼見自己的兒子誠實又努力，內心十分高興。有一天長者知道該宣佈眞相的時間到了，於是召集了親朋好友，然後指著兒子說：「諸位，這是我的兒子，是我費了多年功夫才找到的兒子。從今以後，我所有的一切財產都歸屬於這個孩兒的。」

兒子聽了父親的告白大爲吃驚，欣喜的說：「如今我不但找到了我的父親，而且意外的獲得了一大筆財產，眞是料想不到的事情。」

這裏所說的長者就是指佛陀，在迷途中流浪漂泊的兒子就是指一切衆生。佛的慈悲，就像父親施愛給獨子一般地普照所有的衆生。佛把所有的衆生都視爲自己的兒子，敎導他們，關懷他們，並且以覺悟的寶貝送給他們，使他們成爲富有的人。

三、佛對待世間的每一個衆生，都如其對待自己的獨子一般，是平等一味的。佛的大悲雖是普濟天下，但是由於人們的根器和福報的不同，拯救的手段也因而有異，好比天雨雖是一味的，但是欣霑雨露的草木不同，所受的恩澤也就有了差異。

四、不論孩子有多少，父母親對待子女的愛心總是平等的，絕不會有厚此薄彼的情形。但是其中如果有一個孩子身染疾病，父母親的心就會顯得格外的關心他。

佛的大悲也平等的降臨在每一個人身上，但是對於罪孽深重者，或是由於無知而苦惱者，佛就更加憐憫的關懷他們。

佛是慈父悲母，對世人都懷有慈悲之心，基於此種慈悲心腸，佛一味的爲人們奉獻心力。如果沒有佛的慈悲，世人就無法得救，所以世人都是佛子，都應該接受佛的敎誨。

第三節　永恒的佛陀

一、世人所知道的佛，是出生在印度，最初爲釋迦族的太子，然後出家修行而證得佛果。事實上這不是他第一次成佛，他成佛以來已有無量無邊的歲月了。

在這無量無邊的歲月裏，佛每一時每一刻都在此世間，觀察所有一切衆生的種種根器、處境，而施以各種不同的方法來拯救衆生。

佛所說的法絕無虛僞，因爲佛如實知道這個世界的一切。基於此而敎化所有的人。

要認識此世間的眞象是件艱難之事，因爲世上存在著許多眞假莫辨的事情。視其爲眞時，往往不是眞，視其爲僞時，又往往不是僞。因此，愚昧的凡人是無法瞭解世間之眞象的。

十方世界中唯獨我佛能如實洞察世間眞象，所以只有佛能敎導我們去認識這個世間的本來面目。

二、佛不僅僅以言語來教化世人，而且還輔以身教。佛的壽命是無限的，但爲了要令貪婪無饜的人覺醒，乃以死作爲方便來訓示世人。

譬如有一個擁有許多孩子的醫生，有一次，當他到國外旅行時，留在家裏的孩子們不愼中了毒，十分痛苦的與生命作最後的掙扎。醫生回家後看到這種情形，大爲吃驚，立卽調配解藥給孩子們服用。其中心智未散亂的孩子服了之後，馬上藥到病除。但是那些心智已失去正常的孩子，却堅持不肯服藥。因爲他們認爲，只要有父親在身邊，他們一定死不了。

身爲醫生的父親爲了救治那些愚昧而剛強的孩子，於是決定採取非常的手段。他對孩子們說：「我還要出去旅行，但是我已垂老，不知那一天會死。萬一你們聽到我的死訊，就吃下我所留下的解藥。只要你們吃下我的解藥，就一定會幫助你們恢復健康。」醫師說完之後，就辭別了孩子們，踏上遙遠的旅程。然後，他派人去告訴孩子們他已死亡。

孩子們遽聞父親逝世的噩耗，悲慟萬分，相擁而泣的說：「父親死了，今後我們是無依無靠了！」他們想起了父親臨別的囑咐，在悲嘆和絕望之餘，服下了父親留下的藥，身體遂回復了健康。

世人是否會責備這位身爲醫師的父親撒謊呢？

佛正像這位仁慈的父親，他爲了拯救這些不停追尋欲望的人們，而在此世間示現死亡，好讓世人領悟生命無常，若再不修道，就後悔莫及了。

第三章　佛的妙相與勝德

第一節　佛的三身

一、佛具有三身：一爲法身，二爲報身，三爲化身。

所謂法身，並非指有一個形相或實體可得，乃是因它以法性爲體，所以假名爲法身。佛以清淨妙智見到了眞實法界的體性，故稱爲佛的法身，或法身佛。由於法界的體性，是聖人清淨智慧所緣的境界，所以佛的法身，世人絕對無法以語言道盡其眞象，也無法以心思去想像它的面目。

菩薩、阿羅漢等聖人雖也能見到法界的體性，但不夠圓滿，只能算是證得部分法身。而佛的智慧遍緣一切虛空法界，所以佛的法身亦充滿著整個宇宙之間。

法界之性，離一切自性，無一實體可得，所以佛的法身雖遍滿虛空法界，却無大小之分，亦無多少、有無、來去、生滅等一切計度分別。

佛的法身並不因人的思念而存在，也不因世人之忘懷而消失，並非因人們喜愛它而來，也不因人之怠慢它而去。佛的法身是超越世俗人心的各種思慮而存在的。

佛的法身是由智慧和法性所成的金剛之身，所以是常住的，絕不至毀壞。也沒有恐懼、疾病，並且是湛然寂靜的。

二、所謂報身，就是佛從久遠時以來，修習六度萬行，積集無量福德所感的色身。佛的報身，具足五種決定性：①佛的報身，決定住在色究竟天宮。②與佛的報身共住之眷屬，決定是十地中的菩薩。③佛的報身所說之法，決定只有大乘佛法。④佛的報身，決定是具足三十二相八十隨行好之莊嚴身。⑤輪迴不空，佛的報身決定安住於世間。

佛的報身，一般凡夫是看不見的，唯有長久潛心修行證得清淨智慧的地上菩薩始能見到。

三、佛的圓滿報身，具足三十二相。此三十二相就是所謂的大丈夫相，是由三十二種善因修成的。

①以恭敬心迎送師長，得手足具足千輻輪之相。

②以希有心正受戒律，並守護清淨一心安住律儀，得足底平整如龜腹相。站立時足底平貼地面，沒有絲毫的空隙。

③以菩提心修布施、愛語、同事、利行等四攝法，得手足指間縵網相連猶如鵝王之相。張指則現，不張則不現。

④以上等美味食物惠施他人，得手足柔軟細嫩相。

⑤以上等美味飲食惠施他人，亦能得手掌、足掌、兩肩、頸部七個部位飽滿端正之相。

⑥以大悲心救護遭受毒打、細綁拘禁、即將被殺戮之一切衆生，得手指和脚指纖長可愛之相。

⑦以大勇猛心，饒益一切有情活命順緣，得足跟寬廣相。

⑧以遠離殺生之一切過失，得身體洪直相。

⑨以增上之心，願自己所行的一切善，皆廻向給衆生得到究竟的幸福，得身毛皆上向而靡之相。

⑩以無所得心，正受布施等一切善法，得足踝膝骨皆不突現之相。

⑪將醫方明、工巧明、聲明等多種技藝，殷勤傳授他人，得雙腨漸次細圓如毉泥耶鹿王腨相。

⑫以不捨棄、不瞋恨、不輕視諸求財者，得手臂長妙雙手過膝相。

⑬以引導一切衆生遵守清淨戒律、行清淨行，並能保守秘密之語，得馬陰藏相。

⑭以上好衣服、臥具、金銀珠寶等惠施給衆生，得金色相。皮膚清淨鮮明，比此世間，乃至天上的金子之顏色，更爲亮麗。

⑮以華麗之屋舍、宮殿、樓閣惠施給他人，得身皮細薄潤滑相。得此身相，塵土不著

身，如蓮花葉不受塵水。

⑯以深樂寂靜，遠離諠譁、憒鬧及散亂之心，得一一毛孔唯一毛，毛不雜亂，且皆上向右旋之相。

⑰以隨一切衆生及師長之意樂，恭敬承事，並教他人也同樣恭敬承事，得眉間白毫相。白毫有橄欖核一般大，形狀如銀管，潔白柔軟，平常卷縮向右旋，毫端向上而靡。舒展則約三個手肘長。

⑱以未曾輕毀他人，並爲一切衆生作依怙，得上身猶如獅子之相。

⑲以隨喜之心讚嘆他人之善巧言論及精闢見解，得臂髆圓實之相。

⑳以對病患者惠施醫藥，對饑渴者惠施飲食茶水，得雙肩之中項部極善圓滿之相，或兩腋下飽滿之相。

㉑爲病苦之衆生，承事湯藥，作看護者，得非上味中亦得上味之相。

㉒爲人建造幽美之庭院，怡情悅意之林園，得身廣長相等之相。如諾瞿陀樹。

㉓以惠施寺院給他人作修行的場所，得頂上肉髻相。

㉔於三大阿僧祇刼中與人交談時，都說柔軟語、和合語、誠實語，得廣長舌相。舌面紅蓮色，大舌從口中出，能覆蓋一張臉，舌入口中，却一點也不覺得擠滿。

㉕爲十方世界所有的衆生，宣說佛的教法，得音聲和雅、音質清澈、聲音深滿、聲音

正直、聲音周遍遠聞等五種梵音相。

㉖以遠離綺語之過失，得兩頰如獅子王相。

㉗以清淨心，承事稱讚一切衆生，得牙齒潔白相。

㉘不以邪因緣獲得生活資具，正命清淨故，得牙齒平整相。

㉙以修諦實語故，得牙齒細密相。齒與齒之間，不容一絲一毫的間隙，妨如一顆牙齒。

㉚以遠離離間語之一切過失，得四十顆牙齒相。

㉛以大慈悲心，視一切衆生猶如獨子，得眼如紺青寶相。

㉜以無貪無瞋之心，觀視一切衆生，得兩眼上下睫毛不相雜亂猶如牛王之相。

四、所謂佛的化身，是由佛救渡一切衆生之大悲願所出生，隨衆生的遭遇，以及處境的不同，而化現的種種身相。

佛以大悲爲懷，使用各種不同的方法，拯救那無邊無際的衆生。佛如同一團足以燒毀萬物的熾烈之火，燒盡了世人心中煩惱的薪材，也像吹散塵埃的風一般，吹盡人們苦惱的塵埃。

佛能以三種化身而應世。

佛示現最勝之化身——如釋迦牟尼佛，和世人一般的誕生，然後出家成道，並且在佛身上顯示疾病和死亡，以告誡世事無常的道理，引導世人正確的人生方向。

佛又能示現生化身、巧化身，以各種不同的形象顯示在世人的眼前，乃至以化身之力從虛空中及樹木草石懸崖等無心之物，發出法音演說諸法眞實義。

五、佛身雖然分爲法身、報身、化身，但只是爲了完成佛唯一的心願，那就是救渡苦海中的一切衆生。具足此三身，便是圓滿的佛身。

第二節　遇佛的因緣

一、佛現身於此世界，是甚爲稀有的。佛在這個世界上成道、說法，截斷疑惑之網、拔起愛欲之根、堵塞邪惡之源，毫無阻礙、自由自在的在這個世界上大行法化，所以世人沒有比尊敬佛、皈依佛來得更重要的事了。

佛陀之所以顯現在這個世界上，爲人們說法，廣佈福澤。是因爲佛不能捨棄苦惱的衆生，所以佛降臨在這苦難的塵世。

在這個人性泯滅、缺乏公理、邪見橫行、貪欲無度、身心墮落的世界裏，欲施佛法以護衆生是很困難的事，但是由於佛的大慈大悲，終能克服種種的困難。

二、佛是此世間所有人的良朋好友。背負著煩惱之重荷的人，遇佛時，佛就會代替他擔起重荷。

佛是世間的眞正導師。愚昧而困於迷惑的人，遇佛時，佛就會以智慧的光輝，驅逐他內心的黑暗。

如同小牛犢不離母牛一般，聆聽過佛之教法的人，就再也不願意離開佛，因爲佛的教法使人們心中快樂而平安。

三、當月亮降落在地平線之下時，人們說「月沉了」，當月亮自東方升起時，人們說「月亮出來了」。其實月亮是常住的，並不因爲人們的看不見而不存在。佛也是一樣的常住而不生不滅。但是爲了教導世人，以及隨世人的因緣，佛顯示了誕生和涅槃。

好比同一個月亮，如果從地球上看是圓滿的月時，從其他的星球上看卻有可能只是半圓形的月；如果從地球上看只是半圓形的月時，從其他的星球上看却有可能是圓滿無缺的月。這月盈月虧的變化，完全取決於世人觀看的角度。事實上月亮自始至終都是圓滿的，從無變化過。

佛也是一樣，世人見到佛誕生（譬如初一的月）、成道（譬如十五的月）、涅槃（譬如三十的月）等生滅相，完全取決於衆生見佛的因緣，緣聚則生，緣散則滅，其實佛是常住而不生不滅的。佛的大悲心永遠照耀著我們。

月亮遍照著大地，映現在一切物體之上，不論是喧譁的城市，或是寂靜的鄉村，是山谷上或是河流中，乃至池塘裏、水缸中、葉尖上的小水滴，都無所不現。月亮經常跟隨人們爬山涉水，行過百里千里。有人見它大如車輪，有人見它小如腹口，有人見它明亮如金盤，有人見它潔淨如白玉。其實並非月亮本身有任何變化，而是由觀月者的不同，各人眼中所見的月亮也就不一樣。佛也是一樣的道理，由於人們的業力不同，而顯示出無數種不同的相貌，然而佛是常住不變的。

四、佛在這個世界上，不論是出現，或隱沒，總是離不了因緣。當佛救渡衆生的時節因緣成熟時，佛就會顯現於世，等到因緣了盡，他便默然不現。

佛雖然有生滅之相，但是並非眞正的生滅，我們必須明白這個道理。不要爲佛所顯示的生滅和萬事萬物的變遷而驚懼、悲傷。

上面已經提過，佛的法身不是肉體，而是無上正等正覺所成之金剛身。肉體只是一種容器而已，其中要充滿了無上深妙智慧才能稱爲佛。因此，拘泥於肉身的腐朽而悲嘆佛已過世的人，不能見到眞實的佛。

第三節　佛的勝德

一、佛具有五種殊勝的功德，因而受到千古世人的尊崇。所謂五種殊勝的功德，就是殊勝的行爲、殊勝的見解、殊勝的智慧、解說成佛之道、感化世人遵循他的教法而修行等。

佛又有八德，一、佛為衆生帶來幸福和利益，二、衆生依佛的教化，可立卽獲得福祉。三、佛教導世人明辨善惡與正邪。四、佛指導世人成就佛道的方法。五、佛引導所有的人走入佛道。六、佛沒有驕心。七、佛言行一致。八、佛已斷除一切迷惑、救渡衆生心願圓滿，並具足無上微妙智慧。

佛於一切時都在禪定之中，心中充滿平靜和安寧。佛對所有的人都懷著大慈心與大悲心，而不為世俗之情所束縛，心中擁有純淨無穢的無上喜悅。

二、佛是一切衆生的父母。嬰兒出生之後十六個月之間，父母對孩子說話，都學孩子咿咿唔唔的語氣，配合著他們，然後才慢慢的教孩子正確的說話。

佛也按著世人所說的話來說教，隨世人名言識所認識的相來開導，使每個人都能悟入非語言、非心思所能思議的眞實境界。

佛雖以一種語言說法，但是世人都能依其所懂的語言來聽，每個人都覺得佛所說的教法是為我而說的，因此不勝喜悅。

佛所證悟的境地，不是一般凡夫能以心思考的，也不是能以語言道盡的。如欲勉強表示佛的境地，只有藉助於比喩了。

恒河雖因經常被各種動物涉越而變得有些汚濁，但仍不減其清澈。佛也像這條河一樣，雖然有異敎的魚、龜競先來攪亂，但是佛的心性依然保持淸淨不亂。

三、佛無上的智慧能明白世間所有的道理，遠離常見與斷見，安住於超越一切語言、文字的法性上，而且知悉一切衆生所有的想法。佛的睿智能在一念之間知道世上所有的事。

如同平靜的大海，倒映著夜空星星一般，佛智慧之海中，也常映現著世人的心念，和世間一切之事物，因此，我們稱佛爲一切種智者。

佛的智慧滋潤著一切衆生的心，帶給衆生無限的光明，讓衆生確切的明白此世間的意義、盛衰和因果的道理。衆生只有藉助佛的智慧來了解這個世界，這是不容置疑的。

四、佛並不只以佛的形像顯現，有時他化作一個魔鬼，有時扮成一個女人，有時以諸神的樣子出現，有時是國王或大臣，有時出現在妓院中，有時也出現在賭徒家裏。

當人們有病時，佛就化作世人的醫生，爲人們施藥、說法。當戰爭紛亂之時，佛就說正法，引導人們脫離災禍。對於被常見所束縛的人們，佛就爲他們說無常的道理。對不能脫離自我和驕慢之窠臼的人們，佛就對他們說無我的道理，對於執迷於世俗快樂的人們，佛就對他們闡明世間痛苦的百態。

佛的功德是如此的顯現在各種事務之上。而這一切，又是都從佛的法身流露出來的。那以無限的生命及無限的光明來救渡衆生的，也都是源於法身的佛。

五、這一個世界就像一座被熊熊烈火燃燒的屋子一般，危機重重。人們被愚昧的黑暗所籠罩，被瞋怒、成見、嫉妬，以及各種煩惱所狂亂。人們必須依靠佛的慈悲，宛如赤子需要母親一般。

佛誠然是聖者之中最爲尊貴的聖者，是此世間之慈父。所以一切衆生都是佛子，他們每天一味的沉迷於世間五欲的快樂，却毫無警覺這個世界其實是充滿著痛苦與恐怖的地方，衰老病死的火焰正永無終止地燃燒著。

佛雖然遠離了這個迷惑的火宅，却在靜寂的樹林中思維著如何解救衆生：

「這個無常多苦的世界是我過去的家，住在裏面的衆生都是我的兒子，現在能拯救他們脫離無邊苦海的只有我一個人而已，我應該設法依他們的習性叫他們如何逃出火宅。」

佛對待每個衆生，都像對待自己的獨生子一樣。只要衆生有病，他就寢食難安，只要有一個衆生不出火宅，他就不入涅槃。

佛是至高至偉的大法王，能以無數方便，種種因緣譬喻言辭演說諸法，但佛唯一的心願只是希望衆生得到安樂。佛爲了饒益衆生，顯示至高無上的佛之知見而出現在這個世界上，爲了將世人從痛苦中拯救出來而說法，可是世人却被欲望所吸引，對於佛的教誨與呼喚充耳不聞，毫不在意。

不過，聽了佛的教法而心懷喜悅的人，他就必能立於超越此迷惑世界的境地。佛曾說：「我的教法必須透過信心才能了解，換言之，從佛的睿智中流出的教法，世人絕無法依靠自己的智慧去領悟，只有信佛所說的話，才能契合教義。」因此，我們應該虔誠的聆聽佛的教法，並且身體力行。

煩惱與解脫

第一章 因緣

第一節 四種眞理

一、這個人間世界，到處充滿著痛苦。生是苦，衰老、病、死也是苦（生老病死苦），與所怨恨的人相遇是苦（怨憎會苦），與所愛的人分別更苦（愛別離苦），此外還有人們無法滿足希求的苦惱（求不得苦）。這種痛苦每個人都無法避免，世人如果無法脫離無明的繫縛，痛苦就永遠無法得到解脫。所以執著實有的人生，一切都是苦的，這叫做「苦諦」。

那麼，人生的痛苦到底是如何產生的呢？這些痛苦毫無疑問的是起自人們心中糾纏的煩惱，再往下追究，則煩惱的根源在於世人與生俱來的強烈欲望。由於世人對於「生」的強烈執著，於是演變成對所見到、所聽到的一切事物都產生渴愛，由渴愛而造作輪迴於生死的業，所以渴愛（煩惱）是一切痛苦的原因，這叫做「集諦」。

滅盡煩惱的根本，捨離一切對實有的執著，痛苦自然會消失冥滅。這叫做滅除痛苦的眞理——「滅諦」。

一個人如果想進入滅諦的境界，就必須修學以下的八種正道：

㈠正見。能幫助眾生破除無明的智慧，叫正見。但這裏是指已經證悟的智慧而言。

㈡正思維。思維的心若與正見相應，而破除邪思維，決定趣向覺悟，叫正思維。

㈢正語。與人說話，心若與正見、正思維相應，而斷除語的惡行，捨離邪語等，叫正語。

㈣正業。造作行爲，心若與正見、正思維相應，而破除邪業，捨離殺生、偷盜、邪淫等惡業，叫正業。

㈤正命。維持生活的行爲若與正語、正業相應，而破除詭詐等邪命，叫正命。

㈥正精進。斷除懈怠的精進，若隨順正見、正思維、正語、正業、正命，令未生之惡不生起，令已生之善繼續生長，叫正精進。

㈦正念。念奢摩他所緣的心若與正精進相應，而斷除邪念，並時時憶持，令不忘失，叫正念。

㈧正定。專注三摩地的心若與正念相應，而除滅邪定，令心不散亂，叫正定。

這八種正道，是引導世人脫離痛苦，證得無上覺悟的眞實道路。所以叫「道諦」。

人們必須好好地體會這些眞理。因爲任何人若想脫離世間的苦海，就必須斷絕一切煩惱，而斷絕一切煩惱的辦法，就是勤修八正道，唯有透過這八正道才能徹底覺悟，而臻於無苦無惱的境地。

二、有志於悟道之人，都必須明白這四種神聖的眞理（四聖諦）。如果不能瞭解這些眞理，則將永遠徘徊在迷惑的道路上，永無終止之時。明白這四種神聖眞理的人，我們稱他已經得到了慧眼。

行道之人，如果明白了這四種神聖的眞理，就好比在黑暗的房間獲得智慧的燈火一樣，只要屋內充滿光明，無知的黑暗一定會消失於無形。

佛便是僅僅靠著這四項眞理來引導世人。一個眞正能夠確實身體力行，接受佛之教法的人，一定能透過這四項眞理，在此世獲得最大的成就，而成爲世人依靠的對象。因爲這四種神聖的眞理所散發的光輝，能消滅一切煩惱的根本。

佛的弟子們都因爲這四種神聖的眞理，而了悟一切教法，證得一切智慧和功德，並能隨意自在的對所有的人說法。

第二節　不可思議的因緣

一、世人的痛苦，有其一定的原因，世人的覺悟，也有其一定的道理可遵循。世間之一切事物都是依「緣」（條件）而生，依「緣」而滅。

雨降、風吹、花開、葉落等等，也都是依「緣」而生，依「緣」而滅。

人的肉身是靠父母和合的緣而出生，靠飲食來維持，人的心也是靠經驗和知識來孕育。

因此，無論此身或此心，都不能不說是依緣而成立，依緣而變易。這好比一張網，必須由許多網的目互相牽連而成。網雖然是由網的目所形成，但如果僅視此網中的各個孔目為單一獨立的個體，那是極大的錯誤。

因為網中的每一個網目必須和其他網目相連，才能形成網，而被稱為網的目。所以每一個網目都是形成其他網目的必要之緣。

二、開花之緣具足了，花朶才得以綻放，落葉之緣具足了，樹葉才會落下來。花和葉絕不是無緣無故說開花就開花，想落葉就落葉。同樣地，世間任何一件事物都是隨因緣之改變而變遷，不會單獨的存在，也不會常時的存在。

一切東西皆依緣而生，依緣而滅，這是永恒不易的道理，因此世事不斷的變遷與無常是天地間不變的眞理。也只有這個眞理是永恒的。

第三節　相依相成

一、人們的憂慮、悲哀、痛苦和煩惱是因何產生的呢？簡單的說，那是因為人們有了執著。

執著於財富、執著於名利、執著於歡樂、執著於自我，人世的苦惱就是從這種種的執著中產生出來。

自從無始以來，此世間就有種種的災難，加上人力所無法避免的衰老病死，於是乎悲傷和痛苦就隨之接踵而來。

我們追根究底的探求悲苦的根源，便知這些愁苦實在都是因人們的執著而產生。因此，只要能脫離執著的羈絆，一切的苦惱自能煙消雲散。

若再進一步的剖析人們執著的原因，便可發現完全起自人們心中的無明。所謂無明，就是無法看清事物原本的眞相，不明白萬事萬物皆是緣聚則生緣盡則滅的道理。

世人常起邪念，那是因爲人們的愚昧無知，不能正確的觀察世物，並執著有一個實體的我，以致鑄下錯誤，使自身陷入迷惑之中。

人們的造作稱爲業。世人以業爲田，以心爲種，覆蓋以無明之土，滋潤以貪愛之雨，灌漑以自我之水，如此耕耘的結果，徒增邪知邪見，益發陷入迷惑之深淵而已。

二、因此，追本溯源，造成憂悲苦惱之人生，乃是此心的作用。

迷惑的世界，是無明的心所顯現的影子，覺悟的世界，則是淸淨心所顯現的眞實世界。

三、人們對此世間存有三種錯誤的看法，如果以這些錯誤的看法來看這個世界，則萬事萬物都遭受否定。

第一種錯誤的看法是，認為人在一生中所遭受的一切，都是由命運所註定的。第二種錯誤的看法是，認為人間世事，都是神一手造成的。第三種錯誤的看法是，認為世間一切事物的存在都是偶然的，沒有因果的。

如果認為人在世上所受的一切，都是由命運所決定，那麼無論行善行惡，都是命運所使，幸與不幸也是命中註定，世上除了命運之外，別無其他因素存在。

人們如果有了這種看法，就無需為自己的行為負責，也無需寄望和努力於應該做什麼事，或不該做什麼事。世人心態如此，世界自然無法進步和改善。

另外，所謂世界是神一手所創造，以及所謂的無因無緣說，也同樣犯了前面所述的毛病。人們有了這二種看法，將使人們喪失希望去惡行善的意志和努力，人生也就了無意義了。

因此，這三種看法都是錯的，任何事物都是因緣而生，緣盡而滅。

第二章　人心和實相

第一節　無常的存在沒有實體

一、身和心都是由因緣所形成，故此身並無實體，此身乃是因緣的集合，所以是無常的。

假如此身爲實體，那麼我身就應當能隨意自在地決定該如此，不該如此才對。但是，事實上並非如此。

國王在他的國土裏，可以決定罰其應罰，賞其該賞，隨著自己的意志去做。可是，國王仍然會在不願有病的情況下生病，不希望衰老的情況下衰老。只要是關係到這個身體的一切事情，就不是他自己所能主宰的。

同樣地，此心亦無實體，心也是因緣的集合，時時在變化著的。

如果心有實體，那麼人們在決定事情的時候，認爲應該這樣做或不該這樣做，就應當能隨心所欲才對。然而衆人的願望却往往和行爲互相違背，會在心不想作惡的情況下作惡，不願離善的情況下與善行遠離，幾乎沒有一件事能隨心所欲。

二、如果有人問起此身是永恒不變的，還是無常的？相信每個人都會回答是無常的。如果有人問起無常是痛苦，還是快樂的呢？當大家發現衰老病死是人人所無法避免的時候，相信誰都會回答是痛苦的。

因此，如果將這種變遷無常且痛苦的身體，認爲是有實體的東西，則其錯誤是顯而易見的。

心也是一樣是無常的，是痛苦的，絕對沒有實體。

身如流水一般，日夜不停的流動，亦如燈火一般的閃滅不定。心亦如奔跳不定的猿猴，沒有片刻靜止的時候。

所以，凡是有智慧的人，都必須認淸身心是因緣和合的假體，是無常、痛苦的，所以必須去除對於身心的執著。當去除對於身心的執著後，此人卽能獲得涅槃。

三、在這一個世界上，有五種事情是任何人都無可奈何的。第一、必會衰老之身而人們希望不要衰老。第二、必會患病之身而人們希望不要患病。第三、必會死亡之身而人們希望不要死亡。第四、必會毁滅之物而人們希望不要毁滅。第五、必會止盡之物而人們希望不要止盡。

世間的常人遇到這些不可避免的事情時，都只是徒然苦悶、煩惱而已，但是，凡是領受佛之敎法的人，因爲知道這些都是無法避免的事實，所以也就不會產生這些愚昧無知的煩惱。

另外，在這個世界上也有四種眞實。第一、一切衆生都是無明所生。第二、世人一切欲望的對象，都是無常的、痛苦的、不斷變遷的。第三、凡是存在於世界上的東西，都是無常的、痛苦的、不斷變遷的。第四、依止身、心假立的「我」「我所」是沒有實體可得的。

世事萬物是無常且不斷變遷的。這種萬物皆無實的道理，不論佛是否出現於世，都是經常存在著的眞理。佛知此眞理，證悟此眞理，且依此眞理來教化衆生。

第二節　心之構造

一、迷和悟都是由心所現。一切事物都是由心所造成。這種情形好比是一位魔術師能隨心所欲地變化出種種東西一樣。

人心的變化是無限的，它的作用也是無限的。從汚穢的心中呈現出汚穢的世界，從清淨的心中呈現出清淨的世界。因此，外界的變化充滿詭譎多端。

圖畫是由畫家所描繪的，而外界則是由心所造成的。佛所造成的世界，是遠離煩惱的清淨世界，凡夫所造成的世界則是充滿了痛苦和汚穢的世界。

心有如一位巧奪天工的畫家，能夠描繪出種種不同的世界。在這個世界中，沒有任何一種東西不是由心的作用造出來的。佛的清界世界，是由佛的清淨心所造成的。衆生的汚穢世界，是由衆生的汚染心所造成的。所以就描繪世界和一切事物的作用而言，心、佛、衆生三者是沒有任何差別的。

佛明確的知道，萬世萬物皆起自於心，世人若能和佛一樣的明白此理，那麼就能見到眞實的佛了。

二、然而，人們這顆心却經常恐懼、悲傷與苦惱。恐懼著過去所發生的一切，也恐懼著未來將面臨的一切。此乃由於心中有無明與貪愛的緣故。

由於世人貪婪無饜的心，而產生這迷惑的世界。因此，簡而言之，這個迷惑世界的種種因緣也都存在於此心之中。

生與死都起自一心，所以，當有關迷惑生死的心滅絕時，則迷惑中的生死也隨之盡滅。

迷妄的世界起自此心。因此以迷之心來看世界，世界卽變成迷妄的世界。遠離迷心之後，發現並無迷妄的世界存在時，就能脫離汚染而得解脫。

由此可知，世界是由心所導引，受心之支配的。充滿煩惱的世間，乃是由於世人迷惑之心所造成的。

三、一切事物都以心爲前導，以心爲主，由心所作成。如果世人以汚穢不潔之心來說話，或以汚穢不潔之身來行事，則苦惱就跟隨著他。這有如牛車跟隨在拉車的牛後面一般，不會分開。

但是，世人若能以善心來說話，以善心來做事，則安樂就會跟隨著他，如影隨形。行惡的人將會因他的惡行而嚐到此世的痛苦，來世也將受到惡報，備受煎熬。

行善的人將會因他的善行而享受此世的快樂，來世也將獲得善報，更爲快樂。

此心混濁汚穢時，其人生之道路也隨之坎坷不平，因而屢遭仆跌。反之，此心清淨無邪時，其人生的道路亦隨之平坦無阻，終生平安。

能夠喜愛身心清淨的人，也就是能衝破魔網而步上佛之淨土的人，心靜的人可得安樂。爲求永世眞正的安樂，夜以繼日的努力修心吧！

第三節　眞實相

一、世人能見聞覺知世間一切萬物的存在，所依靠的是名言識。比如看到物體的形狀、顏色，聽到聲音的大小、粗細等等。

世間一切萬物雖可見、可聞、可觸、可嚐，但這只是幻化的景像，沒有分毫的實體。世人由於無明之蔽覆，却執以爲實，如在昏暗的地方，見到草繩誤認爲蛇一樣。

聖人亦能見聞覺知世間一切萬物的存在，所依靠的也是名言識。但是聖人已破除無明，所見到的一切是世間本來的面目，是世間的眞實相。如在燈光通明的地方，能正確看清屋裏所擺設的一切。

二、世間的一切萬物，皆由緣所現，所以就其沒有實體而言，是沒有任何差別的。凡是認爲其中有自性差別的，都是由於衆生之無明所使然。天地之間，本無東西的差別，世人爲了方便認識而加以區分，從而却執著於自己所謂的東或西。

從一到無限之間，這些數字本都是各自完整的數，其所代表的量也從未有多或少的差別。但是世人依心之所欲而妄加其量，劃分出何者爲多，何者爲少的差別。

世事究其本質，無生也無滅，人的行爲也無善惡之分。凡是見其有生死、善惡之自性差別者，都是衆生因無明而起實執之心所致。

佛遠離此實執之心，見此世界之種種差別，宛如浮雲幻化。無論取之或捨之都是虛妄，然而生死、善惡雖都是虛妄，因果却絲毫不爽。

三、世人皆由於無明，而執迷於一切萬物。例如執迷於名利、執迷於財富、執迷於生命。

由於世人對於有無、善惡、正邪，以及其他一切事物的執迷不悟，以致招來無窮的痛苦和煩惱。

從前有一個人，獨自出外旅行。有一天，來到了一個地方，看到面前橫著一條大河，心想：「這條河的此岸，遍地危機四伏，只有對岸看起來似乎較爲安詳寧靜。」於是他當下就造了一葉竹筏，撐著竹筏，平安地抵達了對岸。

上岸後，他心懷感激的想：「這竹筏能輕而易舉的幫助我平安渡過河，到達這邊岸上，它眞是妙用無窮，我不應該捨棄這個竹筏，應該把它帶走，以備不時之需。」於是他就把它扛在肩上，繼續前行。

試問像旅行者這樣的人，我們能稱他爲智者嗎？

這一個比喻告訴我們：「卽使是一件衆人認爲正當的事情，我們也應該做了之後就不要放在心上，更何況是不正當的事情？那就更應徹徹底底地捨離淨盡了。」

四、宇宙之間一切萬法都是虛妄不實的，除了誑惑無知者外，究其本性是不來不去、不生不滅，更無所謂的得與失。

因此佛說：「一切萬物都脫離有無的範疇。既非有，也非無，既不生，也不滅。」換言之，一切萬物由於都是因緣所形成，物體的本性若用智慧去觀察，絕對找不到有任何實體的自性可得，所以是非有；又由因緣所形成的物體，雖然沒有任何實體可得，但却都是世人六根所能認識的，所以說不是無。

此世誠如夢，財寶亦如幻，如同畫面上的高矮凸凹，雖然可見，却不是實在的。人世間的一切就宛如海市蜃樓。

世人如果不能了知諸法如幻、雖可見而無實體可得的道理，則一旦見了物體之形相，必定會起執著之心。譬如喜歡的就生起念念不捨的貪心，不喜歡的就生起激動不安的瞋心，因而招致了無量的煩惱。所以佛陀所謂的覺悟之道，最主要的就是要世人明白諸法沒有實體的道理。

五、由無數因緣所構成的事物，如果相信它將永遠如實的存在，那是一種錯誤的見解，我們稱這種錯誤的觀念爲「常見」；反之，如果相信它將會完全的斷滅，永不再生起，這也是錯誤的見解，我們稱此錯誤的觀念爲「斷見」。

這些所謂的「斷、常、有、無」，都不是事物原有之眞象，而是世人透過其執實之念所見到的假象。所以世人若想見到一切萬物的本來面目，必須遠離這種癡迷執著。

由於一切之物都是「因緣」和合而生起，所以是不斷的變遷，不能永恒常住。因爲其無常變遷，所以世事如幻，如海市蜃樓般的稍縱卽逝。此無常變遷之理是眞實的，是永恒不變的。

雖然世界如夢如幻，但是除此之外，我們也無法找到另外一個眞實的世界，或一個永遠常住之世界，故視此夢幻世界爲完全虛無是一種誤見，然而若視此世界爲眞實常住也是一種誤見。

世人以爲所以會產生這種錯誤的原因，在於世界本身，是世界使人們發生這種錯誤的感覺。但是，世界既然是虛幻的，就不可能有任何意念，去使人們產生誤解。錯誤乃是產生於世人不明世界如幻之眞理，所以才會有虛無的世界或實有的世界之看法產生。一切皆起自世人愚昧的心。

凡是有智慧的人，都能悟此道理，能視幻爲幻，所以也就永不會產生這種錯誤。

第四節 中 道

一、有志修道的人，必須避免兩種偏頗的生活。一是爲貪愛所征服，過著耽溺於五欲的卑賤生活，另一是徒然苛責自己身心的苦行生活。

世人究竟要怎樣才能脫離這兩種錯誤的生活呢？那就是依止唯一能開心眼、增智慧而達到徹悟的中道生活。

所謂中道生活，就是世人日常生活的言行舉止都須依止中觀智慧，行八種正道。

世間一切事物都是依緣之變化而有生滅，所以沒有所謂的有與無。常人所謂的有與無，在具足眞實智慧的人看來，這只是假法而已，根本毫無實體可言。這種超越世俗有與無的智慧，便是中觀的正確見解。

二、假如有一根大木頭，在大河中漂流。如果這根木頭不漂近河的兩岸，不在河中沉沒，不漂上陸地，不被人撈走，不捲入漩渦，也不從木頭內部腐朽的話，這根木頭終將流入大海之中。

修道之人也應該像這根木頭一般，既不執於內，也不執於外；不執於有，也不執於無；不執於正，也不執於邪；雖遠離了迷妄，也不執於悟道；任其一心於生命之流中浮動，如同木頭委身於河流之中一樣，這就是中道的觀念及中道的生活。

在修道生活中，不可趨於兩極端，必須經常不離中道，這是修道最爲重要的事。

應知一切之物都無所謂生，無所謂滅，也無固定之性。明乎此才能不爲一切物所拘，也不會拘於自己所行之善。

所謂不拘也就是不堅持、不執著。修道之人不應畏死，也不應貪求於生，更不應追尋世俗中的種種看法。

人一旦起了執著之心，迷惑的生活立卽展開在人眼前。所以欲趨入覺悟之道的人，對於世間一切之物都不可堅持、不可執取、不可留戀，這才是無拘的生活。

三、因爲覺悟的本身沒有自性，所以實際上並無覺悟可得。

悟和迷只是世俗名言識中的一個相對概念，所以是不能單獨存在的。有了迷，才會有悟，有了悟，才會有迷。一旦執迷這個概念消失了，覺悟的概念也就無從生起。

所以，執著有個覺悟之體，仍然是修道的障礙。譬如有了黑暗之處，才需要照明，如果沒有黑暗的話，就無須所謂的照明了。照明既無，照者與被照者，當然更不能存在了。

眞正覺悟的人，是不會執著於覺悟的，因爲覺悟本身並無自性可得。如果認爲有覺悟可得，而戀著不捨，這仍然是迷惑。

達到覺悟境地的人，必能了解「障礙卽解脫」、「黑暗卽光明」，乃至確實明白「一切煩惱的本性就是菩提」。

四、世間萬物都是以相互的關係而成立，以相互的依附而存在，譬如光和影、長和短、白與黑，都是相待而立的，無法離其一而單獨存在，我們稱此特性爲「無自性」。

迷和悟也是一樣，迷之外沒有悟，悟之外沒有迷。迷和悟，本唯一心。是心迷，則全眞卽妄，所以不是悟之外另有個迷。是心悟，則全妄卽眞，所以不是迷之外另有個悟。

五、世人雖然經常見到物生、物滅之現象，但是事實上物是不生不滅的。

人們若能以智慧觀察出事物的眞象，知道事物原本就無所謂生起，所以也沒有所謂的滅盡，如此則能悟入不二法門的道理。

世人認爲有一個實體的我，所以才會執迷於看、聽、聞等「我所」之念，而堅持不捨。但是世間根本沒有一個實體的我，所以也不可能有實體的「我所」，如果能了知無我、無我所，則能悟得不二法門的道理。

世人以爲內心以外的世界，有清淨與汚穢之分，並且堅持有此二相。但是世間之物，本無清淨與汚穢之別，這完全是人之妄念所造成的，若能見垢淨之實性無差別，則能悟入不二法門的道理。

世人以爲善與惡是渾然不同的兩物，而拘泥於善惡之分，但是善無獨有，惡不孤存，若能知道善惡之因果有別，而其實性無異，則能悟入不二法門的道理。

世人皆畏懼遭到不幸而企求幸福。可是我們若以眞知明慧來觀察幸與不幸，則知其實性是沒有差異的。一個人若能悟得幸和不幸沒有差異，則能了悟束縛身心自由的迷，和眞實的自由，其實性也無不同。如此，則能悟入不二法門的道理。

所以，無論說有或無、迷或悟、實或假、正或邪等，其實都不是兩種相反的東西存在於世。至於世事萬物之眞實性，則是聖人之淸淨智所緣的境界，絕不是語言、文字、心行或一般人之智慧所能認識的。人們唯有超離語言和意念之窠臼，才能悟得眞實的「空」。

第三章 佛性

第一節 清淨心

一、人有許多種。有的人心中煩惱厚，有的人心中煩惱薄。有人較賢，有人較愚。有人稟性善良，有人賦性惡劣。有人易於受教，有人難以教誨。

這種情形就好比有藍、紅、黃、白等各色各樣的蓮花，雖然都同在蓮池中生長，但發育的情形却不一樣。有的生長在水中而未伸出水面，有的浮長於水面，也有的高出水面，未沾一滴水。

人的種類除了上述各種內心之差別外，還有男女之分。然而就人之本性而言，是沒有任何差距的。男人修道固然能得悟，女人如果潛心修道的話，也同樣能得到覺悟。

一個人如想學習御象之術，則必須具備信心、健康、勤勉和不虛僞，當然更須有智慧才可以。一個人若想從佛學習覺悟之道，也同樣需要這五種條件。只要具備這五種條件，則無論男女，修習佛道都不需耗費很長的歲月。這是因爲每一個人都具有可以覺悟之本性的緣故。

二、所謂清淨的本心就是指佛性。所謂佛性，就是成佛的種子。

取一面凸透鏡向著太陽，然後將其焦點對準艾草，這樣可以取得火種。這時的火是從那裏來的呢？太陽和透鏡之間相距何其遙遠，絕不可能合而爲一。但是，太陽的熱却能以透鏡爲緣而引燃艾草，這種現象是不容置疑的。然而，若非艾草本身具有可燃的性質，即使太陽有再熾烈的溫度也無法使它燃燒。

艾草好比是一個人的佛性，透鏡好比是佛之智慧。透鏡放在上面，對準艾草，佛之火就宛如啓發佛性的火信，立刻在喻爲佛性的艾草上燃燒起來。

佛以這種智慧的透鏡，對準世間的衆生，普遍燃起信仰之火，啓開了衆生與生俱有之佛性。

三、世人捨棄了與生俱來之覺悟本性，而被煩惱之塵所拘，爲事物之形像所束縛，徒然浩歎不得自在之生活。

人人都具有一顆可以覺悟的佛心，可是却被人們之虛妄分別心所隱蔽，認假爲眞，而徬徨在執迷之途中，這實在是一件可悲的事啊！

從前，有一個男子，一天早晨照鏡子時，訝然的發現自己的頭不見了，大爲吃驚。其實，並非其頭消失了，而是他照了鏡子的背面，所以看不到自己的頭，遂以爲頭不見了。

世人也有這種情形。以錯誤的妄想去計度世間，當然無法顯現覺悟的本性，但是覺悟的本性仍然是存在每個人的心中。

若有人一心想成就佛道，却因一時無法達到悟之境界而痛苦不堪，那麼這種態度是愚癡的，同時也是不必要的。因爲覺悟之中沒有迷惑，覺悟之心是人人所具有的，只是在長時間爲塵埃所蒙蔽的結果，世人遂陷入自造的妄想之中，由於這種妄想而形成迷惑的世界。

當世人的妄想停息時，便會自然的囘到覺悟。眞正得悟之人自不會再有妄想，同時也將發覺原來並無所謂的悟。

四、佛性是永遠存在於衆生心中的，卽使是身爲牛馬畜牲、爲惡鬼，或陷入地獄深淵之中，這種佛性從不會滅絕消失。不論是在染污不淨的身體，或是在污穢不堪的煩惱之底，也都蘊含著佛之光，只不過這種佛性爲妄想、偏計所蒙蔽掩蓋罷了！

五、從前，有個人到朋友家去拜訪，酒過三巡之後就醉倒不醒了。此時朋友恰巧有急事外出，臨走之前，因擔心這人日後的生計，於是把一顆昂貴的寶石縫在他的衣領中。

這件事他毫不知情，酒醒之後，起而繼續浪跡天涯，天天仍爲衣食所苦。後來，他又再度遇到了舊友，朋友對他說：「如有必要，你可以使用我爲你縫在衣領中的寶石啊！」

這一個比喻告訴我們，佛性宛如一顆寶石，被貪、瞋等煩惱所形成的衣領所裹藏著，永遠保持著清淨無污。

無論那一種人，莫不具備佛之智慧。因而佛環顧衆人，然後讚歎「妙哉！世人都擁有佛之智慧和功德。」

然而，世人却爲愚癡所蔽，視萬事萬物爲實有而顚倒執著，以致無法顯現出自己的佛性。所以佛教導世人說：「離開妄想吧！每一位衆生和佛是沒有兩樣的。」

六、這裏所說的佛是已經成佛的佛，而衆生是未來將要成佛的佛，除此之外，佛與世人並無差別。

雖然人人都是將成之佛，但是並非已經成佛，所以如果有人認爲自己有佛性，不必再修行就可成佛，這是犯了極大的過錯。

衆生雖有佛性，但是不修則不現，不現則不可謂之爲成道。

七、從前有一位國王，召集了許多瞎子，要他們摸象，然後各自發表他們的想法，說出他們心目中象的形狀。摸到象牙的瞎子說，大象如同一根牛角。摸到象耳朵的瞎子說，大象像一把大扇子。摸到象鼻的人說，大象如同一根粗繩子。摸到脚的人則說，大象如同一座漆桶。摸到尾巴的人說，大象好像長柄掃把。這麼多的瞎子當中，竟然沒有一位能眞正明確地把握象的形狀。

看人跟摸象一樣，雖然我們能以五根觀察世人，且能瞭解其外在和內在的部分，但要瞭解其本具的佛性，却不是一件簡易之事了。

除了靠佛和教法之外，誰也無法顯現其佛性。這種佛性不因死亡而消失，亦不因爲塵俗之煩惱而汚染，並且是永恒不變的。

第二節　解　脫

一、佛的敎法中說「人人有佛性」，或許有人會以爲這種佛性和其他宗敎所說的「我」沒有不同，這是一項錯誤的想法。

「我」的觀念是一種執著之心。對得悟的人而言，「我」是必須加以否定的執著，至於佛性，則是必須開發的寶貝。佛性和「我」是很相似的，但是却非所謂「我」或「我所」之我。

認爲有「我」是將沒有的東西認爲是有，這是顚倒的見解。相同的，不承認有佛性，是將有的東西認爲是沒有，這也是顚倒的見解。

例如，幼兒生病去看醫生，醫生除了給予藥物之外，還會叮嚀，在藥物全部消化之前，不可餵食母乳。

於是母親便在乳房上塗以苦汁，使孩子不敢吸吮，過了一段時間，等藥物全部消化之後，再將乳房的苦汁洗去，繼續餵奶。母親這番作爲，完全是出自關懷子女的慈愛心所使。

佛爲了袪除人世間有「我」的錯誤觀念，所以說「無我」。等到世人捐棄我執之後，爲了避免陷入斷滅空另一個錯誤的想法，所以又說「人有佛性」。「我」，引導世人走入迷途，佛性，使人達至悟的境界。

佛揭開了世人的佛性，讓他們發現自己與生俱來的寶貝，這就好比是一位家藏黃金而不自知的婦人，過著貧窮的生活，別人由於可憐她的處境，所以替她挖出黃金來。

二、既然人人都具有佛性，爲什麼世間仍有貧富貴賤的差別，兇殺、偷盜、欺騙之事爲什麼又層出不窮呢？

舉個例來說，宮廷中的一位力士，沒有將裝飾在眉間的金剛寶石取下來，就參加了角力比賽。交手拼鬥之間，突然被擊中額頭，打得寶石陷入肌膚中，日久發炎，長了一個瘡。力士並不曉得瘡是由寶石所引起的，他以爲寶石已經遺失。當他請醫生來療傷時，醫生一眼卽看出生瘡的原因，立卽把那枚寶石取出來給力士看。

人們的佛性也是隱藏在煩惱的塵埃中，平常是看不見的。但是只要遇有良師之指引，佛性便能馬上顯現出來。

由此可知，世人雖具有佛性，但是却被貪、瞋、癡三毒所覆蓋，被業報所繫縛，而至如此迷惑的境地。然而佛性絕不因此而喪失，也絕不會被外物所損壞，只要除去迷惑，便能使它重現光芒。

正如比喻中的力士能看見醫師所取出的寶石一樣，衆生也能靠著佛光的照耀而見到自身的佛性。

三、儘管母牛的毛色有紅、白、黑等的不同，但是從它們身上所擠出的牛奶却都是純一色的潔白。同樣的，儘管衆生的種姓不一，業報千差萬別，其境遇和生活也各不相同，但是其俱有佛性，則無任何的差異。

譬如在喜馬拉雅山的深谷裏，藏有一種極爲名貴的藥材，這種藥材被茂密的草叢所覆蓋，一般人很不容易採集得到。過去曾有一位旣聰明又能幹的人，以聞藥香的方法而找到它生長的地方，遂將這種藥草採集起來，存放在一隻桶中。此人死後，這桶靈藥遂埋沒在深山之中。不久，藥草腐爛，藥液流散四地，藥液隨著流過的地方不同，而發出不同之藥味。

佛性好比深山中的靈藥，被無窮的煩惱所障蔽，因此世人極難發覺佛性的存在。如今佛替衆人撥開煩惱的草叢，指示給衆人看。若云佛性有味，則佛性之味原來只有一種甘味，但是因爲衆生有各種不同的煩惱而出現不同的味道，不同的感受，衆生也因而有各種不同的生活。

四、佛性有如金剛石般的堅硬，所以不能損毀其一絲一毫。細沙及小石子都能以精密的方法加以鑿洞，但是却無法在金剛石上鑿上一小孔。

身體髮膚，或可遭受破壞，唯有佛性不能損傷。

將地下挖起的金鑛加以熔解、去其雜質，再加以提煉之後，就可得到黃澄澄的純金。熔解心中的礦石，去除煩惱的殘渣，任何人都可開顯出相同的佛性。

第四章　煩惱

第一節　心中的迷惑

一、使佛性隱蔽不見的煩惱有兩種：一種是迷惑於道理的理性煩惱，另一種是迷惑於世間一切事物的感情煩惱。

這兩種煩惱的成因可溯自兩個根本源頭，一爲無明，一爲愛欲。無明就是無知，簡單的說，就是不通曉事物的道理。愛欲是人們的強烈欲望，以對生之執著爲根本，轉而成爲凡是所見所聞都想佔爲己有之欲望。

以此無明和貪欲爲根源，遂產生了人世間種種難以排解之煩惱，諸如貪、瞋、癡、邪見、恨、妬、諂、誑、驕、慢、懈怠……等以及其他各種無法計數之煩惱。

二、貪之起因，在於見了自己喜歡的東西，就起非分佔有之想。瞋之起因，在於見了自己不喜歡的東西，就起忿怒厭背之想。癡之起因，在於愚昧無知，不能辨明世間事物之眞僞，而起顚倒之想。

世人之所有貪、瞋等煩惱，都依愚昧無知而起。所以若能破除愚癡，就能破除一切之煩惱。

此貪、瞋、癡被稱爲世間之三把火。貪火能令人沈湎於貪欲而喪失本心，瞋火能令人激起盛怒，而殘害有生之物，癡火能令人心生迷惑而不明白佛陀之甚深教法。

此世正爲各種毒火所燃燒著，貪火、瞋火、癡火，生老病死火、憂悲苦惱火，以及其他種種火，正熾烈的焚燒著人世。這些煩惱之火不僅燃燒自身，也令他人痛苦，甚至引導世人去作身、口、意等三種惡的行爲。而且這些煩惱之火在人們心中所形成的創傷，也會分泌出膿來，將毒素傳給相接觸的人，推人入於邪行惡道之中。

三、貪產生自希望獲得滿足的欲心，瞋產生自無法獲得滿足的怨忿，癡產生自愚昧、不清淨的想法。貪心的汚染較少，但是不容易脫離；瞋心的汚染較大，但是較易脫離；癡心的汚染最大且不易脫離。

因此，人們必須在見聞自己所喜愛之物時，應透視它的眞相，才能有正當之想法而不致起貪欲之心；見到自己所憎惡之物時，則須培養起慈愛之心。並且經常以正當的智慧觀察世間所有的事物，來消滅人世的三種毒火，才能使世人之心清純無私，不致爲煩惱所繫縛、迷惑。

四、貪、瞋、癡就像熱病一樣，任何人只要患了這種病，縱使躺在再豪華的大厦裏，也無法在此發熱的夢魘下睡得安穩。

如果人們沒有這三種煩惱，即使在寒冷的冬夜裏，睡在以枯葉鋪就的床板上，也會覺得舒適安穩；在悶熱的仲夏之夜，睡在密封的狹窄房間裏，也能安詳的入眠。

這三種煩惱是此世悲傷和痛苦的根源，爲了斷除這種悲傷和痛苦，唯有依靠戒律、禪定和智慧，否則別無他法。戒律可以除去貪婪之念，並洗清其所帶來的汚穢；禪定可以除去瞋恚之念，並洗清其所帶來的汚穢；智慧可以除去愚癡，並洗清其所帶來的汚穢。

五、世人的欲望是無止盡的。這種情形就好比一個猛喝鹽水的人，永遠無法止渴。他越無法滿足，他的渴望也就越來越強烈。

人們越希望自己的欲望得以滿足，就越增加更多的不滿與欲求，所以人總是被煩惱與焦躁所環繞。

人類的欲望是無底的洞，絕無塡滿的一天，因而這種求不得的痛苦，逼使人們近乎瘋狂。

人們爲欲而爭，爲欲而戰。王與王、臣與臣、父母與子女、兄與弟、姊與妹，以及朋友之間，經常爲了滿足自己的私欲而彼此相互爭鬥、瘋狂的互相殘殺。欲望能使君臣之義、父子之親、手足之情、朋友之信等皆喪失殆盡。

再者，人們常因想滿足自己的欲望，而不惜毀滅自己，犯下了種種罪行，諸如搶刼、偷竊、詐欺、姦淫……等。一旦被捕判刑，另外一種痛苦與煩惱又隨之而生。

除此之外，人們因欲而累積身、口、意之罪，非但在現世歷經悲苦，卽使死後仍然要淪入黑暗的世界裏，備嚐各種煎熬痛苦。

六、愛欲是煩惱之王，各種煩惱皆因它而起。

愛欲是使煩惱萌芽之陰濕地，在此中蘊育了種種的煩惱。愛欲是呑噬善心之魔女，在她的手中毀滅了世間一切的善。愛欲宛如躲在花叢中的毒蛇，伺機將採擷貪欲之花的人咬死。

愛欲又像使樹木枯死的蔓草，緊緊纏繞著人心，吸盡人心中的善汁。愛欲是魔鬼投給世人的誘餌，人們受其引誘而沉浸於魔道之中。

將一根乾枯的骨頭塗上鮮血，丟給一隻飢餓的狗。狗兒立卽飢不擇食的猛啃那根沒有肉的骨頭，結果非但無法飽足，反而惹得一身疲憊和苦惱。愛欲之所以無法滋養人心者，正如此理。

野獸爲了爭食一片肉而大打出手，兩敗俱傷。手持火炬迎風而走的愚人，終將遭自己的火炬所燒毀。人們亦如同這種野獸和愚人一樣，總是爲了愛欲而傷害自己，焚毀自己。

七、世人縱使有防範由外面飛來毒箭的功夫，也無法躲過來自心內的暗箭。貪婪、瞋恨、愚癡、我慢，好比四枝毒箭，會引發世人各種的疾病。

心中如果有了貪、瞋、癡，口中就會說出兩舌、惡口、妄言、綺語等四種過失的語言，身體也會犯下殺生、盜竊、姦淫等三種罪惡的行爲。

以上所說的三意、四口、三身，合稱爲十惡業。

一個人如果明知道是虛僞的話而敢說，那麼可能任何壞事都做得出來，又因爲做了壞事不得不再說謊，如此惡性循環，也就不會再在乎撒謊及爲非作歹了。

人之貪婪、愛欲、恐懼，及瞋恚都起自於愚昧，人之不幸和災禍也因愚昧而生。愚昧實在是人世間最難根治的大病毒。

八、人因煩惱而起業，因業而招致痛苦。煩惱、業及痛苦宛如三個車輪，永遠旋轉不息。

這些車輪的旋轉既無其始，亦無其終。人們不知如何逃離這個輪廻，只有隨著無停息的輪廻，歸向於永刼，由今生轉至來生，永遠的輪轉下去。

在無限的輪廻中，如果將一個人所曾經歷過的生死而燒毀丟棄的骨頭堆積起來，將比山還要高；將一個人所曾吃過的母奶聚集起來，將比海還要深。

因此，雖然人人皆有佛性，但是只因煩惱之泥淖太深了，以致佛性之萌芽極其不易。不能萌芽的佛性，雖與生俱有而不能稱之爲有，世人的迷惑也因此而永無休止之時。

第二節　人的性質

一、人的性質，猶如雜亂叢生的竹林，難以認識清楚。與此相較，動物的性質反而容易瞭解多了。如果我們將這些性質難明的人加以區分，大致可分爲下列四種：

第一種是自尋痛苦的人。這種人因接受錯誤的教導而蓄意苦行。

第二種是使他人痛苦的人，這種人任意殘殺生靈、盜竊詐欺，無惡不作。

第三種是不但自尋痛苦，而且使他人痛苦的人。

第四種是自己不願受苦，也不願他人痛苦的人。這種人遠離塵俗的欲望，平安寧靜的生活，恪守佛之教法，不殺生、不偷盜，行爲光明磊落。

二、世人又可依煩惱的不同，分爲三種類型：

一種好像是在岩石上刻字的人，另一種好像是在沙上寫字的人，最後一種好像是在水上寫字的人。

所謂「在岩石上刻字」，是表示那種人時常發脾氣，發過脾氣後其怒氣又持續不斷，就好像雕刻在石上的文字一般，永遠不會消失。

所謂「在沙上寫字」，是表示那種人雖然經常發脾氣，但是他的忿怒却如寫在沙上的文字一般，很快的就會消失。

所謂「在水上寫字」，是表示那種人即使遭逢不愉快的情境，或聽到別人的惡口和怨言，也不會放在心上，心中依然保持平和，就好像在水上寫字，無論如何也無法成形一樣。

除此之外，世間還有三種類型的人：第一種人的性情較輕浮，驕傲不馴，喜怒哀樂很容易顯現出來。第二種人的性情較穩重，心性平靜而謙虛，處事謹愼，並能克制種種欲望。第三種人的性情全然無法度知，因爲他已經屏除世間一切煩惱，心思澄澈，不爲塵俗所羈絆。

人性雖然可以由不同的觀點作以上的區分，但事實上，人的性情是很難瞭解的，惟有佛才能洞穿世人的心性，並且分別施以各種方法來教化。

第三節　現實的人生

一、這裏有個比喩人生的故事。有一個人泛舟河上，欲順流直下，此時站在岸邊的人高聲疾呼著：「划船的人啊，趕快回頭啦！下游非常危險，有洶湧的波濤，有漩渦，還有吃人的鱷魚，以及可怕的夜叉所住的深淵，如果你再划下去，無疑是去送死啊！」

在這一個比喩中，「河流」代表著世俗愛欲的生活，「順流而下」所指的是世人對我身之執著，「洶湧的波濤」表示生活中的忿怒和苦惱，「漩渦」表示愛欲的快樂及危險，「鱷魚和可怕的夜叉所住的深淵」表示世人因罪惡的行爲而趨於毀滅之深淵，「站在岸邊的人」所指的正是佛。

另外還有一個比喻，也形容得很貼切。有個男子在犯下罪行之後，立刻奮勇逃亡，但是追捕的人立卽跟上。正當他走頭無路時，忽然發現身邊有口古井，井內垂著一根彎彎曲曲的蔓藤。於是他趕緊沿著蔓藤滑下井中，就在他快到井底時，赫然發現井底有條毒蛇正張大著嘴巴等著他，不得已他只好緊抓著蔓藤吊在半空中，蔓藤成爲他性命的唯一依靠。不久，他的雙手開始感到酸痛，眼看著就要支持不住了，偏偏在這個時候，又出現了黑白兩隻老鼠，拼命的囓起這根蔓藤。

蔓藤如果被囓斷，他就只有掉入毒蛇的嘴巴無法逃生。因此他憂心如焚，四下張望，偶一抬頭，正好有甜美的蜂蜜從蜂窩中滴下來，一滴一滴的滴進他的嘴裏。此時，他早已把自己的危險困境忘得一乾二淨，而陶醉在蜂蜜的甜味中。

這一個比喻中，「一個人」中的「一個」是表示著世人孤單單的誕生，又孤伶伶的死亡。「追捕的人」和「毒蛇」象徵著成爲欲望根源的身體。「垂入井中的蔓藤」代表人生命的脆弱與岌岌可危。「黑白兩隻老鼠」代表無情的歲月。「一滴滴的蜂蜜」表示眼前欲望所帶來的快樂。

二、再說一個比喻吧！從前有個國王，在一個箱子裏，放進四條毒蛇，命令一位男子帶回去飼養，並且吩咐不可讓其中任何一條蛇發怒，否則就要他的性命。男子聽了國王的命令感到十分恐懼，於是將那個裝著毒蛇的箱子棄之不顧，遠走高飛。

國王聽到了這個消息，大為震怒，立刻派五位神勇的部下前去追捕。這五個人找到了這位男子之後，裝成很友善的樣子，以圖先接近他，然後再想辦法帶他回去交差。但是這位男子心懷戒心，再度從被捕的邊緣脫逃。不久，他來到了一個村莊，以為是理想的藏身之所，正準備好好休息時，空中突然傳來一陣聲音，告訴這位男子說：「這是一個無人居住的村莊，而且今夜將有六名盜賊來襲。」男子聽了大為驚慌，急忙再度向前逃亡。最後來到了一條湍急的大河邊，雖然他知道要渡過此河並不容易，但是若停留在此岸，則非死不可。於是他馬上動手做了一片小竹筏，勉強撐到對岸，此時，才算得到了眞正的平安。

「裝有四條毒蛇的箱子。」代表由地、水、火、風等四大要素所構成的身體。此身乃欲之源，心之敵，所以他才會厭惡此身而欲脫離。

「五位神勇的部下」指的是構成此身和心的五個要素——色、受、想、行、識。

「藏身之所」指的是人類的六種感覺器官——眼、耳、鼻、舌、身、意。「六名盜賊」指的是六種感官所感覺的六種對象——色、聲、香、味、觸、法。男子洞悉色、聲、香、味、觸、法等六境的危險性，所以再度逃跑。所謂「湍急的河流」，指的是由煩惱所泛濫成的生活。

「竹筏」象徵著佛的教法。男子乘著佛陀教誨的竹筏，漂過深不可測的煩惱之河，終於到達了平靜、安樂的彼岸。

三、當世間發生三種大災難時，有時連母親也救不了兒子，兒子亦救不了母親，那就是大火災、大水災和大盜難。不過，此種災難發生時，救助儘管很困難，卻仍然有互相救助的機會。

但是另外的三種劫難，無論如何，母親絕對救不了兒子，兒子也無法搭救母親，那就是當恐怖的衰老、病苦、死亡來襲時。

一個再孝順的兒子，也阻擋不了母親的逐漸衰老。一個再愛兒子的母親，也無法代替兒子承受疾病的折磨。兒子的死，或是母親的死，就是親如母子者，也無法互相替代。母子之情無論多麼深摯，於此三種情況之下也是無能爲力，徒呼奈何！

四、有一個在世間做了許多惡事，死後來到地獄的罪人。閻王問他：「你在人世間，有沒有遇到三位天使？」「回稟大王，我從來沒有遇過那種人。」

「那麼，你有沒有見過彎腰駝背、拄著拐杖、走路蹣跚的老年人呢？」「回稟大王，這種老人家我見過許多。」「你雖然遇到了那些天使，卻沒有想到自己有一天也一樣會衰老，應該及時行善，所以你才會有今天的報應。」

接著閻王又問：

「你有沒有見過因病纏身，痛苦得沒法起床的可憐人呢？」「回稟大王，這種病人我看得很多。」「既然你見到了那些化爲病人的天使，爲什麼不想想你自己也是會生病的人呢？你也太糊塗了，否則怎麼會進入這地獄呢？」

「我再問你，你難道沒有見過你認識的人去世嗎？」「囘稟大王，我見過許多人死亡。」「這麼說死亡的天使已多次警惕你、提醒你，你爲什麼不想想有一天自己也會死亡，而趕緊行善？你今天的報應完全是你自己所做來的，所以還是由自己來承擔吧！」

五、從前有一位富裕人家的年輕媳婦，名叫基薩枸達米（Kisāgotami）。有一天，由於她的年幼獨生子突然不幸夭折，她傷心得快發瘋了，所以雙手緊抱著孩子冰冷的屍體，跑遍大街小巷，挨家挨戶地乞求別人能夠救活她的孩子。

街上的人們，任誰也無法幫助這位發瘋的母親，只是對她不幸的遭遇寄以無限的同情而已。後來有一位世尊的信徒知道了，便勸她到祇園精舍找世尊。於是她立卽抱起孩子的屍體跑到世尊那裏去。

世尊很慈悲的看著這位瘋狂的母親，說：「婦人啊！如果想讓你的兒子起死囘生，必須使用芥子，否則無法救治。你到街上去找來四、五粒芥子吧！但是要注意，必須向從未死過人的人家要來才可以。」

瘋狂的母親立刻又奔囘街上，到處尋找芥子。芥子雖然很容易找到，但是要找一戶從未死過人的人家，卻有如登天之難。瘋狂的母親終於無法獲得她所求的芥子，沮喪的囘到佛那裏去。這時她抬頭仰望佛陀安詳、慈悲的面容，頓然領悟了世尊剛才所說的話，有如大夢初醒。於是她把兒子的屍體安葬在墓園裏以後，又再度回到世尊的座前，成了佛的弟子。

第四節　迷惑的情況

一、目前我們這個世界，人情澆薄，非但不知彼此親愛，而且還爲了一些微不足道的小事就猜忌、爭鬥。因此人世間到處充滿了邪惡和痛苦，世人處此苦境，必須孜孜不倦的勤勉工作，方能勉強度日。

不論身份的高低、不分財富的多寡，世間所有的人都是爲了金錢而痛苦。沒有錢的人因爲沒錢而痛苦，有錢的人因爲有錢而痛苦。心中全部爲欲望所塡滿，爲欲望所支配，毫無片刻的安寧。

有錢的人若是有了田地，則整天爲田地而發愁，若是有了房屋，則整天爲房屋而擔憂，不但如此，就連牛馬六畜、衣服雜物等，凡是存在之物，也無不爲它憂心忡忡。他們的財物萬一不幸被奪去，或遭祝融焚毀、大水冲失，就會因此而痛苦憂惱，甚至失去寶貴的生命。然而，不管他們如何去保護這些財物，當他們到達生命的終點，步入死亡之途時，却必須孤獨一人行進，世間的一切財物、親朋，都不能隨他們而去。

沒有錢的人則整天爲缺乏財物而痛苦，爲了求一個安適的生活，每天都盼望能擁有房屋和田產，燃燒著的欲望經常帶給他身心交瘁，乃至中年就抑鬱以終。

二、這個世界上有五種惡。

第一、不論是人類或是畜生，一切衆生都互相仇視，彼此殘殺。衆欺寡、強凌弱，互相傷害，彼此吞噬。

第二、世間所有的人倫五常，無論是父子、兄弟、夫婦、姻親等都缺乏各自所應遵循之道，只知以自我爲中心，恣意妄爲，口是心非，虛僞無誠。

第三、人人都抱持邪惡之念，爲淫念而焦心。男女之間淫亂無道，爲此廣聚徒黨，彼此爭鬥，殘暴之行經年累月持續不斷。

第四、衆人非但不行善積德，反而相率爲非作歹。惡口、妄言、綺語、兩舌之惡行不絕。彼此傷害，不知互尊互敬。人人皆自視高貴、偉大，卽使傷害了別人也毫無不愧疚，更遑論反省了。

第五、所有的人皆懶惰懈怠，不知行善、不知感恩、亦不知盡義務，但憑欲之所趨而爲，終至犯下滔天大罪。

三、世人應該互相敬愛，彼此幫助。然而人們却經常爲了微不足道的利害衝突而發生爭執，彼此憎恨。更可憐的是，人們不知一個渺小的恨意，往往能夠隨著時日的推移而逐漸坐大轉烈，終於導致深仇大恨。

世人的相互爭執，雖然此世不一定會立刻呈現出顯而易見的大禍害，但是，必須即時制止。因爲，其忿怒所蘊藏的毒素，會在心中累積高漲，怨恨的裂痕也會一天天的加深，最後造成相互的殘殺，在無窮的生死輪廻中，報復不已。

在愛欲交織的世界裏，人們孤單單的生，孤寂寂的死，沒有人能替代他人承受未來的報應，一切後果都必須由自己去承擔。

善有善報，惡有惡報。善行帶來幸福，惡行帶來災禍，此乃亘古不易的定理，世人都必須背負著自己所作的業，獨自趨赴受報所感得的地方。

四、世人在恩情愛欲的羈絆下，終生爲煩惱憂愁所封鎖，卽使經過再長的歲月，也無法解開哀傷之鍊。世人耽溺於無止盡的貪欲，遂心含惡念，爲非作歹，與人爭執，不肯步上眞實之道。如此作爲的結果，壽命未盡就急趨死路，領受萬劫不復的痛苦。

這一些人的所作所爲，違反自然之道，拂逆天地之理，因此其招致災禍是必然的。無論今生來世，他所作的罪孽都將使他感受無盡的痛苦。

世俗之事確實如過眼雲煙，稍縱卽逝。沒有任何一種東西可以做爲依靠，也沒有任何一個人可以幫得上忙。在此虛幻的世間，人們却盡爲眼前的快樂所俘虜，實在令人悲歎已極！

五、以上所述的情形正是此世間的實相。人們在充滿痛苦的環境中生存，所思所行，無一不是惡業。由於不知去惡行善，廣積功德，所以也就無法避免在自然輪廻的法則下，承受更爲痛苦的報應。

世人在自我欲望的逼迫下，多僅知厚待自己而不知施惠於人，於是煩惱叢生。人就是爲此苦惱纏繞終生，惡因惡果輾轉循環，所以痛苦也就沒有了結的時候了。

富貴榮華都不是永久的，轉眼卽爲明日黃花，此世的快樂亦如過眼雲烟，不能持之永恆。

六、世事無常旣已如前述，所以人們必須捨棄塵緣俗念，趁著年輕力壯的時候卽致力求道，祈願得到永恆的快樂。除了修道之外，人生究竟還有什麼可以值得依賴？還有什麼能比這個更快樂的呢？

然而，愚昧的世人却不相信行善能得善果，合乎於道之行爲能使人悟道。還有，世人也不知道死了之後還會再生，更不相信施捨能帶來幸福。人們內心始終爲無明所蒙蔽，不肯相信一切有關因果、善惡的事情。

世人整個腦海中充滿了顚倒錯誤的觀念，旣不認識道理，也無意行善，以致心地昏闇，不知吉凶禍福乃是相依相生的，所以只一味地爲眼前所發生的事而悲傷啼哭。

世間每一件事物都不可能永存不變，所有一切都在不斷的變遷。人們但知爲此而悲歎煩憂，却不知聽聞佛之教法，以求脫離人生之苦海。世人心中從不爲未來之幸福而深思，只知耽溺於眼前的快樂，追求財貨、色欲而不知滿足。

七、衆生從久遠劫以來，就流轉在迷惑的世界裏，沈淪在憂愁苦惱的深淵中，這種情形實在難以筆墨或言語說得盡的。時至今日，科技文明雖然已有了長足的進步，但是人類的迷惑並未因而減少，甚至愈加迷惑。所幸的是，如今我們見到了佛的敎法，聽到了佛的名號，而又啓發了信仰，實在値得慶幸。

在這個世界上，我們有幸得到佛陀的敎誨，指示我們脫離苦海之途徑，所以就應該把握機會，相信佛的敎法，深加思惟，遠離邪惡，抉擇善行，加緊修道，以求生於無憂的佛國裏。旣然知道了佛之敎法後，就勿再盲從世俗之人，繼續爲煩惱和罪惡所繫縛。此外，亦不可將佛之敎法佔爲己有，應該如法實踐，並且廣爲宣說，敎導他人。

第五章　佛的救助

第一節　佛的願望

一、前面已經說過，衆生的煩惱是很難斷絕的。這些煩惱從無始以來就成爲衆生的重擔。衆生背負著如山的罪業，在生命之途裏迷惑、徬徨，雖然人人皆具有佛性，但是欲求佛性之開顯却非易事。

佛看到了人世間這種情形，乃在遙遠的古時，他還未成佛以前，就發出大慈悲心，爲了拯救一切懷有恐懼心的衆生，而立下了如下之種種誓願。無論自身處於多麼痛苦的毒禍裏，也務必要勉力完成自己的大願。

⑴縱使我能成佛，但是誕生在我淨土裏的衆生，只要有一個未能獲得確實成就佛道的人身，乃至未能決定成就佛道，則我誓不成佛。

⑵縱使我能成佛，但是若我的光明有限，不能普徧照耀到世界的每一個角落，則我誓不成佛。

⑶縱使我能成佛，但是若我的壽命有限，不管是長是短，只要是可以計數的話，則我

誓不成佛。

(4)縱使我能成佛，但是若有十方世界一切諸佛不悉來讚嘆、稱念我名，則我誓不成佛。

(5)縱使我能成佛，但是若有十方世界中的任何一人，對我產生眞實而堅定的信心，祈願生到我的淨土，心中稱念我名，即使只念十次而仍無法如願以償時，則我誓不成佛。

(6)縱使我能成佛，但是若有十方世界中的任何一人，誠心求道，廣修功德，實心發願，祈求生到我的淨土，而此人臨壽終時，我若沒有被偉大的菩薩們圍繞著顯現在此人面前的話，則我誓不成佛。

(7)縱使我能成佛，但是若有十方世界中的任何一人，聽到我的名字，思念我的淨土，種植種種功德的根本，至心回向，以求生到我的淨土，但却未能如願以償的話，則我誓不成佛。

(8)如果我能成佛，我願凡是誕生在我之淨土的人，都將決定到達「下次轉生成佛之位」（一生補處），而且他們都能自在地教化衆生，並隨他們自己的心願引領衆生成佛，修習大悲的功德。如果我成佛之後，仍不能達到這個地步，則我誓不成佛。

(9)如果我能成佛，我願十方世界的衆生，都能普徧接觸到我的光明，都能身心柔和清淨，成爲世上最超越的人。如果我成佛之後，還不能如此的話，則我誓不成佛。

⑽縱使我能成佛，但是若有十方世界中的任何一人，聽到了我的名字，却不能得到不爲生死所拘之堅決信念，及得不到不被障碍之甚深智慧，則我誓不成佛。

我今立此誓願，若不能圓滿達成，則我誓不成佛。我願成爲無量光明之主，普照一切國土，消除世間的煩惱，爲衆生開啓教法之寶藏，廣施功德寶。

二、佛在無量刧以前，在無限長的時間裏，積集了無以數計的功德，造就了一個極爲清淨的國土。佛早在很久以前就成佛了，如今佛正在那安樂的世界裏，爲衆生說法。

佛的國土，清淨而祥和，遠離塵俗一切的苦惱，充滿了無限的法樂。在這裏，不論是衣服、食物，或其他一切美妙之物，都能隨衆生之意樂而現出，不虞匱乏。又佛的國土，都是七寶所成，美麗而莊嚴，隨著微風的吹拂，這裏的寶樹，自然會發出和雅的法音，四處流散，令聞者去除心中之汚垢。

此外，佛的國土裏，到處盛開著五顏六色的蓮花。每一朶蓮花，都有數不清的花瓣。每一片花瓣，都散發出與其顏色相同的光輝，訴說著佛之微妙法，令聞法之衆生都能獲得無上的智慧，與清淨的身心。

三、如今十方世界一切諸佛，都異口同聲的讚嘆此佛之殊勝功德。

無論那一個人，聽到此佛的名字，只要生出一念歡喜心，就能往生到彼佛的國土裏。

凡是往生到佛國的衆生，他們都能獲得無量的壽命，而且也會自動發願救度一切衆生，並為達成其誓願而全力以赴。

他們立下菩提心願以後，便能遠離對身心的一切執著，覺悟無常的道理。從此實踐利己、利他的行為，整日生活在慈悲為懷之中，不為世俗生活的枷械與執著所繫縛。

佛土中的衆生都了解此世間的苦難，同時也知道佛之慈悲是無量無邊的。他們的心中已無執著，亦無我、我所之分，無論是去或來，進或止，都能隨意自在，情無所繫。除此之外，他們還會選擇發大慈悲心、大宏誓願的不退轉菩薩為伴侶，居住在一起。

假如有人聽到佛的名號，卽信心十足，歡喜無比，那他只需唸一次佛名，就能獲得莫大的利益。所以，縱使是跌進充滿火燄的世界中，得能聽聞教法，也要奮身躍進，為得聞此教法而歡喜信受，依照教理而修行。

世人如果眞心想證得菩提，則必須依靠佛的力量，若無佛力的幫助，欲求無上菩提實非一般人所能企及。

四、佛並沒有遠離任何人，佛的國土雖然位於遙遠的天邊，但是同時也存在念佛者的心中。

念佛者的心中應這樣觀想佛：佛的身相，有千萬道的金色光明，有八萬四千種相。每一種相都有八萬四千種隨形好，每一種隨形好都擁有八萬四千道光芒，每一道光芒也都無遠弗屆的徧照著每一位念佛的人。

佛心的慈悲是無量無邊的。佛不但拯救信佛的人，同時也救度那些不知佛之慈悲或忘記佛之慈悲的衆生。當我們以此心憶念佛時，即是拜見佛心。

只要虔誠的信佛、想念佛的圓滿身相與大慈悲心，就能獲得佛的加持，佛就在我們的心中。當一個人的心想佛時，他的心實爲具有圓滿相和特徵的佛了。所以說，這一顆心能作佛，這一顆心就是佛。

每一個具有清淨信心的人，都必須相信已心就是佛心。

五、佛具有各種不同的化身，乃隨應衆生之心力而顯現。佛身充滿在世界上的每個角落，其變幻多端及不可限量，實非人心之所能思議。世間凡夫，無論其種性及稟賦如何，化身佛皆以各種形相，或爲人，或爲動物，或爲自然界的東西，以默化方便使之趨入佛道。

凡是唸佛名號的人，必能得見具足圓滿相的佛。此佛經常由兩位菩薩隨侍著，迎接唸佛的人到祂的國去。佛的化身雖充滿在每一個世界裏，但是唯有信心的人，才能瞻仰到他的圓滿相。

只要憶念佛之形相，乃至名號，即能獲得無邊的幸福。如能拜見眞實的佛身，則其所獲之功德更是不可以量計了。

六、佛心是大慈悲與大智慧的融合，所以芸芸衆生都是佛拯救的對象。

因爲愚昧之故而犯下人間十惡的人——心生貪、瞋、癡之念，口出妄語、綺語、惡口、兩舌之言，身犯殺生、盜竊、邪淫之行等，總謂之爲十惡——必將爲自己的汚言穢行，承受生生世世不盡的痛苦。

這些犯下人間十惡的人，在臨命終時，只要接受善友的勸告：「你如果因痛苦的逼迫而無法想像佛之形貌，那麼你就直接稱呼佛的名號好了。只要你稱呼佛的名號，就可以得到佛的救助。」當他虔心凝神的呼喚佛名時，佛就在他一聲聲的呼喚中，滌除了他無量無邊的罪業，使他卽時脫離迷妄的世界，進入佛的淨土。

世人只要稱呼佛名，卽可消除罪惡，不再走入永無止盡的迷惑世界，更何況是一心念佛、信受奉行的人，其所獲的功德自是不可言喩了。

念佛之人，宛如白蓮花般的清淨，代表慈悲與智慧的兩大菩薩將成爲他最親密的朋友，時常護衛著他，直到他往生淨土，成就佛道。

所以世人應經常記住佛的名號、功德和形象。稱念佛名，憶念佛的形象和功德，卽得佛之救助，並能開發自己原本的佛性，使自己早日脫離無邊苦海。

第二節　清淨的國土

一、十方世界一切諸佛，如今正在各個佛的淨土裏說法。在那佛國淨土裏的人，都不知道什麼是痛苦，每天只過著幸福快樂的日子。

在佛之淨土裏，有座以七寶作成的池塘。池水清澈見底，池底滿佈著閃閃發光的金沙。池中盛開著大如車輪般的蓮花，青、黃、紅、白，各色蓮花散發出各色祥和之光芒，滿溢著清純撲鼻之芳香。

池的四周，有以金、銀、青玉、水晶等四種寶物所築成的樓閣，樓閣裏有大理石的樓梯。在池面上還有曲折廻繞之欄杆，圍繞著盡以寶玉裝飾的布幕。岸旁四處遍植奇花異草，瀰漫著濃郁的香味。

空中響著莊嚴的音樂，大地映照著黃金的色彩，晝夜六次降落天花。住在淨土裏的人，都以花盤盛滿天花，帶至其他佛國，供養無數的佛。

二、在此淨土之國裏，還有白鳥、孔雀、鸚鵡、百舌鳥、迦陵頻伽等種類繁多的奇禽異鳥，時常發出優雅悅耳的聲音，稱讚所有的美德和善行，佛之教義也在此啾啾之聲中宣揚散播。

人們聽到這種自然界說法的聲音，心中會不斷湧出皈依佛、皈依法、皈依僧之清淨念。聽到這種自然聲籟，就宛如聽到佛說法的聲音，對佛自然產生更堅固的信心，對聽聞佛法產生更多的喜悅。所有佛國中的人，也因而彼此更爲友好。

當微風輕輕拂過叢叢寶樹中，吹動了鑲綴在寶網上響亮的金鈴，鈴子遂發出串串清脆美妙的聲音，這時就像千百種美妙的音樂同時在演奏一樣，旣聖潔、又莊嚴。

凡是聽到這種美妙聲音的人，心中自然會想起佛、法、僧之種種功德。升起無量的智慧與喜悅。佛國淨土裏，就是像這樣充滿著種種功德、美麗、安祥的極樂之國。

趣向菩提的方法

第一章　菩提之道

第一節　清　心

一、每一個人都有許多煩惱，這是導致迷惑和痛苦的根源。世人如果想脫離這煩惱的羈絆，必需進修五種方法。

第一、要有正確的見地。對於世間之萬事萬物，必須持有正確的看法，明辨其因果關係，確信一切痛苦的根源，皆起自於內心的煩惱，一旦煩惱消除了，痛苦自然無由生起。世人因爲見地不正確，所以才對「萬物萬事」和「我」生起了實執，更由於不明世事因果循環之法則，而徒自增長迷惑。在這種錯誤觀念的拘束下，煩惱當然無法消失，痛苦也就與日俱增了。所以說，正確的見地是消除痛苦最主要的原因。

第二、要克制欲望。世人只要有欲望就一定有煩惱。所以必須以淸淨的心去守護起自眼、耳、鼻、舌、身、意六根生起的欲望，藉以斬斷產生煩惱的根源。

第三、不爲外物所奴役。世間萬物是應人們需要而生，衣著的目的在於遮陽避寒，以及包裹羞恥；飲食的目的在於充饑養生，以便修道，不可貪圖享樂，不知滿足。若能持此正確的看法，不爲外物所奴役，則煩惱自然無從生起。

第四、培養高度的忍耐心。無論環境多麼險惡，只要忍耐謙讓，一切煩惱紛爭就會消弭於無形。酷暑、嚴寒、饑餓、乾渴，都需忍耐；遭受辱罵、毀謗時，也要平心靜氣的忍耐。能夠忍耐一切，煩惱之火就無法燃起，也就不致燒毀自身了。

第五、遠離危險的誘惑。正如賢人不接近悍馬、狂犬一般，人們也不應接近充滿危險的地方或於己有害的朋友。世人只要遠離各種危險的誘惑，煩惱之火自會平息。

二、世間的種種欲望歸納起來不外有五種：眼睛所見的東西、耳朵所聽的聲音、鼻子所聞的芳香、舌頭所嚐的滋味、身體所觸的感覺，這眼、耳、鼻、舌、身五種器官所追求舒適、美妙的感覺，便是五欲。

大多數的人都爲肉體的欲望所吸引而沉溺其中，沒有察覺到耽於肉欲的結果會引發可怕的災害。這有如森林中的馴鹿落入獵人的陷阱而被捕一樣，人們落入了惡魔所下的陷阱而不可自拔。五欲是煩惱的陷阱，人們落入其中而被煩惱層層包圍，痛苦也就愈來愈深。所以，我們想脫離煩惱的繫縛，必須洞穿五欲所帶來的災禍，並要知道避免落入陷阱的方法。

三、避免落入陷阱的方法不只一種。舉例來說，我們將蛇、鱷魚、鳥、狗、狐狸、猴子等六種習性不同的動物，分別以粗繩綑綁起來，然後再把繩子連在一起，放牠們逃生。

此時，這六種動物都按照自己的習性想回到自己的住處。蛇要回到洞裏，鱷魚想回到水裏，鳥兒欲振翅飛入空中，狗兒要回到村落中，狐狸欲奔回原野，猴子想回到森林的樹上，因此他們彼此互相爭鬥，最後被力氣大的動物拖著前進。

人們也像這個譬喻一樣，被眼、耳、鼻、舌、身、意等種種欲望牽著行進，那一種欲望的誘惑力最爲強烈，就受那種欲望的支配。

若把這六種動物分別用繩子綁起來，然後再把牠們統統綁在堅固的大柱子上。最初，這些動物會掙扎著想回到牠們自己的住處，但是幾經挫折之後，終於精疲力盡的倒在柱子旁，不能動彈。

同樣地，如果人們能修鍊自己的心，不爲外來的五欲所迷惑，則不論是現在或是未來，都能無煩惱無痛苦，幸福而快樂。

四、如果人們任憑欲火的燃燒而不知加以止熄，一味追求輝煌的名聲。這就好比一柱香，一邊放出香氣，一邊燃燒著自己，最後終至化爲灰燼。所以，一個人如果只顧追求名聲，貪圖短暫之榮譽，而不知潛心求道的話，則其身必將陷入永無止境的苦海，其心則將爲懊悔所苛責。

一個對名譽、財富、和美色貪求無饜的人，就像無知的小孩舔著塗在刀片上的甘蜜一樣，在他享受著美味的時候，却絲毫不知道自己正冒著割破舌頭的危險。

貪圖愛欲而不知滿足的人，就像舉著火炬逆風而行一樣，灼手、焚身是必然的結果。當貪、瞋、痴三種毒素尚塡滿整個心的時候，絕對不可以信任它，更不能隨它予取予求，必須加以控制和調伏。

五、希望證悟眞理的人，首先必須去除欲火。如同背負乾草的人，見野火而急忙迴避一樣，求證佛果的人也必須遠離可怕的欲火。

如果有人因爲害怕自己的心被外在的美色所迷惑，而挖掉自己的眼球，這是愚不可及的。因爲心爲主，眼爲從，只要斷除心的邪念，眼睛的欲望就無從生起了。

求證佛道固然需要不斷的苦修，忍受各種熬煉，但是若不求解脫，而長期淪落在生死的輪廻裏，則更爲痛苦。世間是無邊的苦海，人生活在這世間，隨時都要受到生、老、病、死等痛苦的威脅，其痛苦是永無休止的。求道之途雖然充滿各種困難，但是一旦覺悟，則將永遠脫離煩惱痛苦，獲得永世的安樂。

求道者必須要和牛背負重擔在深泥中行走一樣，雖然已經疲憊不堪，也要目不旁視地勇往直前，及至離開泥地才能鬆一口氣。求道之途雖然佈滿著欲望的泥沼，乃至比地上之泥沼還要深，但是只要正心堅強，不斷的克服，必能脫離泥沼，消滅痛苦。

六、尋找正覺之路的人，必須去除心中的傲慢，而沐浴在教法的光輝中。因爲任何金、銀、財、寶的裝飾，都不及智慧和功德的裝飾那麼高貴而純潔。

如果想要求得個人身體的健康，家庭的和樂，乃至想爲世人帶來眞正的和平，則必須先調治自己的心。當內心生起欣求佛道之念時，則其身已自然具備了各種功德。

寶石從地底下生出，功德從善行中積集，智慧則從清淨中滋生。世人如想在遼濶、迷惑的人生旅途中安穩的前進，就必須藉著智慧的光來照亮道路，靠功德的莊嚴來護衞身體。

佛陀一再告誡我們說：捨棄貪、瞋、癡三毒吧！這是最眞實的教誨。虔誠信仰並遵從其教法的人，必能獲得更美好、更幸福的生活。

七、人心是十分軟弱，極易動搖的，稍一不留神，就偏向於習氣較重的欲望中。比如看到或想到喜歡的事物，就會生起貪心。看到或想到不順己意的事物，就會生起瞋心。看到或想到極可憎的事物，就會生起害心。心中若經常想念貪境，貪心就增強，若經常想念瞋境或害境，瞋心和害心，也會日漸強烈。

每當秋天收割的季節，養牛的人都會將放牧在田野中的牛羣趕回柵欄，爲的是防止牛偷吃他人的穀物，而招來不必要的抗議或鞭打。

同樣地，世人也應防範作惡所引起的災禍於未然，所以也要將自己的心嚴密守護，破除一切邪惡的念頭，徹底粉碎貪、瞋、害之心，培養不貪、不瞋、不害之心。

春雷乍響，萬物復甦，野草開始萌芽之時，養牛的人又重新把牛羣放牧在田野裏，但是，他們並不放鬆看守牛羣的行踪，以及停留的地方。

世人也應跟養牛的人一樣，時時看守自己的心，仔細觀察自己的心到底如何移動，和停留在何處，切勿因一時之疏忽而迷失其行踪。

八、當世尊住在憍賞彌（Kauśambi）鎮時，有懷恨世尊的人，收買了鎮上的惡棍，要他們散播不利於世尊的謠言。世尊的弟子們到街上沿門托鉢，得不到任何一點東西，所獲得的只是一片毀謗的言語。

此時，阿難（Ananda）請示世尊道：「世尊呀！我們何必一定要住在這個城鎮，受大衆的侮辱呢？我們還有更好、更和善的城市可去啊！」「阿難！如果我們到了另外一個城鎮，又受到同樣的遭遇，那時你打算怎麼辦？」

「世尊！那就再移到別的城市去呀！」

「不，阿難！這樣作是不能解決問題的。我認爲一個人受到毀謗時，應該默默地忍耐，直到毀謗之聲平息後，再遷移到別的地方。阿難！佛是不爲利益、傷害、讒言、榮譽、歌頌、辱罵、痛苦、快樂等世間八法所動搖的。這種事純爲虛幻，就會消失的。」

第二節　善　行

一、追求佛道的人，必須時時提醒自己，努力去保持身、口、意三種行爲的清淨。所謂淨化身的行爲，就是不殺生、不偷盜、不邪淫；所謂淨化口的行爲，就是不妄語、不惡口、不兩舌、不綺語；所謂淨化意的行爲，就是不生貪、不生瞋、不生癡，保持心的清淨。如果心不清淨，行爲就有弊端，行爲有弊端，就不能避免痛苦。因此，清淨內心，謹愼行事，是修學佛法的重點。

二、古時候有一位富孀，平日待人親切有禮，賢淑謙虛，因而深獲衆人的好評。她家中有一位既聰明又能幹的女傭。

有一回這位女傭忽然想起：

「我的女主人風評一向很好，不知是她秉性善良，還是後天環境好的緣故？我不妨試探她一下。」

第二天早晨，女傭故意遲遲不起床，直到將近中午才露面。女主人以十分不高興的臉色責問她：「你爲什麼這麼晚才起來呢？」

女傭理直氣壯的答道：

「偶而一兩天晚起一點，妳又何必生那麼大的氣！」

女主人聽了更是生氣。

隔了一天，女傭起得更晚，女主人終於發怒了，就拿棍子打他。這件事情不久傳遍了大街小巷，女主人也因而失去了已往的聲望。

三、許多人都是這位女主人的寫照，當環境中一切都順心時，他就能懇切而謙遜的待人，表現出溫和文靜的性格，可是當環境不順心時，他是否還能保持原來的良好態度呢？這是一個很值得懷疑的問題。

當我們聽到不愉快的言論時，或別人明顯地向自己表示敵意、威迫我們時，或衣、食、住等物質方面無法獲得滿足時，在這種情況下，我們是否還能繼續保持平靜的心和良好的善行呢？

所以若只是在環境順心時才能保持平靜的心行善，那不能算是一個眞正的善人。惟有喜歡佛的教法，依佛的教誨實地修鍊身心的人，才能說是眞正平靜而謙遜的善人。

四、一切言語之中，大致可分爲合乎時宜和不合乎時宜的話、眞實和不眞實的話、溫和和粗野的話、有益和無益的話、慈悲和憎恨的話等五對言語。

不論那一個人，若以這五對言語中的任何一種話來和我們交談，我們都必須這樣想：「我的心是永不變易的。不管別人如何激怒我，我決不令粗言惡語從我口中流出。我的心中，只有同情和慈悲，沒有一絲忿怒與憎恨之心。」

假使有人想令大地上的泥土消失，就手拿鋤頭和圓鍬，把地底的泥土掘出來，然後散佈在地面上，嘴裏喊著：「泥土啊！快消失吧！」泥土並不會因此而消失。同樣地，若想將已經產生出來的一切言語，隨我們的希望而消失，這是不可能的。

我們無法使用任何一種畫具在空中畫出物之形狀，也無法以枯草做成的火把來烘乾大河的水，也不能用平滑的獸皮磨擦出粗糙的聲音。如果我們的心能養成像虛空那樣的無礙，像大河那樣廣大的容量，像鞣過的皮那樣的柔軟，那麼我們的心就不會爲別人的粗言惡語所動搖，而且還會因別人無知所犯下的錯誤生出無比堅定的慈愛與悲愍心。

縱使我們被敵人劫持，遭受到百般折磨，也不能因此而改變自己的心意，抱持著「我心絕不爲外物所動，我口絕不說出憎恨及憤怒的言語，我必以同情、悲憫、慈愛的心包容傷害我的人。」

五、有一個人偶然間發現了一個「夜晚冒煙、白天燃燒的蟻塚」。他把這件事情告訴一位賢者，賢者對他說：「你拿一把劍插進蟻塚，把它挖深下去。」這個人便依照賢者的話而行。

他在挖蟻塚的過程中，最初出現了門栓，其次是蛙，接著又陸續出現了二道歧路、箱子、烏龜、殺牛刀，及一片肉，最後又出現了一條龍。

這個人把挖掘的結果告訴賢者，賢者教他說：「把那些東西全部丟掉，只要留下龍就可以了。這條龍不要動牠，更不要妨礙牠的活動。」

這是一則譬喻。所謂「蟻塚」就是指我們的身體。「夜晚冒煙」是指人們往往在晚上思量白天的所作所爲，或高興、或後悔，而反覆不安。「白天燃燒」就是指天明之後，人們將夜晚所思所想的事情，付諸於言語和行動。

比喻中的「有一個人」指的是求道者，「賢者」就是佛陀，「劍」代表清淨的智慧，「深深的挖掘下去」比喻人做事情要徹底、要勤精進。

「門栓」比喻人的無明。「蛙」代表忿恚相。「二道歧路」代表人的疑惑。「箱子」代表五蓋，卽貪欲、瞋恚、睡眠、掉悔、迷惑等障。「烏龜」比喻五取蘊，卽色蘊、受蘊、想蘊、行蘊，和識蘊。「殺牛刀」比喻五欲的危險。「一片肉」是指人們貪求快樂的欲望。賢者告訴他，這些東西都將成爲傷害身體的毒素，所以應該全部丟掉。

最後出現的「一條龍」，是比喻世人除盡煩惱後的心。世人只要在自己的心中，逐步挖掉煩惱，一定可以發現一條活生生的龍。世人未被煩惱污染的心，是明明朗朗、活活潑潑的，而非像木石一樣，冥頑無知。所以當我們找到這條龍時，「不要動牠，更不要妨礙牠的活動」。

六、世尊的弟子賓頭盧頗羅墮誓（Pindolabharadvaja簡稱賓頭盧）證阿羅漢果之後，回到故鄉憍賞彌鎭去。準備在這裏，好好將佛陀的教法廣爲宏揚。

憍賞彌鎭的郊外，有一座小公園。園中椰子樹林立，多得無法遍數。公園面臨恒河，恒河的洋洋水波，不斷送來陣陣的涼風。

在一個夏日裏，賓頭盧爲了躲避炎熱的驕陽，走到公園裏的一棵蔭涼樹下坐禪。城主優陀延那王（Udayana）剛好也在這天率領著王妃們到公園遊玩。王經過一番追逐玩樂之後，略感疲倦，於是就在涼爽的樹蔭下，不知不覺地睡了起來。

王睡著以後，王妃們便到處閒逛，忽然間看見了端坐在樹底下的賓頭盧。當她們看到賓頭盧那莊嚴的容貌時，不禁受到感動，紛紛生起求道的心，請求賓頭盧為她們說法。

王睡醒了之後，發覺妃子們竟然沒有在身旁侍候，心中甚感懷疑，於是到處去尋找。後來在樹蔭之下，發現妃子們正圍繞著一位出家人。平日耽溺於淫樂的王，邪惡早已充滿了他的心，見此情景後，心中不禁燃起嫉妬之火，不明究裏的破口大罵道：

「你這無恥的東西，竟敢接近我的女人，你太可惡了。」

賓頭盧雖然遭受如此的謾罵，却始終緊閉著眼，默然不發一語。

王被賓頭盧漠然不睬的態度激怒了，拔出劍來抵住賓頭盧的頭，但賓頭盧依然一語不發，如磐石般，一動也不動。

王的憤怒像火山般的爆發了，他掘開了地上的蟻塚，將無數的紅蟻散佈在賓頭盧的身上。賓頭盧儘管受到如此的凌辱，却依然紋風不動的端坐著。

如此殘暴的行為加諸於身，賓頭盧却能不起絲毫的瞋恨心，王終於被這種高超聖潔的品德所感化，開始為自己粗魯的舉止感到羞愧，於是在賓頭盧的面前，誠懇地懺悔，並請求原諒他。從此之後，佛的教法就進了王室，成為流傳於該國的肇端。

七、這事過後幾天，優陀延那王來到森林裏拜訪賓頭盧，請教幾個問題。

「大德！佛的弟子們都是年輕的男子，爲什麼不會沉迷於淫欲之中，而能保持清淨之身呢？」

「大王！佛曾經教導我們對婦女應有的態度。把年長的婦女視爲自己的母親，把年紀相仿的婦女視爲自己的姐妹，把年紀較輕的婦女視爲自己的女兒。由於這個教導，弟子們年紀雖輕，也能不沉溺於淫欲，而保持清淨之身。」

「大德，可是人總歸是人，人是有七情六欲的，卽使是看到像母親、妹妹、女兒那樣的女人，也難以抗拒她們的誘惑，照樣會生起淫欲之心。請問佛的弟子們，是怎樣來控制他們的欲念呢？」

「大王，世尊曾教導我們，修行人必須以智慧洞察人體之眞相。人體的外表，縱使是玉肌冰膚，美如天仙，其軀殼之內，却充滿了血腥、膿、汗、脂等穢物，世人果能以這種眼光來看肉體，邪淫之心自然會消失，所以卽使是年輕氣盛的男子，也能保持清淨之身了。」

「大德呀！這對你而言，或許是一件容易的事。因爲你已確實鍛鍊過身心，顯現出了清淨的智慧。可是對一般修養不夠的來說，縱使是佛弟子，也未必做得到。一般人見到可貪之境時，本想視爲醜陋的，心却又不由自主地被美麗的姿色所吸引，本想視爲汚穢的，却不知不覺地被清淨的外表所迷惑。佛弟子之能保持清淨的梵行，難道沒有別的方法了嗎？」

「大王！佛陀教我們必須嚴守五官的門戶。教我們當眼睛看到顏色形狀、耳朵聽到聲音、鼻子嗅到香氣、舌頭嚐到滋味、身體觸摸到物體的時候，心不要被誘人的外境所迷惑，也不要因醜陋的外界而焦躁煩心。佛如此的教誡我們，所以只要好好地把守五官之門戶，年輕人自然能保持身心之清淨。」

王聽了讚嘆道：「大德！佛的教法眞是實際又美妙！依照我個人過去的經驗；欲望確實是由五官所引起。世人如果不能善加守護五官之門，只要面臨到世間中的任何一物，就會立刻生起卑劣的心。所以守住五官的門戶，是使我們的行爲達到清淨無邪的第一步。」

八、世人在將心裏所想的意念付諸行動之前，一定要先考慮會遭受到同等的回報。譬如心存惡意，以惡言惡語毀謗別人時，就如同仰天吐唾沫一般，他的痰吐不了多高，就會墜回自己的臉上。也好比逆著風，向著他人撒灰塵，非但無法將灰塵撒到別人，反而飛集到自己身上來。所以不要心存報復，報復的心會給自己帶來災禍。

九、世人必須捨棄吝嗇之心，將知識、財物普遍的惠施給他人。這是一項絕好的善行。如果能矢志不渝，一心修學佛法，則此善行將更趨於完美。

如果見他人正進行惠施時，應該捨棄不樂之心，盡心去幫助布施的人的忙，讓受施的人歡喜。如是行惠施，布施者、受施者、隨喜者，都能獲得無量的幸福。譬如有種種妙香，一人賣，一人買，旁觀的人也能聞得香氣。於香氣無損，於二人無失。

又好比一支火把，縱使點了幾千支火把，都不會影響原來火把的光度，它仍然如往昔一樣地燃燒、照耀四方。同樣地，將幸福分享給別人，不論分給多少，也不會稍許減少自己的幸福。

學佛法的人，對於自己的每一句話、每一個念頭、每一項作爲，都必須謹愼。不論自己的理想有多高，也必須按照次第，一步一步地向前邁進。就好比登高樓一樣，若不從最底下之第一階開始，那是無法登上的。

十、在這一個世界中，要走入成佛之道有二十件難以達成的事。

㈠貧窮的人能夠布施財物難。
㈡心傲的人想求學佛道難。
㈢爲求佛道不顧一切勞苦，乃至犧牲生命難。
㈣生於佛陀降世之時難。
㈤得聞佛陀之教法難。
㈥克制色欲去除諸欲難。
㈦見美好之物而不企求難。

㈧有權勢而不倚勢凌人難。
㈨遭受侮辱而不怒難。
㈩遇事能處之泰然，不爲事物所牽難。
⑪廣修無量法門，深究一切眞理難。
⑫不輕視一切有學、未學的人難。
⑬袪除貢高我慢之心難。
⑭會見精通眞實佛法的人難。
⑮修學無上正等正覺之大道難。
⑯不爲外界環境所動難。
⑰隨衆生不同根機說適當之教法難。
⑱以平等之心待一切衆生難。
⑲泯除爭長論短說是說非之情難。
⑳學得高明的方法難。

十一、惡人與好人在基本上有許多不同的特質。惡人的特質，是不知有罪行的存在，也不以犯罪爲恥，更可悲的是不願知道有關罪行之種種。好人則能識別善惡，只要一發現錯誤，就能立卽改過，並且感激那勸告他的人。

愚昧之人不知感謝別人的關懷，甚且報以憎恨。

賢慧之人，心中却經常懷著感恩圖報之念，不僅僅對關懷自己的人，報以衷心的感激，而且對於世上所有的人都投以同樣深切的關懷。

第三節　佛陀的譬喻

一、很久很久以前，有一個地方，名叫棄老國。這個國家，有一種非常怪異的風俗，卽當人老了以後，不管是男是女，都會被送到遙遠的野外、或深山之中，任其自生自滅。

有一位大臣，雖然明知丟棄老人是國家制定的國法，但是却不忍心拋棄他年老的父親。於是就偷偷的挖了一個地窖，佈置了一間舒適的房間，把父親藏在裏面，以盡孝養之道。

這個時候，棄老國發生了一件舉國驚惶的大事。有一天，天神突然捉了一模一樣的雌雄兩條蛇，放在國王殿上。威脅國王說：如果能分辨出那條是雄的，那條是雌的，便保佑一國平安。如果不能，就要在七天之後消滅這個國家。

國王聽了天神的話，驚恐萬分，遂和宮中羣臣商量、計議，但是仍是一籌莫展，不但無法分別，也想不出辨別的法子來。國王在走投無路之際，只好貼出布告，昭示全國百姓說：如果有人能把蛇分出雌雄來，便給予高官厚祿。

這位大臣回到家後，便請問父親有沒有辨別蛇雌雄的法子。父親告訴他說：

「這個容易得很，只要把那兩條蛇放在柔軟的地毯上，就可分辨了。那條顯得煩燥不安的，是雄的；而顯得若無其事，一動也不動的，便是雌的了。」

大臣按照父親所教的方法，果然把這兩條一模一樣的蛇，分出雌雄來。

接著，天神又陸續的提了許多難題。國王和羣臣都無法回答。每次都仍然依賴這位大臣將其問題悄悄的帶回去請教父親，才一一化解了這些難題。

這些刁難的問題和答案是這樣的：

「對睡著的人而言他是清醒的，對清醒的人而言他又是睡著的，這個人到底是誰？」

「那是指正在修道的人。對於不知修道的人而言，他可說是清醒的；但對於已經悟道的覺者而言，他卻仍是個大夢未醒的人。」

「如何才能測量大象的重量？」

「把大象牽到船上，看看吃水多深，作一個記號，然後把大象牽下來，再放石頭在船上，等船吃水到剛才作記號的地方，把石頭搬下來分開秤就知道了。」

「一掬水多於大海水，這又是什麼道理？」

「如果有人能信心清淨，就是汲一掬水供養佛、法、僧三寶，或孝敬父母，以及極需要水的人，也是大功德，可以經過千萬劫，都受福無窮。海水雖多，只能歷經一劫。所以一掬的水比大海水，多於千萬倍。」

「這裏有一塊正方體的栴檀板，如何才能分辨出那一邊是原來樹木的根部？」

「只要把木塊丟進水裏，沉進水裏的那一邊就是靠近原來根部的。」

「有兩匹馬，一母一子，外表、毛色、大小都完全一樣，如何才能分辨出那一匹是母馬？那一匹是子馬？」

「拿草料餵牠們，母馬一定會將草推到子馬面前，如此卽可得知。」

接著天神變化成一個骨瘦如柴，饑餓已極的人，問道：「這個世界上，還有人比我更饑餓、更痛苦的人嗎？」

「有。如果一個人的內心充滿慳貪嫉妬，又不信佛、法、僧三寶，不孝養父母和師長，那麼這個人的內心，現世不但飽受饑餓痛苦，來世還會墮入餓鬼道中。儘管腹大如山谷，可是咽喉却像細針管，什麼也吃不下去，那不是比現在的你還饑餓痛苦嗎？」

天神聽了，又化作一個非常美麗的女人，問道：

「世上還有比我更美的人嗎？」

「有。如果一個人能信敬三寶、孝順父母、敬愛師長、好施捨、守戒律、不激動、不憤怒、一心向善，那麼他來生一定能升天上，他的美麗將是舉世無雙。」

天神最後滿意了，就留下許多珍寶給國王，並發誓一定保佑這個國家，不受外來的侵略。國王聽了非常歡喜。後來國王得知如此聰睿的智慧是出自密藏在地窖中的大臣之父時，便立刻下令廢止丟棄老人的陋習，並且宣告全國百姓，對年老的人必須克盡孝養之責。

二、印度毘提訶（Videha）國的王妃，有一天晚上夢見了一頭長著六根牙的白象。夢醒之後，王妃對那些純潔無疵的象牙念念不忘，很想獲得它們，於是請求國王設法爲她取得這六根象牙。國王雖然認爲這是很荒誕的，但國王非常寵愛王妃，實在不忍心拒絕這個無理的要求。所以貼出懸賞的告示。告示上說：如果有人知道這頭長有六牙的白象在那裏，必須立刻呈報。呈報者有重賞。

許多獵人雖然聽說過有這麼一頭白象，可是誰也沒有親身見過牠。因爲牠太聰明機警了，老遠聞到人的氣味，就遠遠躲起來了，縱然很碰巧有人遇見了牠，也不過是驚鴻一瞥，又杳如黃鶴了。所以獵人找了很多天，還是沒有一點踪影。

其中一個獵人心生一計，就披上袈裟，僞裝成出家人的模樣，在袈裟裏面暗藏毒箭，來到六牙白象常出沒的地方。不料他早被六牙白象的妻子看見了，象的妻子趕來警告六牙白象說，有人來了。六牙白象問是什麼樣的人？象的妻子說是個披袈裟的僧人。六牙白象想，既然是個出家人，自然是慈悲爲懷，於是放鬆了心，毫不戒備，讓獵人漸漸走近。

獵人到了適當的距離，突然冷不防的對白象射了一枝毒箭。白象中了塗有劇毒的箭，自知死期不遠，可是牠並不責怪獵人的邪惡，反而憐憫他因爲心中有了熾盛的煩惱而犯下了罪。象的妻子看了這一幕，非常激動，想踩死獵人，白象以種種譬喻爲妻子說法，不准牠加害獵人，並且把獵人藏在自己的腹下，以四隻碩壯的脚護衛著他，以免他受到五百隻象羣的攻擊。當白象獲知獵人之所以冒此危險，只是爲了牠那六根象牙之後，便一言不發，猛然用頭向大樹一撞，把牙戳進樹幹，然後用鼻子抵住樹幹，用力拔出象牙。白象拔完六根象牙後，以鼻子捲起象牙送給獵人，並發願說：

「願我以此布施功德，早日成就佛道，盡拔一切衆生貪、瞋、癡三毒之牙。」

三、喜馬拉雅山麓的一片竹林中，住著一隻鸚鵡和許多飛禽走獸。有一天，突然颳起了一陣強風，竹與竹之間因爲互相磨擦而起火，在強猛的風勢下，火勢迅速的蔓延，片刻之間已成一片火海。鳥獸競相逃生，火海中充滿了哀鳴之聲。

鸚鵡一方面爲了報答讓它長久棲息的竹林之恩，一方面是可憐那些飛禽走獸，所以就飛到附近的一處池塘裏，把翅膀沾得濕淋淋的，飛上天空，再把水滴灑在烈火中，企圖因此熄滅這場大火。鸚鵡就是憑著一股報恩之心和慈悲的胸懷，不屈不撓的持續著這項救火的工作。

鸚鵡的慈悲和奉獻的精神感動了天界的神。天神從天而降對鸚鵡說：

「你的悲心誠然值得讚嘆，但這麼大的火，怎麼會是以你翅膀上的點滴之水所能熄滅的呢？」

鸚鵡回答說：

「以報恩心和慈悲心所作的事情，是沒有不成功的。無論如何我也要繼續做下去，即使此身做不成，還有來生，來生做不成，還有生生世世。總之，只要火一天不滅，我的心意是絕不會改變的。」

天神被鸚鵡偉大的精神所感動，遂以神力助牠熄滅了這場大火。

四、喜馬拉雅山中有一種鳥，叫做共命鳥，只有一個身軀，却有二個頭。其中一個頭，喜歡找好的、新鮮的東西吃，爲的是身體健康長壽。另一個却埋怨說：「你這傢伙眞自私，找到好東西，也不讓我吃一點，還說什麼要我們身體健康長壽，我偏不幫你找，看你能把我怎樣？」有一回，吃好東西的頭又在吃甜美的果實，另一個頭起了嫉妬之心，心想：「既然你總是不和我分享美食，我就吃下毒果，看你怎麼樣。」嫉妬的頭吃下毒果之後，共命鳥死了，兩個頭當然也同歸於盡了。

五、有一天，一條蛇的頭和尾，爲了爭著走在前面，而發生爭執。蛇尾說：

「頭呀！你總是走在我的前面，這樣是很不公平的，有些時候你也該讓我走在前面才對！」

蛇頭說：

「我的確總是走在你的前面，但是這是與生俱來的習慣，我怎麼能讓你走到前面呢？

」

蛇頭蛇尾的爭論一直僵持不下，最後蛇頭執拗不理的往前而走，蛇尾一氣之下就纏住樹幹，以牽住蛇頭的前進。就在蛇頭因掙扎而精疲力盡的當兒，蛇尾趁機離開了樹幹，逕自領頭四處亂竄。結果整條蛇都掉進火窟之中，活活被燒死。

天地萬物都有它一定的順序，和不同的功用，如果無謂的埋怨而擾亂原有的次序，使萬物喪失了各自被賦予的功能，那麼將使一切趨於毀滅。

六、從前有一個性急又易怒的人，有一天聽到有兩個人在他家門前談論他道：

「其實他是好人，就是太沒耐性了，動不動就生氣，又經常遷怒於人……」

屋內的他，等不及聽完這句話，立刻飛奔出來，向著這兩人撲過去，一頓拳打腳踢，把他們打得遍體鱗傷。

賢德的人，是對自己所犯的過失，一旦被人忠告，都能謙虛的接受，而且當下改過；愚癡的人，是被人指出自己的過錯時，非但不能改過，反而變本加厲，重犯過失。

七、從前有一個富翁，家境雖然十分富有，但却很愚蠢。有一回他在街上看到了一棟既壯觀又漂亮的三層樓房，心裏羨慕極了。於是找來了泥水匠，也要依樣畫葫蘆的建一棟，以顯示他的富有。

富翁急著擁有漂亮的洋房，囑咐工人立刻動工。工人依圖樣忙著打地基，打算從一樓而二樓而三樓，層層往上蓋。但富人卻等得很不耐煩，大叫道：

「我要的不是地基，也不是一樓或二樓，我要的是第三層樓。你們只要快點替我蓋好華麗的三樓就好了。」

愚蠢的人，總是和這位富人一樣，不知道耕耘和過程中所必須作的付出，而卻奢望良好的豐收。但是，「登高必自卑，行遠必自邇」，所以，沒有奠立堅固的地基，就不可能蓋起三層樓房，沒有辛勤的努力，就不會獲得良好的結果。

八、有一個人正在煮蜂蜜的時候，恰好有位好友來訪。他因急著要請好友嚐些甜蜜，所以就拿著扇子去搧放在火爐上的蜜，希望把蜜搧涼，結果卻使得爐火越來越旺。同樣的，如果不先熄滅煩惱之火，而一味希望獲得清涼、寂靜的蜜，享受覺悟的快樂，那是不可能的。

九、有兩個鬼為了爭奪一個箱子，一根拐杖，和一雙鞋子，吵個不停，持續了一整天，仍然沒有結果。旁觀的人很好奇的問道：

「這些東西究竟有什麼稀奇，值得你們如此爭吵不休？」

兩個鬼立即解釋道：

「這些都是神奇之物。從這個箱子裏面，可以取出我們心裏想要的食物或寶貝，乃至一切所喜歡的東西。另外，只要手拿住這根拐杖就可以擊倒任何敵人；只要穿上這雙鞋子，就可以自由自在的翺翔於空中，到達任何想去的地方！」

旁觀的人聽了，對他們說：

「這問題倒不難解決，只要你們暫時廻避一下，我有辦法把東西平分給二位。」

這兩個鬼聽他這麼一說，果然走了。旁觀的人見鬼走遠之後，立卽抱起箱子，拿著拐杖，穿上鞋子，飛上了天空。

這裏所謂的鬼是指信奉異教的人。箱子是指布施，寶物是布施後所生的功德。拐杖是指禪定，打擊惡魔是修禪定之後所生的功德。鞋子是指戒律，飛上天空是遵守戒律所生的功德。由於異教徒不知道只要自己勤行布施就能夠產生各種如意寶貝；只要自己修禪定就能夠打倒煩惱的魔鬼；只要自己遵守戒律就能超越世俗中的一切紛爭。所以才會爲了爭奪別人的箱子、拐杖、鞋子而不肯罷休。

十、有一個隻身出外旅行的人，一天晚上孤單的住在一間空屋子裏。夜半時分，有個鬼扛著一具屍體走進來，把屍體放在地板上。

過了不久，又追來了一個鬼，硬說那具屍體是他找來的。於是兩個鬼就吵了起來。

前鬼對後鬼說：

「我們這樣爭執下去也不會有什麼結果，不如找個證人來主持公道，替我們裁決。」

後鬼同意了前鬼的提議，於是前鬼便把剛才躲在牆角下，嚇得渾身發抖的旅行者揪了出來，要他說出這具屍體到底是誰先扛進來的。

這時，旅行者心中十分害怕，因爲他知道，在這節骨眼裏不管是他說實話或謊言，都會引起其中一個鬼的忿怒而招來殺身之禍。就在左右爲難之際，旅行者終於鼓起勇氣，把自己親眼所見的一切，老老實實的說了出來。

果然不出所料，另一個鬼聽了勃然大怒，立刻扯斷了他的手臂，前鬼見狀，隨即把屍體的手臂拿來接上。後鬼更爲生氣，又扯斷了另一隻手臂、雙腿和身軀，最後連頭都摘下來了。前鬼也依次取下屍體上的手臂、雙腿、軀幹及頭，迅速的接上去。

至此，兩個鬼眼看再沒有東西可裝卸了，才停止爭鬥，把散落在地上的肢骨等物吃進肚中，抹一抹嘴巴，揚長而去。

旅行者在這偏僻的小屋裏遭受到這樣恐怖的境遇，心情始終無法平靜。他想，父母所賜的手、脚、身軀和頭都被鬼吃掉，如今的手、脚、身軀、和頭都是陌生的屍體所有。現在到底還有沒有一個「我」？如果說沒有我的存在，却明明有頭、手、軀幹等肢體可見呀！他的心已然迷惘、糊塗，而幾乎陷入瘋狂的狀態。黎明後，他離開那座空屋，顛狂的踏上旅途。不久他發現了一座寺院，立刻很歡喜的走進寺裏，不問別事，只問自己本身到底是有還是無。寺內的法師告訴他：「你的身體從本以來，就沒有一個實體的我，並非現在才如此。世人所認爲的我，只不過是地水火風四大所形成的假體而已，就像你現在的身體一樣。」旅行者經過法師詳細解說後，終於悟得無我之理，遂出家修道，證得阿羅漢果。

十一、有個姿容妍麗的女人，打扮得花枝招展的去訪問一戶人家。主人問：「請問你是誰？」

女人回答：「我是專門帶給世人富貴的財神。」主人一聽十分高興，立即請她進入屋裏，並殷勤的款待她。

過了一會兒，又來了一位衣衫襤褸、面貌醜陋的女人，主人問她是什麼人，她回答說：「我是帶給世人貧窮的瘟神。」主人大吃一驚，急忙想把她趕走。醜陋的女人說：「剛才進去的財神是我的姊姊，我們姊妹從未分離過，你若將我趕走，那麼我的姊姊也不會留在你家裏。」

醜女人說完之後就走了，那位美麗的財神果然也消失了形影。

有生就有死，有福就有禍，有善就有惡，人們應該深明此中的道理。愚者但求幸福，而厭憎災禍，這是不可能達到的奢望。凡是追求佛道之人，必須了悟生死、禍福、善惡是世間互相對待的現象，不管執著那一邊，都不能得到眞正的幸福，惟有超越互相對待的束縛，才能得到眞正的快樂。

十二、古時大月氏弗迦羅城中，有個貧窮落魄的畫家，名叫千那。他爲了家計而拋妻別子，一個人出外去奮鬥。經過十二年的辛苦，終於賺得了三十兩金子，於是就打算返回故鄉。在返鄉的途中，正好碰上供養衆僧的大法會，他見受供衆僧，個個戒德清淨，遂起大歡喜心。他想：

「我過去世中從不知種植福種，所以今世才會落得貧窮的果報。如今逢此福田，若再不種福，後世將更爲貧窮，如此貧貧相續，將永遠無法得到解脫。」

於是千那毫不吝惜的將他所有的積蓄，全部供養給僧衆，然後空手回家。

妻子看見丈夫空手而回，由極端失望而轉爲憤怒。大聲責問道：「你工作了十二年，所賺的錢到底藏在那裏？」

千那回答說：「放在一個極爲堅固的庫藏裏。」

妻子又問他：「庫藏在那裏？」

千那回答道：

「是在尊貴的僧衆裏。」

妻子聽到這荒謬的回答更爲生氣，遂到官府去控訴。千那接受盤問時，他回答法官說：

「我並沒有把辛苦賺來的錢作無謂的浪費，而是把它存放在孳衍無量福報的福田中。這一輩子我一直在不知耕耘福田的情況下過活，但是當我看見了好比一塊田的供養機會時，信仰之心不覺油然而起，於是捨棄了吝嗇之心去行供養。因爲我知道眞正的富有並不是財物，而是在這顆心的緣故。」

法官對畫家的善心十分稱許，隨卽將身上所戴的瓔珞，所乘的馬匹，盡數送給千那夫婦，並讚嘆說：「你剛種下的福種，芽已開始萌發了，無量大果森林，到時一定會成長。」從此他的美名不脛而走，千那夫婦也因而獲得大量的財富。

十三、有一個男子住在墓地附近，有一天晚上，他聽到有人不斷的從墓地裏呼喊他，使他害怕得整夜睡不著覺。天亮後，他把這件事一一告訴給他所認識的朋友。其中一位膽量過人的朋友表示，如果第二天晚上還有呼喊的聲音，他就要沿著聲音的來源去一探究竟。

第二天夜裏，怪異的呼喊聲仍然跟前夜一樣，那被叫出名字的人嚇得直打哆嗦，可是他的朋友却面無懼色的循著聲音的來源，走進陰沉、黑暗的墓地裏，終於找到了發出叫聲的地方。他大聲的喝問：「你是誰？」

從地底發出聲音說：

「我是埋藏在地下的寶物。我本想將我自己送給我所呼喊的人，但是他沒有勇氣來，你看來很有膽量，很適合於取我。明天早晨，我會帶著七個隨從到你家裏去。」

這位勇敢的男子聽到這話後說：

「你眞的要到我家來的話，我會在家等你，可是我應該如何款待你呢？」

聲音回答道：「我們會扮成出家人的模樣到你家去。事先你必須沐浴潔身，打掃房間，準備清水，把稀飯盛在八個大碗裏，等候我們。

等用過餐後，再帶我們進入圍在角落的小房間，我們就會變成一罈罈的黃金。」

第二天早晨，這位勇敢的男子依言洗澡、清掃房間，恭候他們的蒞臨。果然有八位出家人到門口托鉢，他引領出家人進入房裏，供養清水和稀飯。當他們用過稀飯後，他便引他們進入圍在屋角的小房間，他們進去之後，果然變成了一罈罈黃金。

這件事情被一位貪心的男子知道了，他希望自己也能獲得這種意外之財。所以，他也同樣的把房間打掃乾淨，款待了八位托鉢的出家人。在他們吃過飯後，也帶領他們進入屋角的小房間，但是這八個出家人非但沒有變成黃金，反而勃然大怒，到官府告這貪心人一狀，使他被拘捕起來。

那位最先被呼喊名字的膽小男子，知道了夜半的叫聲原來就是黃金發出來的，於是也起了貪心。他認爲墓地裏的叫聲本來是呼喚他的，所以硬說這些黃金甕子應該屬於他，於是逕自闖入朋友家中強要搬走那些甕子，可是此時甕子裏却變成了許多條昂首吐信的毒蛇，朝著這個膽小又貪心的人臉上逼來。

國王聽到了這件事，立刻判定這些黃金應該歸於那位有勇氣的男子所有，同時教誨人民說：

「世界上的事情都是如此。愚昧的人只希望得到果報，却不願付出任何努力，這是永遠無法得到的。這種情形，就像一個對教法沒有信心的人，雖然表面上遵守了戒律，但不能勇敢消除自己內心的髒亂，所以也無法獲得安樂，其道理是一樣的。」

第二章　實踐之道

第一節　求　道

一、我們這個宇宙到底是如何構成的？宇宙是永恒的？還是將會消失的？是寬廣無邊的？還是有其界限的？社會的結構又是如何？那一種社會形態才是最理想的呢？……，如果認爲這些問題在還沒有得到明確解答之前，就不能修道的話，那麼任何一個人都將在修道之前先面臨死亡。

這種情形就像一個人身中劇烈的毒箭，他的親戚朋友趕緊爲他延醫治療。可是當醫生要爲他拔起毒箭時，他卻開口道：

「且慢替我拔箭。我想先知道是誰對我射了這一箭？是男的，還是女的？是什麼身分的人？還有，他用的是那一種弓？是大弓，還是小弓？是木弓，還是竹弓？弓上的弦又是什麼作成的？是蔓藤，還是牛筋？箭又是以什麼作成的？是藤，還是葦？箭翎又是以什麼作成的？在我尚未完全了解這些事情以前，請暫時不要替我拔起這枝毒箭。」

試想，在這種情況之下將會有何種後果呢？

不用說，在他還沒有將這些問題弄明白之前，劇毒早就擴散到全身，而使他喪失了生命。所以當身中毒箭時，第一步要做的是拔起毒箭，治療傷口，如此才能控制毒素的蔓延。

不管宇宙是如何形成的，也不管這個社會形態是否理想，既然烈火逼身，就必須設法躲避。

不管宇宙是否永遠存在，也不管其爲有限或無限，當生、老、病、死、愁、悲、苦、惱之火逼近人身時，人們就必須趕快修道，以驅走這些燃眉之火。

佛的教法是，有必要的話才說，不契機的話絕對不說。換言之，佛就是告訴我們，世人應該知道的，當然要知道，應該斷除的，一定要斷除，應該修學的，必須努力以求，應該證悟的，必須矢志求證。

世人在修道之前，必須學會選擇問題，應該知道對自己而言，那一個問題最重要，那一件事情最迫切，然後再下定決心，調伏自心。

二、一個爲了尋求樹蕊而走進森林的人，如果找到了樹枝、樹葉，就以爲是得到了樹蕊的話，這未免太愚痴了。然而世人却往往如此，以爲得到樹皮，乃至樹的內部組織層、形成層就是樹蕊。

世人如果希望脫離逼迫於人身上的生、老、病、死、愁、悲、苦、惱等而求道，這便如同尋求樹蕊。但是如果因此而獲得些許的恭維和名聲，就驕矜自滿，自讚毀他，這就如同僅僅撿些枯枝敗葉，就自以爲是得到樹蕊的人。

如果世人在道業上稍有進展，確有幾分定力，就驕矜自滿自讚毀他，這就好比是得到樹皮，而以爲是得到樹蕊的人。

還有的人稍微培養了觀察事物的能力，就爲這渺小的一點成就而蒙蔽了眼睛，志得意滿自讚毀他，這與得到樹之內部組織層、形成層，就以爲是得到樹蕊的人一樣。這些人勢必將因心驕意滿而放逸懈怠，以致再度招受痛苦的果報。

求道者的目的並不在於獲得他人的恭維、名譽、或供養，也不在於獲得內心幾許的平靜及些微的觀察力就足夠了。

求道之人最重要的是，須將輪廻之苦置於心，令心對此世間不生有一剎那之希望。

三、我心呀！你爲什麼總是走入無益之境地裏，善變而不穩定，漂浮而不平靜呢？爲什麼總是令我如此迷惑，讓我徒然耗費精力，去追尋那些無用之物呢？

在沒翻耕土地之前，就損壞了鋤頭，那麼卽使想翻耕大地，也是力不從心。人們沉淪於生死之迷海中，還未修道卽已喪生，如此卽使想修治內心也無從耕起。

心呀！你曾經讓我生爲王侯，也曾經讓我出於寒門，四處流浪、乞食。

你有時讓我誕生在諸神的國度裏，有時叫我沉醉在榮華的夢中，但是有時却讓地獄之火燃燒著我！

愚痴的心呀！你曾經引導我走上各種不同的道路，而我也總是遵循你的指引，絲毫不敢違背。然而，現在我已經信仰了佛的教法，請你不要再來糾纏我，妨礙我吧！我再也不會接受你的誘惑了。請你幫助我，讓我早日脫離人世的各種痛苦，儘快得悟吧！

心呀！你只要知道世上一切之物都是虛幻不實，不斷變遷的，你就不會執迷不悟，斤斤計較於何者爲我身，何者爲我物，並且也能脫離貪、瞋、痴之意念，而獲得內心眞正的平安。

以智慧的利劍砍斷愛欲的蔓藤吧！當你不再爲世俗之利害得失，讚賞毀譽所苦惱時，日子就將充滿著無比的安詳與幸福。

心呀！你既然引導我邁向求道之途，爲何如今又爲此世的利欲、榮華所吸引，而飄蕩不定呢？

無形而馳騁不停的心呀！請讓我渡過這危險而難超越的迷海。往昔我盲從著你的欲望而行動，可是如今你必須依從我之所欲而行了！隨著我一起信從佛的教法吧！

心呀！無論山川或海洋，宇宙中的一切莫不時時在變遷之中，不可測知的災禍隨時會降臨在人們的身上。此世還會有什麼地方可尋得永恒之安樂呢？讓我們遵從佛之教誨，儘速渡過欲海，到達覺悟之彼岸吧！

四、能夠不斷與自己的心搏鬥，同時積極求道的人，大都具備了堅強的奮鬥精神。所以當他們遭受詆毀、嘲笑時，不會因此而動搖心志，甚至當他人以拳脚、石頭、刀劍加諸其身時，也不會因此而憤怒、冒失。

卽使別人以雙刄的鋸子，欲鋸斷你的頭，你的心也不可因此而慌亂。如果當你受此威迫時，便在心中湧起了報復的陰影，那麼就不能稱爲是一個信守佛之敎法的人了。

嘲笑來吧！辱罵來吧！拳頭來吧！拐杖與刀劍都來吧！我的心絕不因此而慌亂，我深信經過這些試煉，佛的敎法必定更充滿在我的心中。

我的心爲了得悟，任何難以達成之事都阻擋不了我；任何難以忍受的事都能忍受；無論在多麼貧困的時候也不忘布施。

如果有人說：日食一粒米，勇敢的走進熊熊燃燒的熾火之中，就必能得悟，則我必毫不遲疑的依此而行。

求道之人在布施後，並不認爲自己在布施，完成一件事後也不認爲自己成就了一件事。因爲他們認爲他們所作的都是應當的，必須要作的。好比一位母親，爲自己心愛的孩子縫製衣裳，她並不認爲這是施惠，又好比衣不解帶的照顧生病的孩子，母親也不會認爲這是對孩子的施惠！

五、古時候有一位睿智而慈悲的國王，勤政愛民，因此國家富庶，百姓安康。這位國王擁有一顆熱誠求道的心，他曾經布知全國說，不管那一個人，只要能指示他尊貴的教法，他就願意施捨給他財寶。

國王的虔誠求道，連神的世界也爲之震撼。神爲了試探王的心，於是變化成鬼，來到王宮門前。

「我有尊貴的教法要告訴國王，請替我傳達一下。」

國王聽了非常高興，立刻恭恭敬敬的將那鬼迎進王宮裏，並請求指示他尊貴的教法。此刻鬼露出了刀刃般的獠牙說：

「現在我十分的饑餓。怎麼能夠說法呢？」

國王立卽傳令僕人準備食物，可是鬼却說：

「這種食物我吃不下，我要吃熱的人血和人肉。」

太子一聞此言，立刻願意犧牲自己的生命給鬼充饑，王后也自動表示願意給鬼作食物。於是鬼便把母子倆吃下肚中，但是還覺得不滿足，想把國王也吃入肚中。

國王平靜的說：

「我絕不是愛惜這一條性命，但是我若沒有身體，就無法再聽聞教法了。我願意在聽完你的教法後，立刻將我的身體獻給你。」

於是鬼就說：

「因愛生憂愁，因愛生恐怖。離愛無憂愁，亦復無恐怖。」
鬼說完了這句話，立卽恢復了天神的樣子，同時死去的太子和王后也都復活了。
六、古時候，在喜馬拉雅山上住著一位追求人生眞實的行者。他一心所追求的是如何脫離迷惑之教法，其他則毫無所求。不僅塵世中的財富珠寶視之爲糞土，就連神世界中之種種極樂、幸福，也不爲之所動。
有一天，天神被這位行者的求道精神所感動，爲了試探他的心，遂變化成鬼，出現在喜馬拉雅山上，唱著一首歌：
「萬物皆無常，有生必有滅。」（諸行無常，是生滅法）
行者聽到了這歌聲，有如饑渴之人獲得淸水般的狂喜，又如囚牢之徒忽獲赦放般的興奮，認爲這才是眞正的敎法。他環顧四周，極想看看到底是誰在唱這首美妙的歌，這時他發現在荒山之中只有一個可怕的鬼。他雖然心懷疑懼，但是仍忍不住走向前去，對鬼說：
「剛才的歌是你唱的嗎？如果是的話，請你繼續唱給我聽，好嗎？」
鬼回答道：
「是的，那正是我唱的歌。可是我現在饑餓難耐，如果沒有什麼東西裹腹的話，我就唱不出來。」
行者繼續懇求道：

「請你別這麼說，繼續唱下去吧！那首歌裏含有極寶貴的意義，正是我畢生所尋求的。可是你僅唱了寥寥兩句，我極想知道下面的歌詞，請你唱下去吧！」

鬼仍不為所動的說：

「我實在餓得渾身無力，如果能嚐到濕熱的人肉，啜飲熱騰騰的人血，我就把那首歌的後面唱出來。」

行者聽了這話，只好說道：「好吧！只要我能聽到那首歌的後面一段，我願意把自己獻給你吃。」

鬼於是唱出了這首歌的後半部，使它的意思完整的表現出來。

「萬物皆無常，有生必有滅，不執著生滅，寂滅安樂生。」（諸行無常，是生滅法，生滅滅已，寂滅為樂）

行者將這首歌的歌詞刻在樹幹上和石頭上，然後爬到樹上，欲跳樹自殺，將身體給鬼充饑。就在這千鈞一髮之際，鬼恢復了神的模樣，伸出雙手，穩穩的接住了行者的身體。

七、古時候有一位求道的菩薩，名叫薩陀波倫（Sadaprarudita 常啼）。他專心一意的尋求眞正的教法，不為世俗的名譽、利欲所引誘。有一天，忽然聽到空中傳來了聲音教誨他說：

「薩陀波倫！只管向東走吧，不要左顧右盼。忘掉寒暑的侵襲，莫顧世間之毀譽，消弭善惡之念吧！儘管向東而行，你必能遇到眞實的上師，從而取得證悟。」

薩陀波倫聽了大爲歡喜，遂遵照聲音的指示，毫不遲疑的往東而去，心中只懷著一個求道的目的。他餐風飲露，夜宿荒山野外，飽嚐了旅途的困頓和艱辛。有時候他必須忍受異國之人的嘲笑、辱罵、或詆毀，有時候甚至還要賣身爲奴以圖生活。經過了一村又一村，一嶺又一嶺，終於找到了眞實上師所居之處，向他請領教法。

俗語說好事多磨。的確，當人們有心行善事時，往往會遭遇許多橫逆阻礙。在薩陀波倫的求道之途中，也一樣出現過層層的障礙。

薩陀波倫想買一束香花獻給師父，於是希望賣身爲奴以賺取微薄的工資，但是却找不到雇主。凡是他到達的地方，惡魔也跟著去阻撓他，不讓他稱心如願。在通往覺悟的道路上，眞可謂荆棘滿地，刺得人們渾身是血，非使骨乾血枯，不能讓人得以摘取無上佛果。

他親聆了上師的教誨，還想把這寶貴的教誨記載下來，但是缺少紙、墨，於是他以刀刺傷自己的手臂，以滴滴的鮮血寫下了上師的話，日日品讀玩味，終於得到了最尊貴的覺悟。

八、古時候有個名叫善財（Sudhana）的童子，他也是一心一意的追求教法，希望得到證悟的人。他曾拜訪捕魚的漁夫，聽取他們得自海洋的不可思議之教誨，也走訪爲人診病的醫生，學得對人必須要有慈悲。此外，他又拜見了家財萬貫的富翁，富翁對他說，世間所有的東西都具備了各自的價值。

他還拜訪坐禪的出家人，見其安詳的外表中，予人不可思議的力量，令人的心得以清淨。他又看到了氣質高雅、心地善良的婦女，而被她犧牲奉獻的精神所感動。當他見到寧願粉身碎骨以求佛道的行者時，乃知爲求得眞實的教法，縱使登刀山、入火場亦應勇猛精進。

童子在這些經歷中體會到，只要是個有心人，凡是目之所見，耳之所聞，一切都隱含了佛的教法。

焚香之道中有佛的教法，插花之道中也有成佛的話語。

有一天，當他在林中休息時，偶然發現一株幼嫩的樹苗從一棵腐朽的老樹中生長出來，從中他又領悟到了生命無常的眞理。

白晝太陽的光輝，夜晚衆星的閃爍，一切宇宙之物，都化成教法的雨珠，滋潤了善財求悟者的心靈。

善財童子到處問道，聞教，發現到處都隱含有成佛的道理。

眞想求取覺悟的人，必須謹守心之六大根門，使其不爲邪魔所侵，然後淸淨內心，以各種功德裝飾其心的道場。再虔誠的開啓心城之門，迎奉佛住在我們的心中，供以信心的花，奉上歡喜的香。善財童子已經學到了這些。

第二節　道的種類

一、學佛的人必須修學三件事，那就是所謂的戒、定、慧三學。什麼是戒呢？戒是一般人或修道人所必須遵守的律法。佛制戒的目的，是希望世人藉著戒來控制自己的身心，把守五官之門戶，以達到確保一切善行的目標。持戒是做人和學佛的基礎，沒有戒就不可能有定和慧，所以求道者應堅固持戒。

什麼是定呢？定是使心和心所，平等、平正、不散亂、不雜亂的安住在一個所觀的境界上。修定有四種功德：第一定是證得出世智慧的直接原因。第二定能引發神通。第三定能使人受生在梵天等。第四定能使人領受出世法樂而圓滿受持戒律。

什麼是慧呢？慧就是了解四種眞理。卽了解此世間的痛苦是什麼？造成痛苦的原因又在那裏？何謂痛苦的消滅？以及如何才能達到消滅痛苦之道？

學此三學的人稱爲佛的弟子。

如果有一隻驢子，並不具備牛的形象、聲音、和雙角，只因爲牠跟在一羣牛的後面走，便自稱是牛，如此是不會有人相信的。同樣的，如果有人不修學戒、定、慧三學，而自稱是求道人，或佛的弟子，這也是愚昧的看法。

農夫們在春天來臨時必須辛勤的犂田、播種、灌溉、除草等等，才能在秋天裏有豐碩的收穫。同樣地，求道之人必須努力的學此三學，才能有成就佛果的一天。農夫如果希望剛播下的種子，能在一天之內就抽出新芽，第二天就結出穗來，第三天就能收割，這是絕對不可能的事情。凡事必須循序漸進，持之以恒，學佛者亦是如此。你不能奢望在一天之內就遠離了一切煩惱，第二天就袪除所有的執著之念，第三天就能得悟，這種神奇之事絕不會發生。下的功夫越深，悟的境界也越高，豈可妄想一步登天？

種子播入土中之後，必須經過季節的推移，混合著農夫的辛勞汗珠，才能生根發芽，開花結果。得悟的過程也是如此。潛心修習戒、定、慧三學的人，他的煩惱、執著將會隨著修行的時光而逐漸消失、遠離，最後終於達到完全的覺悟。

二、一味渴望此世的榮華，爲愛欲而亂心的人，是無法進入覺悟之道的。因爲樂世和樂道之間有很大的差別。

上面已經說過，一切痛苦和快樂的根源都在於心。當人們縱欲於人世之享樂時，他的心便會受到迷惑或痛苦的煎熬；當人們的心意樂於修道時，便能獲得清淨和安樂。

所以，凡是有志追求佛道之人，必須清淨身心，遵守教法，嚴持戒律。嚴守戒律即能獲得禪定，心定之後智慧自然明晰，智慧明晰就能導人入悟。

此三學爲成就佛果所必經之途。世人由於不學此三學，所以在過去的無量劫中，一直沉淪在生死輪廻裏而苦惱不堪。邁向覺悟之道吧！只要能嚴守戒律，清淨身心，遵依教法之指示而修行，必能登上覺悟之彼岸。

三、戒定慧三學若展開來講，可成三十七道品，卽四念住、四精進、四神足、五根、五力、七覺支、八正道。或成六種波羅密。

所謂四念住，就是以智慧觀察身、受、心、法等四件事，以治療四種顚倒想。

①觀身不淨：以慧力觀察我身爲不淨，處處充滿汚穢，以斷除「淨見」的顚倒。

②觀受是苦：以慧力觀察一切感受都是痛苦的根本，以斷除「樂見」的顚倒。世人以新苦爲樂，實際上根本沒有樂的存在，譬如剛坐下時感到快樂，久坐則生苦。

③觀心無常：以慧力觀察我心無常住，時時生滅，不斷變遷，以斷除「常見」的顚倒。

④觀法無我：以慧力觀察一切之物皆依因緣和合而生，而無實體或自在之性，以斷除「我見」之顚倒。

四、求道者在斷除常、樂、我、淨四種顚倒之後，有如盲者重獲光明，頓見生死迷海中之種種痛苦，遂能勇猛發勤四種精進。

所謂四精進，就是：

①不善未生令不生：防止未生之惡，使其不生。

②不善已生令斷：已經生起之惡，馬上斷除。

③善未生令生：努力使未生之善生起。

④善已生令增長：已經生起的善，使其茁壯擴大。

五、求道者在斷除懈怠之後，於身、口、意三門中，遠離了各種過失而功德日益增盛，遂能攝心調柔，修四神足。

所謂四神足，就是指四種禪定。神是神通，足是基礎，因爲禪定是一切神通的基礎，所以又叫神足。這四種神足分別爲：

①欲神足：以意樂修定之力攝心而獲得的定。

②精進神足：以勤行不息之力攝心而獲得的定。

③心神足：以一心正念之力攝心而獲得的定。

④觀神足：以觀察作意之力攝心而獲得的定。

六、求道者獲得以上各種禪定後，能消除心之散亂，而生出五根五力。

所謂五根，是指求道者已克服了不信、懈怠、放逸、散亂、愚痴等五種煩惱而得，五種善根堅固不再退墮的意思。這五種堅固的善根，分別是：

①信根：於佛、法、僧三寶深生淨信。

②精進根：爲求覺悟，不惜身命，勤求不息。

③念根：常念成佛之道，不念餘事。

④定根：常攝心於修道，心不散亂。
⑤慧根：能揀擇諸法之眞相。
所謂五力，是說求道者之五根若能繼續增長，而到了不再爲世間煩惱所轉，且能轉入深法時，這五種不動之力，卽稱爲五力。五力分別爲信力、精進力、念力、定力、慧力。
七、求道者到了不爲煩惱所動之後，爲了快速破除煩惱，到達解脫之境，必須修習七覺支。
所謂七覺支，就是七種能獲得覺悟的方法。這七種方法分別爲：
①念覺支：爲利益衆生願成佛的心，時時憶念而無忘失。
②擇法覺支：以中觀正見揀擇一切法都無自性。
③精進覺支：爲證得眞實法性，而不斷的努力，不敢懈怠。
④喜覺支：心得無漏善法，而生歡喜。
⑤輕安覺支：除去身心粗重煩惱，而得輕安。
⑥定覺支：四無量心和爲利衆生願成佛的菩提心，與眞實法性成一境相，而不散亂。
⑦捨覺支：知一切法唯空性，故不執著於法不依止於法，而安住於平等性。
這七種趣入覺悟的方法中，擇法覺支、精進覺支、喜覺支等三種方法，能使求道者在修行之心沉沒時再度生起，輕安覺支、定覺支、捨覺支等三種方法，能使求道者在修行之

心散亂時再度集中。而念覺支則像一個守門人，令有利的人進入，無益的人退却，好比在修行之心沉沒時，憶念前三法使心再度生起，修行之心散亂時，憶念後三法使心再度集中。

八、求道者在定中證入眞實法性，消除一切迷惘之後，爲了達到最究竟的覺悟，更應修學八正道。

八正道中以正見爲首要，因爲有了正見，對於世理才會有正確的認識，也才能破除謬妄偏差的俗知俗見，悟入正道。除了正見之外，其他的七正道分別是正思惟、正語、正業、正命、正精進、正念和正定。

所謂正見，就是指能破除無明，趣入無上覺悟的最勝智慧。

所謂正思惟，就是以和正見相應的心，破除邪惡的想法，並願取得最上的覺悟。

所謂正語，就是斷除妄語、惡口、綺語、兩舌等語的惡行。

所謂正業，就是不作殺生、偷盜、邪淫等行爲。

所謂正命，就是清淨各種羞恥的生活方式，維持正當的生活。

所謂正精進，就是朝著覺悟的方向，不屈不撓的奮勇前進。

所謂正念，就是無論作什麼事，都與正法相應，從無忘失。

所謂正定，就是以無上的正念守護其心，安住於無分別智中而獲得的禪定。

九、六波羅蜜是指布施、持戒、忍辱、精進、禪定和智慧。修此六行，就能使人從迷的此岸渡到悟的彼岸。波羅蜜是梵語，中文為「到彼岸」的意思，所以六波羅蜜又譯為六渡。

布施能息滅吝嗇之心，持戒能匡正人的行為，忍辱能對治易怒之心，精進能破除懈怠之心，禪定能收攝紛亂之心，智慧能使愚昧之心清澈光明。

布施和持戒好像是建築城牆的基石一樣，是修一切行的基礎。忍辱和精進則如同高聳堅固的城牆一般，能防禦各種外來災難。禪定和智慧則是人們保護其身和脫離生死的武器，如同鎧甲一般，護衞著人們去面對強敵。

十、看見乞討的人到來，而給予小惠，雖然也算是布施，但是並非最上的布施。只有開啓慈悲之心，自動而不計一切的救助他人，才算是最上層的布施。偶而為之的布施也不是最好的布施，惟有經常永恆的布施才是最上乘的布施。

布施之後又生悔心，或誇耀自己的善行，這都不是最好的布施。布施後滿心歡喜，而且不將自己的施捨以及接受施捨的對象，和所施予的東西掛在心頭，這才是最高層次的布施。

眞正的布施是不希望被布施的人有所報答，而是以清淨慈悲之心，祈願所有的人都能和自己一樣，早日成就佛道。

十一、世人若想獲得大善果，必須堅固持戒，必須護戒如護身命一樣。

譬如大地，是世間萬物所賴以生長和依托的地方，大地一旦毀壞，一切萬物將隨之消失。同樣地，戒法是一切善法所賴以增長和存在的地方，戒律一旦破壞，一切善法將不復存在。

不守戒律而想獲得善果，就像一隻沒有翅膀的鳥想飛入天空，沒有脚的人想走遙遠的路一樣，是空無所得的。所以毀壞戒律的人，就算他山居苦行，剃髮出家，閉門誦咒，終日服水，也將難以趣入覺悟。

那麼到底什麼是戒呢？所謂戒就是摧壞惡的行爲，確保一切善行的意思。世人若能遵守不殺生、不偷盜、不邪淫、不妄語、不兩舌、不惡口、不綺語、不貪、不瞋、不癡等十善法戒，而達到下品清淨者，可得人、天果報，中品清淨者，可得阿羅漢、辟支佛果，上品清淨者可得無上佛果。如果不遵守此十善法戒，將墮入三惡道，受無量苦。

因此，凡是依佛之教法而修行的人，首要之務，即是遵守戒律。

十二、忍辱有兩種，一種是生忍，另一種是法忍。

生忍能帶來無量的福德，法忍能帶來無量的智慧。福德和智慧若能同時具足，就能隨其所願，趣入覺悟之境。好比一個有眼又有脚的人，必能到達他所要去的地方。

何謂生忍呢？就是對於前來供養恭敬的人，或前來瞋罵打害、誑惑邪淫的人，我都能控制身心，忍不傾動。既不愛敬養於我的衆生，也不瞋加害於我的衆生，更不親近誑惑於我的衆生，這叫做生忍。

何謂法忍呢？就是以智慧觀察供養恭敬之法，和瞋惱、淫欲之法均空無實體，了不可得，而降伏其心，忍不傾動，這叫做法忍。又對於寒、熱、風、雨，飢、渴、老、病、死等法能忍，也叫法忍。

世人若不能行忍辱，而瞋害衆生，則將燒毀自己過去辛苦所作的善果，並使自己的容貌轉爲醜陋，且愚癡無智，不知善，不知非善，不知利害，不知將墮惡趣。

世人若能行忍辱，則能保護過去所作的善果不被流失，且輾轉增長。並使自己的容貌倍感莊嚴，爲諸尊長所喜愛。智慧則更爲深遠，是理非理都能善巧分別。此外，死後能轉生到人、天等善道中，又由瞋恚心所造之惡業也當滅盡。

十三、求道之人又須修慈、悲、喜、捨等四無量心。

修慈能斷除瞋恚之心；修悲能斷除惱害之心；修喜能斷除不樂之心；修捨能斷除瞋恚與貪愛之心。

希望一切衆生獲得幸福和快樂就是無量的慈，希望拔除一切衆生的痛苦和悲哀就是無量的悲，以歡喜的心去面對一切衆生的幸福和成就就是無量的喜，以平等之心去對待一切衆生，而不分親疏愛憎，這就是無量的捨。

修道者應努力安住於慈、悲、喜、捨等四種清淨道中，藉以祛除瞋恚、惱害、嫉妒、和愛憎之心。但是惡心之難除者，猶如家中所豢養的狗一般，任你如何驅逐也驅逐不去；善心之易失者，猶如林中急奔的小鹿，瞬間卽消失了踪影。惡心亦如同刻在岩石上的文字一般，難以磨滅，善心則如同劃在水波上的文字一般，一瞬卽逝。所以，修道實在是一件極其艱難的事。

十、世尊的弟子輪屢那（Śrona）誕生於富豪之家，生來體弱多病。後來遇到了世尊，成爲他的弟子。出家後的輪屢那，修道非常精進，以致足底常常滲出血跡，但是他雖然這樣努力，却仍然未能得悟。

世尊十分憐愍他，對他說：

「輪屢那呀！你在家時曾經學過琴吧？琴絃如果拉得太緊或太鬆，能彈出美妙的聲音嗎？要彈出悅耳的聲音，必須將琴絃調成鬆緊適度才行。成佛之道也是一樣，懈怠固然無法得道，但過於緊張，急著想成就也一樣不能得道。所以，當一個人致力於求道時，必須仔細的衡量自己的能力，循步漸進，持續不斷的努力才能達致解脫的境地。」

輪屢那受世尊的這番敎誨之後，心領神會，終於證得阿羅漢果。

十一、從前有個名叫五武器的太子，因爲他能巧妙地使用五種武器，幾乎達到神乎其技的地步，故得此名。有一天，王子習武旣畢，在返家的途中，經過一處荒野之地，遇到了一隻名爲脂毛的怪物。

脂毛目露兇光，一步一步的逼向太子。太子朝著脂毛射了一箭，箭雖然射中脂毛，但是絲毫不能傷害他，只是被黏在毛上而已。於是太子又陸續的使用他手中的劍、鉾、棒、槍攻擊牠，但是都無法傷及牠一根汗毛。

太子喪失了所有的武器，並不氣餒，再以赤拳空腿攻擊脂毛，但是拳腿一樣被黏在毛上，因而整個身軀吊在半空中。太子又以頭部撞擊脂毛的胸膛，最後連頭也黏住胸毛而不能脫離了。

脂毛得意洋洋的笑著說：「現在你已經落在我的手中，我將要慢慢的啃噬你的身體。」太子聞言而笑，回答說：

「你以爲我已用盡了所有的武器嗎？你錯了，我還剩有一種無敵不摧的金剛武器，如果你膽敢把我吞下去，你的肚子就將被我的金剛武器所刺破。」

脂毛被太子凜然無懼的勇氣所挫，問道：

「你爲什麼能夠臨死仍不畏懼呢？」

太子回答說：

「眞理給予我勇氣和力量。」脂毛聽了很是佩服，因而放開了太子，並且接受太子的教誨，從此遠離了邪惡之行。

十二、世人必須時時反省自己的行爲，以求不愧於己，不愧於人，如此世界才能得以和諧安寧。人若無慚愧之心，對自己的行爲不負責，則此世必充滿罪惡、暴力。常懷反省慚愧之心，方能孝順父母，尊敬師長，保持兄弟姊妹間的和樂、秩序。所以懺悔過失，憶念聖人之功德，是進入佛道的第一步。

只要心生懺悔之念，罪就不復爲罪，如果不肯認錯改過，則罪就永遠加諸其身，如影隨形。

聽聞佛之教法後，尙須頻加思維，辨別正理，以得其中眞髓奧妙。然後再加以努力的修習，方能證得佛果。如果怠於思維、修習，卽使聽取了再豐富的教法也無法成就道果。信、慚、愧、努力和智慧是此世間導致成就的偉大力量。其中，尤以智慧的力量爲最。

當人們進入修行之道時，如果還被雜事所羈，或耽溺於瑣碎無意義的談論，或貪戀於睡眠，則將導致求道的脚步趨於緩慢，甚至造成退步的情形。

十三、雖然同樣在修道，但是因人之天資稟賦不同，根器不一，得道也有先後之別。所以，當看到別人得道時，也不必爲自己之尙未得道而悲傷。

如以學習射箭爲例。初學者總是射不中靶的，但是只要繼續不斷的練習下去，終有百發百中的一天。又如流水，不管它經過那裏，只要源源而流，最後終會注入大海。修道也是一樣，只要持之以恆，必能獲得成就。

前面曾經說過，凡是眼睛所能看到的地方，都有教法的存在。所以，成佛的機緣俯拾可得，隨時隨地會顯現。

曾經有人在焚香之際，聞其香氣，頓然領悟香氣本無實體，非有、非無、非去、非來，因此而悟道。

也曾經有人在走路時不愼爲荆棘所絆，而刺傷了脚，他在疼痛中領悟到人之所以感覺疼痛，並非人本有痛的心，而是觸緣而起的，各種感覺都是如此。所以，雖然是同樣的一顆心，亂則生各種醜陋的煩惱，修整則能成爲完美的菩提。他因此而獲得成就。

曾經有個貪欲十分強烈的人，時常爲貪欲所苦。有一次，在仔細思惟過自己的欲心後，幡然省悟，了知貪欲的薪材可化爲智慧之火，因而得到證悟。

「心平氣和吧！只要能保持心之平靜，世界大地也終將歸於平靜。」曾經有人聽到這句佛語，頓悟此世間的差別係由心的不同看法而來，心是萬物差異的起源，他因此而獲得成就。誠然一個人能成佛的機緣，是無窮無盡的。

第三節　信仰之道

一、皈依佛，皈依法，皈依僧的人稱爲佛的弟子。佛的弟子必須謹守戒律，具備虔誠的信心，樂善好施，並培養智慧。

不殺生、不偷盜、不邪淫、不妄語、不飲酒，此五戒是信徒必須謹守的戒律。

相信佛的一切智慧就是佛教徒應有的信心；遠離貪欲吝惜之心而樂善好施，是佛教徒應行的布施；明白因緣相依的道理，以及世事變遷無常，就是佛教徒所應有的智慧。

一棵向東傾斜的樹木，不管它何時倒下去，都一定會倒向東方。同樣地，一個終生虔誠信佛，時聆佛法，篤實而行的佛教徒，不管他何時命終，也一定會誕生於佛之淨土。

二、所謂佛乃指自己已經圓滿覺悟，且能拯救衆生的人。

所謂法，就是指佛所說的教法。所謂僧乃指遵照佛的教法正確修行的出家人。

佛、法與僧三者實是三而一，一而三的。佛之所有無邊功德都從法中生，佛的教法又藉著僧而顯現，故言三者乃是合而爲一的整體。

因此，信仰教法與僧伽，也就等於是信仰佛；信仰了佛，自然也信仰教法及僧伽。

世間之人如想獲得永久的幸福，乃至出離生死，誕生在佛的淨土，惟有透過皈依三寶一途。

隨時憶念三寶功德的人，經常沐浴在佛的光明中，自然也薰染了佛的功德香氣。

三、在這個世界上，沒有一件事能比信佛更能帶給人利益的。卽使僅聞一次佛之聖名，而能滿心歡喜。這可說已經獲得無上的利益了。

因此，卽使我們必須走進熊熊烈火所燃燒的世界中才能得悟，我們也應該義無反顧的走進去，聆聽佛之教法，而信而喜。

生於佛降世之時，誠然是一件難事，想要碰到一個說佛法、開悟衆生的人也很不容易，但是，要使人虔誠的篤信佛之教法則是難上加難。

如今，我們很幸運的正逢佛法住世之時，又遇見了千載難逢的說法者，聆聽了難得一聞的佛法，所以我們應該設法使心平靜下來，虔誠的信佛，歡喜佛，如此才能獲得佛所帶給我們的最大利益。

四、信心是人生的好伴侶，是此世間旅途的糧食，也是無上的財富。

佛法大海，信爲能入，智爲能度。如果人們的心中有淸淨信，則能接受佛的教法，取得無量功德寶藏。世人若無信如同無手一樣，縱然能走入寶山，還是空手而回。

信心如同一團火，能燒毀人們心中汚穢的雜草，淸除道路上的障碍，更能賦予與人們智慧與勇氣，使人們毫不畏懼的邁向成佛之道。

信心能使人的內心更爲充實，消除人們的貪念、去除驕慢心。同時引導人們謙虛與恭敬。虔敬的信心能使人們的智慧發出光輝，行爲光明正大，不爲橫逆所挫，不爲塵俗所迷惑。信心的力量實是千鈞萬鼎，無與倫比的巨大。

當人們在漫長的修道途中，徘徊不前時，信心能產生鼓舞的力量，慢慢的引導人們入於解脫之境。

信心縮短了人與佛之間的距離，讓人們感覺到佛就在我們的身旁，佛正以慈悲的雙手擁抱著我們，令人身心俱感輕安柔軟，眉宇之間自然流露出善於親近的美德。

五、篤信佛的人，他會把耳朵所聽到的任何一點聲音，都視爲是佛的教誨，而恭敬聆聽，細加體會，從中獲得喜悅聞法的智慧。眞誠的信心，亦能令人從一切萬物之中悟得極高的智慧，明白宇宙萬物都是因緣和合所顯現，因此內心能夠十分的平和寧靜，遠離顚倒執著，不疑、不懼、不惑。

信心能使人的智慧通明，瞭解在此虛幻不眞的世界中，實隱藏著一種永恆不變的眞理。此世間的盛衰榮枯、千變萬化，不會使一個洞此眞理的人驚訝和悲傷。

眞心信佛的人，自然會現出懺悔、隨喜、祈願等三種心態。

信佛能令人時時深切反省自己，爲自己的罪惡與汚垢感到慚愧，深生懺悔。信佛也能令人產生隨喜之心，見他人行善能隨之如流，且衷心歡喜。信佛更能使人產生一種祈願之心，祈願人人都能懺悔過失，多行善事、廣積功德，均能與佛同在、與佛同行、與佛同住。

凡是聽到十方世界所稱頌的佛名，而能生出信心與歡喜的人，就能獲得佛所賜予的力量，跟隨佛的引導進入佛國，成爲一個不再迷惑的悟道者。

六、人們這種虔誠信佛的心，是隱藏在人們心中佛性的顯現，因爲知佛者惟有佛，信佛者必爲佛。

但是，佛性雖然人人皆有，却沉陷於煩惱的泥沼深處，無法萌出佛的芽，開不出佛的花，結不成佛的果。在充滿貪、瞋、癡等煩惱的泥沼裏，怎能產生信佛的清淨心呢？

在一片長滿有毒的伊蘭（**eranda** 莨廡）林裏，絕對無法長出一株栴檀香木。如果能在伊蘭林裏長出栴檀來，那實在是一件不可思議的怪事。

如今，衆生能在充滿煩惱的心中，生起向佛、信佛的心，這也是一件無法思議的事，但是佛却能讓清淨心在泥沼中生長，化不可能爲可能。

因此，衆生信佛的心稱爲無根之信。而此無根乃指衆生心中本無生信之根，但是却能在佛的慈悲心加持下生信。佛之慈悲不可思議，佛之願力更不可思議。

七、「信是道源功德母，長養一切諸善根。」信雖然是如此的尊貴，但是多數的求道者，却無法產生圓滿的信心，這是因爲有下述五種疑惑破壞了的緣故。

第一是懷疑佛的智慧。

第二是不明白佛法的道理。

第三是懷疑說法的人。

第四是在學佛的道路上常生迷惑。

第五是由於驕慢之心而懷疑其他求道之人，遂生焦躁不安的煩惱。世上再無一物比懷疑更恐怖。它能隔閡原本親密的心，是分裂友好關係的毒素，殘殺彼此生命的利刄，也是刺痛人們心靈的荊棘。

所以，已經獲得信心的人必須瞭解，對佛的信心是毫無疑處的。慈悲的佛早在遠古以前就把信心的因緣種植在人們心中，尚未得信的人只是還未觸著因緣之種而已。因此，我們必須衝破籠罩在胸中的黑暗疑團，向着發出信心之光輝的佛奔去。如果能慶幸因佛在久遠時所賜予的甚深因緣而高興，因佛深厚的慈悲而歡喜，且能眞心信佛的人，均能在此世之中，就地再生於佛的淨土。

在芸芸衆生中，生爲人類誠屬困難，聞佛之敎法，亦屬不易，在能聽到佛法的衆生中，得生信心，更有如威鳳麟毛，少之又少了。所以世人應當努力勤聞佛法，以求早日得信入悟。

第四節　佛的話語

一、凡是對誰曾罵我、誰曾嘲笑我、或誰曾打我而耿耿於懷的人，其怨恨將永無平息的一天。

人們心中的恨意不會因爲怨恨了別人而平息，惟有忘却怨恨，怨恨才能平息。

屋頂的建築如果不當，屋內一定會漏雨，心如果沒有修養好，貪念一定會侵入。放逸引人自取滅亡，努力精進則引人進入平坦的生之途。愚昧的人總是放逸，而智慧的人總是努力精進。

想製造良好弓箭的人必須把箭矯直，相同地，想成爲一個有智慧的人必須自正其心。人心難以控制，經常興風起浪。但是如果任其激動、喧嚷，則障碍必大，煩惱必不得平息，所以必須將心調理得像大海般的平靜，才能獲得平和、安詳。

如果將怨恨別人的心所帶來的害處，和仇敵加害我們所帶來的害處加以比較，則自己內心所做的惡事，遠較外來的爲害還要大。所以惟有嚴守住心，使其不受貪、瞋、及一切邪惡之事所侵害，如此方能獲得眞正的安寧。

二、只會說漂亮的話而不能身體力行的人，就好比是一朵徒具色彩鮮艷而無香味的花。

花香無法逆風飄越，但是善人之德行所散發的香氣，却能逆風流布於世。

在人生之旅途上，我們必須與內心修爲勝過自己的人，或和自己不相上下的人結伴同行。若與愚昧而邪惡的人同行，那倒不如單獨行走還好些。

縱使不懼兇猛野獸的人，也必須愼防惡毒的朋友，因爲野獸只能撕裂人的身，而惡友却能撕裂人的心。

只有愚昧的人才會苦苦認爲這是我的孩子，這是我的財寶。其實，自己都不屬於自己，怎能說孩子與財富是屬於我自己的呢？

愚而自知爲愚的人，遠勝過愚而自以爲聰明的人。

愚人雖終其一生親近賢者，也無法瞭解賢者所教導的眞理，如同湯匙不知羹味一樣。

剛種下的惡行雖然沒有招致立卽的報應，但是其惡果却如同爲灰所覆蓋的一團火般，在裏面隱隱的燃燒，不會消滅，永遠的跟隨著那作惡的人而去。

愚昧的人常因此世的名聞利養而苦惱。渴求較高的地位、渴求權勢、渴求財富，愚昧的人總是爲此無盡的欲望而痛苦不已。

如果能夠明確的指陳人們愚昧的過失，勇敢的譴責人們的惡行與貪婪的人，就好比是指點人們寶藏所在的智者，我們必須信仰他、供養他。

三、聞教而心喜的人，他們的心必是清淨無染的。他們能夠夜夜安眠，無驚無恐，因爲眞理滌淨了他們的心。

木匠必須將木頭刨平，製造弓箭的人必須把箭矯直，治理溝壑的人必須疏導淤水。同樣地，賢明的人必須整治自己的心，導之入於正道。

堅固的岩石不爲狂風所動搖，賢明的人也不會爲任何毀譽所動心。

能夠戰勝自己的欲望，遠比在戰場上戰勝千萬敵人還要殊勝。

與其不知正教而徒活百年，不如聽聞正教而僅活一日。

任何一位愛惜自己的人，都必須不斷地提醒自己，以防邪惡的侵入。不論是在青年、壯年，或是老年，都得時時警惕，不容稍怠，同時還須經常喚醒覺悟的信心。

這個世界是一個不斷燃燒的世界，貪、瞋、癡的火焰無時不在侵襲著我們，所以我們必須設法儘早脫離這些火焰包圍。

此世猶如水中的泡沫，忽生忽滅，又如蜘蛛絲般的柔弱易斷，亦如一個骯髒的甕子，裏面充滿了汚穢。人們若欲避免塵俗之火的燃燒，獲得永恆的生命與眞理，必須緊緊固守自己高貴的心，不爲一切之物誘惑、汚染。

四、不可作任何邪惡之事，必須努力行一切善，並且保持一顆清淨的心，這就是佛對世人的教誨。（諸惡莫作，衆善奉行，自淨其意，是諸佛教。）

忍辱是項極難修養的品德，但是惟有善於忍辱的人，才能得到最終勝利之花環的莊嚴。

在有怨恨的人之中，我們住於無怨恨，在有苦惱的人之中，我們住於無苦惱，在有貪欲的人之中，我們住於無貪欲，如此才能使生活清淨無紛爭。

無病是第一利，知足是第一富，信賴是第一親，覺悟是第一樂。

任何一個人，只要他能體會出遠離惡行的味、寂靜的味和法喜的味，那麼，他一定不會再作惡事，也不會感到恐懼了。

人們的心中不可有好惡之念而產生執著，因為悲哀、恐懼、及束縛都是由好惡之心所引起的。

五、鐵銹因鐵而生而腐蝕鐵，同樣地，邪惡生自人心而腐蝕人。

有經典而不讀誦是經典的污垢，有家屋破損而不修繕是家屋的污垢，有身體而懈怠則是身體的污垢。

不貞潔是婦人的污垢，慳吝是布施者的污垢，罪惡的行為，則是今世及後世的污垢。

在所有的污垢中，最大的污垢是無明。人們若不滌盡此無明的污垢，則永遠無法獲得清淨的心。

無恥、勇如烏鴉（Kākasūya 鴉英雄，厚顏無恥的人）、侮辱他人、傲慢、污穢，這種人的生活雖然易過，但是痛苦却無止境的。

知恥、常求清淨、不愛著、謙遜、清淨活命、有智慧，這種人的生活雖然困難，但是安樂却常隨著他。

人們大抵易於發現他人的過失，而忽視自己的過失。

人們總是如同一陣風似的，將他人的罪行吹散到各個角落，惟恐人之不知，而對於自己的罪行則百般隱藏，猶如狡猾的賭徒隱匿其作弊的骰子。

飛鳥、黑烟，以及暴風雨，橫掠天空之後，不會留下一絲痕跡。同樣地，外道沒有眞正的修行人，也沒有導人至悟的階梯，因此縱使辛苦了一輩子，亦難有所獲。

六、若欲護衞此身，則無分內外都必須如護守城池般的嚴密防守，瞬間也不容鬆懈。唯有自己才是自身的主人，自己才是自己的依怙，所以無論處於何種境況，都必須控制住自己的身心。

控制自己，寡言而深思，這是斷除一切束縛的開始。

太陽在白晝裏普放光明，月亮在黑夜中散發清輝，武士們穿上鎧甲之後方顯得威武英勇，求道之人則需在禪定之中才能散發出智慧的光輝。

不能守護眼、耳、鼻、舌、身等五官門戶而被外界所迷惑的人，就不是修道者。能夠嚴守五官門戶而心安靜的人，方爲修道之人。

七、當人們的心有了執著，而又爲其毒酒所醉時，就無法看清事物之眞相。只有脫離執著的羈絆，萬事萬物方能自然清晰的呈現在我們的眼前。

一個人的生活若只是憧憬未來，或鎮日杞人憂天，或沉湎於過往而懊悔不已，則他的生命將如被割下來的蘆葦草一般，迅速地枯萎。

不爲過去的時光而悔恨，不爲未來的日子而憧憬、煩惱，脚踏實地的重視現在而活，如此身心才能健康。

不要追懷過去，不要空待未來，必須把握現在的任何一剎那，努力而堅強的邁向生命之途。

今日該完成之事切莫遲延至明日，脚踏實地的工作才是最好的生活方式。

信心是人的好伴侶，智慧是人的好嚮導，人們必須戮力尋求覺悟之光明，以求早日脫離痛苦的深淵。

信心是至高無上的財富，眞誠是最美妙的調味品，廣積福德是此世最高尙的行動。按照教法之指示去修鍊身心吧！你將獲得無比的安詳。

信心是此世旅程中的糧食，福德是人們寶貴的住家，智慧是此世間的光明，正思是夜半的守衛。沒有汚穢的人其生活永遠快樂，戰勝欲望的人才算是個自在的人。

爲了家庭應該忘却自身，爲了村莊應該忘却家庭，爲了國家應該忘却村莊，若爲了成佛則應該忘却一切。

世間一切存在的事物，都是虛妄不實的，都是生滅法，都在不斷的變遷。世人唯有透過佛的智慧，去證得不生不滅的法性，才能悟入無爲的涅槃，享受眞正的安樂。（諸行無常，是生滅法，生滅滅已，寂靜最樂。）

隨佛而行的人

第一章　佛弟子的生活

第一節　出家生活

一、誰想做我的弟子，必須捨棄家庭、捨棄世間，以及捨棄一切財富。為法而捨棄一切的人，就是我的繼承人，稱之為出家人。

縱使有人緊抓著我的衣襬，亦步亦趨的踏著我的足跡前進，但是他的心如果仍為欲望所擾亂的話，則此人雖在我的左右，實際上離我很遠。此時他雖身為出家人，但是卻沒有真正見到我的教法。沒有見到我的教法的人就如同沒有見到我一般。

縱使有人距我千里之遠，但是他的心如果是純正而平靜，並且遠離此世一切欲望，則此人如同在我的身旁，因為他已經見到了我的教法。凡是見到我的教法的人也等於見到了我。

二、在佛之教法中出家的人，梵語叫比丘。比丘的中文意思，是能怖魔王及魔眷屬。因為出家人若一心持戒，必能漸次到達涅槃，所以能令魔王恐怖。

以是之故，出家人應以戒律做為生活的基礎，也唯有如此，才能名為真實的比丘。

戒律具足種種功德，如《清淨道論》中說：
「佛教給與善男子的住處，
除了戒，更無別的了，
戒德的分量，誰能說得盡呢？
衆生的垢穢，
不是恒河、夜摩那河、沙羅婆河，
亦非是沙羅伐底河、阿羯羅伐底河，
也不是摩西河、摩訶奈地河的流水，
所能洗得淨的，
唯有戒水能清淨有情的塵垢。
不是帶來有雨之雲的涼風，
亦非黃色的旃檀、首飾的明珠，
也不是明月照射柔和的光輝，
能使衆生的熱惱得以安寧，
唯有善護聖戒，能使熱惱化爲究竟的清涼。
戒香不但順風送，也得逆風薰，

那裏還能找到這樣的香呢？
戒為升天的階梯，入涅槃的城門，
那裏還有別的可以比擬戒的呢？
國王雖然盛飾摩尼珠，
不如行者以戒莊嚴的光輝。
戒能摧毀自責等怖畏，
具戒常生名望和笑顏。
戒為諸德之根本，一切罪惡的破壞者。
當知這是略說諸戒的功德。」

三、佛陀所制定的戒，是超越佛弟子之權限的，所以全部佛戒，出家人不可任意毀壞，必須由信而受，縱有生命之危，亦不能犯。

過去錫蘭地方，有一位年老比丘，被盜賊以蔓草綑住，放倒在地上。這時恰巧森林發生大火，熊熊火焰漸漸逼近年老比丘的身體，但是他並不畏懼，在大火未燒斷蔓草時，即入定觀空，而證得阿羅漢果，入了涅槃。

後來他的屍體被發現而火葬了，並建塔加以供養。

出家人應像這位年老比丘一樣，寧失身命也要使比丘戒律清淨，絕不破壞世界主所制定的戒律儀。

四、出家人必須以念力防護六根，使其不爲貪瞋等煩惱所侵。就像過去印度大友比丘之住於根律儀戒一樣。

有一次，大友比丘的母親身上長了腫毒，便對她的女兒說：「女兒啊！我身上生了不知名的腫毒，非常難過，你快去告訴你哥哥，叫他設法拿些藥草回來替我治病。」

大友比丘的妹妹於是跑到精舍，把她母親的話轉述給大友比丘聽，大友說：

「妹妹！我實在不懂得藥理，也不知道如何採集藥草，不過我可以告訴你另外一種藥，那就是我從出家以來，從未以貪欲之心看女人而破壞了我守護六根的戒律。妹妹！你回去之後，一邊把我這實在的話稟告給媽媽聽，一邊按摩她的身體，並祝福她早日痊癒。」

大友的妹妹回去之後，把大友的話照樣說了一遍，刹那間，她的母親的腫毒有如泡沫般地消失了。他的母親非常高興，忍不住的讚嘆說：

「如果偉大的世尊還在世的話，他一定會以他網紋手，觸摸我的兒子這樣的比丘的頭頂哩！」

五、佛之出家弟子受用在家居士所供養的物品，有四種用法。

第一種，如果毀壞了佛陀所制定之戒律的比丘，卻仍坐在僧衆中接受供養，這種叫「盜受用」。

第二種，守戒清淨的比丘在受用物品時，或在受用物品後，不以智慧依差別和厭想的觀察，這種叫做「借受用」。

第三種，未證得漏盡的有學比丘能依法受用供養，這種叫做「嗣受用」。因爲他們都是世尊的兒子，他們受用供養，就像世間人受用其父親所屬的資具一樣。

第四種，漏盡比丘的受用供養，這種叫做「主受用」。因爲他們已超越生死苦海，是人間的大福田，理當受供之故。

這四種受用中，嗣受用和主受用，適合一切凡聖之比丘，借受用則不適合，盜受用那就更不用說了。

六、如果自己是一個出家人，同時也接受別人這樣的稱呼，那麼他應該這樣想：「我一定要嚴守戒律，做出家人該做的事。唯有嚴守戒律，做出家人該做的事，才能稱得上名符其實的出家人。也唯有如此，才能成爲衆生的大福田，令供養於我的人，得大果大報，並使我趣向覺悟，達到出家的最終目的。」

那麼出家人該如何嚴守戒律，和做該做的事呢？出家人當具足慚愧心，清淨身、口、意三種行爲，過著清淨純潔的生活，謹守五官之門戶，不爲享樂所誘惑，並且絕不因爲自己能嚴守戒律而自讚毀他，乃至懈怠、貪睡。

傍晚時分必須靜心禪坐或經行，深夜入眠之前必須右脇爲下的側臥，雙足並疊，以念及正智而起觀想，然後才安詳的睡眠，黎明卽起身靜坐或經行。

又出家人在行住坐臥間，必須保持正智。修禪定時則必選擇寧靜之處，匡正身心、盡滌塵念，遠離貪欲、瞋恚、愚癡、睡眠、浮躁、悔恨、及疑惑等。

一個出家人如果能努力作到上述的種種，卽能使自己的心達到禪定，獲得禪定之後，再令心趣向無漏智慧，斷除一切煩惱，而獲得永遠的解脫。

出家人像這樣爲了救渡一切衆生，而出家，而修行，而證悟，就是出家的最終目的。出家修行而不忘初心的人，才是眞正的出家人。

七、如果一個已經出了家的人，他仍不能捨棄貪欲，不能遠離瞋恚，不能斷除怨憎、嫉妒、驕慢、欺誑等罪行，甚至還加以隱藏起來，那麼這種禍害，就像把雙刃的劍藏在僧衣裏一樣。

並非身著僧衣就是出家人，也非托鉢乞食或是口誦經典就算是出家人。因爲一個出家人若不修正道，徒然穿上僧衣，乃至托鉢乞食，心中之煩惱並不會自然消失，就像初生之嬰兒披僧衣一樣，我們仍無法稱他爲出家人。

如果心不能達到禪定，修習慈、悲、喜、捨以淨化一切惡等不善法，而向著出家人應走之道努力前進的人，我們不能稱他爲眞正的出家人。

八、出家人所應擔負的使命，就是四處傳播佛法。他應當爲一切衆生說法，讓昏睡的人清醒，讓心懷邪惡見解的人回復正確的見解。並不惜己身與性命，永遠的為佛傳布教法。

然而為衆生說法並不是一件人人可為的易事。有志於說法的人，皆要穿上佛的衣服，坐在佛座之上，走進佛室裏而說法。

所謂穿上佛的衣服，是指必須具備一顆柔和和忍耐的心；所謂坐在佛座上乃指視一切事物為空性，心中了無執著之念；所謂進入佛室，是說對一切衆生都要懷抱著相等的大慈悲心。

九、希望傳佛之教法的人，必須留心下面四件事：

第一、說法的人必須具足安忍力，行為溫和、不粗暴、不畏懼。並知此世一切皆空，不執著於任何事物，心安住於此性空之上，使身心柔和。

第二、說法的人應避免接近高官權貴，以及生活邪惡放蕩之人，設有為聞佛道而來，則以無畏心，不懷希望而為其說法。又說法之人不可親近異性，不樂見異性，設有為聞佛道而來，也不可以欲心或在隱密處單獨為其說法。說法之人，應欣慕寂靜，以正憶念，修攝其心，觀一切法如實相。並以此心為言行之基礎，為大衆說法。

第三、說法的人對於佛須如對待慈父般的瞻仰，對同修道者則須如對待師父般的恭敬，對一切衆生則須如對待獨子般起平等大悲心，而為他們說法。又說法的人須捨嫉妒諂誑之心，不輕罵學佛者，不道他人之短，亦不令人疑悔。

第四、說法的人，必須發揮與佛同樣的大慈悲心，時時祈願那些不知求道的人能夠聞教，爲了達成此一願望，自己則朝向著佛道加倍努力不懈。

十、「男女不別」是「令道薄淡」「無有道德、淫泆濁亂」，乃至令佛法滅盡的最大原因（《法滅盡經》），所以嚴守清淨戒的出家人一定要遠離異性。

出家男衆不應剃渡女衆，乃至不應和任何女衆住在一起。出家人如果不能遵守此教誡，佛之教法將會因此而慢慢衰微，不可不愼。（有那一種罪會比破壞佛法更大的呢？）

第二節 在家生活

一、前面已經提過，所謂佛教徒就是指皈依佛、法、僧三寶的人。

所以凡是皈依佛教的人，對於佛、法、僧都必須抱著堅定不搖的信念，並嚴格遵守一位在家弟子所應遵守的戒律。

在家弟子的戒律是不殺生、不偷盜、不邪淫、不妄語、不飲酒等五戒。

在家弟子除了自己本身必須保持堅定信仰三寶和嚴守戒律外，同時還須努力的引導別人也能獲得這種至爲寶貴的信和戒。他必須勸導他的親戚、朋友和熟人同來信仰佛，使大家都能沐浴在佛的慈悲中。

在家弟子之所以皈依三寶和守在家戒，其目的在於得悟，所以卽使是置身在世俗的愛欲生活中，也不可爲愛欲所縛。

人不管活得有多久，總有一天會離開父母，離開家人，乃至離開這個世界。所以不要讓那些非分離不可的東西套住自己的心，必須把心寄託在永遠不分離的涅槃之上方可。

二、聽聞佛的教法，如果能篤信不疑，不再退失，那麼心中自然而然會湧起無限的喜悅。一旦進入了這個境界，就能夠在任何事物上發現耀目的光輝和無比的喜悅。

此時他的心是清淨而柔和的，而且又具有無比的忍辱力，不與人爭，不惱害他人。因爲其心中經常思念著佛、法、僧三寶之功德，所以常滿心歡喜，到處可發現光明。

正確的信心可以使人與佛成爲一體，人們一旦去除了「我」執，就能不貪著於一切物，因此在生活上也就沒有恐懼，也不怖畏他人的批評與辱罵。

信佛的人，不論是處身於順境或是逆境，都能堅定自己的信心，有慚有愧，敬順教法，言行一致，以明澈的智慧看清一切事物，心如須彌山般屹立不搖，一步一步地踏上成佛之道。

又信仰佛的人，無論遭處何種事情，都能以佛心爲心去引導世人。雖然此世是汚濁的，但是他們並不鄙棄此世，而願以己身雜處於世人之中，作人們的明燈，引導世人改過向善。

三、任何一個人都必須樂意、主動的去聆聽佛的教法。

如果有人說：「唯有走進熾熱燃燒的烈火中方能得聞佛法。」那麼世人也應奮不顧身的走入火中。因爲走進充滿各種煩惱之火的世界中聽聞佛法，才是世人唯一能獲得眞實救護的原因。

人們必須如此的追求教法，並且要廣爲布施，尊敬該尊敬的人，服侍該服侍的人。又應在一切時中，以深切之慈悲心對待所有的人，凡是自私及恣意妄爲的行爲都是信仰佛法的人所應避免的。

佛之弟子應該如此的聞法、信佛。不必羨慕他人，也不要因別人的話而迷惑。重要的是要努力修自己的心，時時反省何者當爲何者不當爲，他人的行爲則由他人去負責，不必放在心上。

不信佛的人，經常患得患失，飽受得失之苦，所以其心境是狹隘的，而且充滿了焦慮。反之，信佛的人深信事物的背後隱藏著莫大的力量，那就是佛陀的大悲和因果法則，所以其心境是開濶而平靜的，凡事都不能使他焦燥煩憂。

四、在家信佛的人，日常之間必須孝養父母，與家人和樂相處，照顧自己的身體，以及虔誠的供奉佛。

孝養父母必須盡到一切奉養和保護之責，以求家庭永久的和睦平安，對待妻子兒女，則須脫離愛著的牢獄。

當布施供養時，必須思及如何放棄此世的一切，而使貪婪之心盡失。遭遇災禍時，則祈願自己的信心能如高山般的不爲任何事情所動，堅定不移。

皈依佛陀之後，必須時時祈願一切衆生，與我一起體驗佛陀偉大的菩提道，都能湧起求道的心。

皈依教法之後，必須時時祈願一切衆生，與我一同深入經藏，以獲得如大海般深且廣的智慧。

皈依僧伽之後，必須時時祈願一切衆生，與我一起引導大衆，清除內心的汚穢，去除修道的障礙。

總之，一位在家的佛弟子，雖然日日與全家人居住在一起，但其心也同樣不能須臾離教。

五、在家信佛的人，對於佛、法、僧三寶，隨時隨地都要發出無上仰慕與恭敬心。如果捨離了仰慕與恭敬心，就不能算是眞實的佛弟子。

信佛的人，應當時常憶念佛出生的地方，起歡喜戀慕心；乃至時常憶念佛成道的地方、佛轉法輪的地方、佛涅槃的地方，起歡喜戀慕心。

眞正信仰佛之教法的人，必須時常思惟佛、法、僧三寶的功德。譬如常思念佛之三十二相八十隨形好，而起歡喜心；思念佛能以一音說法，衆生隨類各得解，而起歡喜心；思念佛具足一切智慧，觀一切所知，如觀掌中之菴摩洛果，而起歡喜心；思念佛身、口、意三清淨業，無時無刻不在饒益一切衆生，而起歡喜心。同樣的，也應時常思念教法及僧伽的各種功德，而起歡喜心。

六、凡是佛之弟子，見佛像必須恭敬、禮拜、供養、護持，雖然是木雕、紙印、泥塑，亦當觀做等同眞佛。佛像無論是造得好不好，都不得批評，更不能放在地上，或積滿灰塵，乃至典當等。

過去有一位建築佛塔的工人，當他在建造拘留孫佛的佛塔時，因不知恭敬佛，而譏笑佛塔說：「像如此如此的佛塔，不知何日才能造好。」不久之後，佛塔造成了，工人內心很惶恐，爲了表示懺悔，於是將全部所得的工資，拿去造了一枚金鈴，掛在佛塔上。這位工人由於譏毀佛身和造金鈴的業力，於後世感生容貌醜陋、身材矮小但聲音却極爲和雅的居士，衆人因此都稱他爲「善和」。

又過去曾有外道師和佛教中證得聖果的出家人辯論時，常以十八種動物之名罵人，好比說：「你們這些大象，怎能分辨出正理與非正理呢?」由於此惡口，他從迦葉佛時一直到釋迦牟尼佛出世，從未脫離畜生道。

所以信佛的弟子，對於他人所造的佛像，乃至小孩信筆所畫的，都不能批評，或以不雅之物作比喻。

西藏大瑜珈師有一次請了一尊文殊菩薩像，問阿底峽尊者說：

「尊者，您看這尊佛像怎麼樣？是美還是醜？若是美妙的話，我想請回去供奉。」

尊者回答說：

「至尊文殊菩薩之身，那有不美妙莊嚴的道理？若論造像的技藝，則屬於中等。」說完就將佛像頂戴在頂上，表示無限的恭敬。

信佛的人對任何一尊佛像，都應以阿底峽尊者爲榜樣。

七、佛法是出世寶筏，世間若無佛法，衆生將無由解脫，所以佛弟子不可將經典和一般世俗書籍混淆不清，世俗之書不可放在佛經之上，更不可與鞋襪並放，或跨越過去。請經典時，以雙手捧在胸前爲標準，單手拿著尚可，但絕不能挾在腋下或褲袋之中。

西藏大善知識馑哦瓦，每遇有人請佛像或捧經經過，必合掌起立，及至無法站立時，也一定合掌恭迎。

看經之時，身應端正，不宜妄動；口應禁語，不宜雜言；意應集中，不可妄想。此爲三業清淨。三業若能清淨，自能攝心一處，了佛深意。

八、皈依三寶的佛弟子，見到出家衆一定要依法恭敬、禮拜、供養，若不依法恭敬、禮拜、供養，則犯輕慢罪。

大悲世尊的出家弟子中，有很多證得聖果的聖僧，具足無量功德，堪受衆生之所禮敬，之所合掌，是衆生之廣大福田故。卽使未證得聖果的凡夫僧，因剃除鬚髮，穿袈裟衣，具足律儀，藉以住持僧寶，使三寶流衍不絕，也同樣堪作衆生的福田。

世間有了三寶，衆生才得以種植善根。所以三寶是世上最可貴的寶貝。而住持三寶中，又以僧寶最爲殊勝。因爲出家人能秉持佛法，開化衆生，令知佛寶、法寶功德的偉大，有了僧寶，佛法才能住世之故。

由此，佛的弟子應當禮拜讚嘆出家人，不得輕蔑或毀謗。出家衆中，有很多聖者內秘無量功德，却外現威儀欠缺或戒律不圓滿的樣子，所以世人不應以外相來辨別有戒無戒，更不能在背後批評指說，壞他人信心，否則卽犯了謗僧罪。謗僧之人，將來定墮三惡道，於無量劫中受盡痛苦煎熬。

九、在家女衆不應非時接近比丘，更不應單獨與比丘相處。卽使有事親近比丘，也只談及佛法之事，不應夾雜汚染的話。問話聲調宜莊嚴、和雅，絕對不可搔頭弄姿，故作撒嬌之態。請示過後應卽退出，不要逗留。

十、在家佛弟子與出家師父之間的關係，只有佛法，所以像「師父啊，某某長得比較漂亮，你一定比較喜歡她啦！」這類不堪入耳的話，絕不能出自佛弟子之口。又若與出家衆扯出感情乃至破戒之事，此將遭受千萬世之地獄苦，求出無門。

第二章　生活的指針

第一節　家庭的幸福

一、不知災禍是起自於內心，而誤以為來自外界四方的人是愚昧的。不知修治內心而一味只顧迴避外來的災禍是錯誤的。

有些世俗的人，清晨起床漱洗之後，便對著東西南北上下六方遙拜，祈求任何一方都不要有災禍來襲，使他能安安穩穩的過完這一天。

佛的教法雖然也有禮拜六方，但和上面所述的不一樣，而是修治自己的內心，歸向六個真理，以賢明的智慧和行善積德來防止災禍的臨身。

佛陀教導我們，如果想守護真理的六方，首先必須去除四種行為上的污垢，防範四種惡心的作惡，以及堵住足以傾家蕩產的六口。

四種行為的污垢就是殺生、偷盜、邪淫，及妄語。

四種惡心就是貪欲、瞋恚、愚癡，和恐懼。

能使人傾家蕩產的六口，就是終日酗酒、深夜冶遊、沉迷於音樂和戲劇、耽溺於賭博、結交惡友，以及怠忽職守。

人們必須徹底的去除這四種行爲的汚垢、防範四種惡心、堵塞傾家蕩產的六口，然後虔敬的膜拜眞理的六方。

這眞理的六方指的是什麼呢？東爲親子之道，南爲師生之道，西爲夫婦之道，北爲朋友之道，下爲主僕之道，最後的上爲佛教徒之道。

所謂東方的親子之道，就是指子女必須爲父母做五件事：服侍父母、幫助家業、念父母恩、守護家產、父母逝死之後必須誠心的祭祀。

相對的，父母親也必須爲子女做五件事：止惡、勸善、施教、主持婚嫁、並在適當的時機使之繼承家業。父母、子女如果都能嚴守各自的五件事，家庭自然常保和樂。

所謂南方的師生之道，就是指弟子對老師必須恭敬、常念老師教導之恩、背後常稱讚老師、不怠忽對師長的供養、恭敬的接受教訓。

爲師者亦應遵守爲師之道：必須自正其身而後正弟子、將自己的學識毫不隱藏的教授給弟子、正確的說明、正確的教導、並且令弟子的智慧勝過自己。無論處於何種狀況之下都不可忘記守護弟子。老師與弟子皆能依道而行時，師生間的關係也就能永遠和睦了。

所謂西方的夫妻之道，就是丈夫必須尊敬妻子，以禮相待，對妻子忠實，讓妻子掌管一家之務，除此之外，尙須適時給予相當的衣服和飾物等。妻子則必須克盡掌家之責，僱用誠實勤儉的佣人，堅守貞操，不浪費丈夫的收入，把家裏大大小小的事情處理得有條不紊。夫妻如能共同遵守夫妻之道，必能和睦相處並維持美滿的婚姻關係。

所謂北方的朋友之道，就是在朋友困難之時施予適時的救助，以溫柔的態度和話語相待，為朋友著想，為朋友謀利益。

此外，還須保護朋友，以免他淪落罪惡的深淵。朋友有隱私不可大聲張揚，應該暗地相勸。朋友有憂慮時，必須為朋友設法解決。朋友遭逢不幸時，應該伸出援手，必要時還要為朋友養活妻子兒女。朋友之間能夠如此患難與共，方能維持和諧的關係，獲得幸福的人生。

所謂下方的主僕之道，就是主人對佣人必須謹守下列五件事。按照各人的能力分配工作、給予優渥的待遇、患病時懇切予以照顧、適時以禮物相饋贈、時時給予適當的休息。相對的，佣人也必須對主人遵守五件事情。早晨要比主人早起、晚上要比主人晚睡、凡事必須真誠相待、善盡職守、處處留心以免傷害主人的名譽。雙方都能如此而行，自然不會發生糾紛，主從之間也能常保和氣融洽了。

所謂上方的承事出家人之道，就是在家居士，必須讓佛的教法存在家庭之中；出家師父是人中之雄，在家人應當以身口意三門恭敬承事；聽出家師父為我們說法而遵守之；必恭必敬的迎送師父；除此之外，尚須時時供養師父。

相對的，解說佛之教法的師父，必須對教義有充分的瞭解，並實際修行之。不可只教導世人布施，而自己却慳貪不捨；不可只教導世人持戒，而自己却犯戒；不可只教導世人忍辱，而自己却瞋恚；不可只教導世人精進，而自己却懈怠；不可只教導世人一心，而自己却散亂；不可只教導世人修智慧，而自己却愚癡。出家師父當盡力教人去惡爲善，開示正道，使人進入平安之地。

所謂的禮拜六方乃應如上所述，而非盲目的遙拜東南西北上下六方，徒求避免災禍臨身。我們必須謹守上述的六方之道，從自己內心深處除去各種災禍的種子，如此方能眞正的不受災禍的迫害。

二、人必須審愼地分辨，那些是值得親近的朋友，那些是不可親近的朋友。

不可親近的朋友就是指貪心重的人、巧言令色的人、阿諛奉承的人，以及揮霍無度的人。

值得親近的朋友，就是指能眞誠助人的人、能同甘共苦的人、忠言直諫的人，以及深富同情心的人。

眞正值得交往的朋友，是在當他的朋友有過失時，能直言不諱忠心規勸，絕不會爲了討好而顚倒是非，而且又能時時刻刻爲他的朋友之幸福而暗中操心。當他的朋友遭遇災難時，他必適時伸出撫慰之手，必要時更能不惜兩肋插刀，拔身相助。他在任何人的背後絕不會揭發他人的隱私，他始終有如一座燈塔，引導人航向光明正確的方向。

雖然說想要結交像這樣的朋友並不太容易，但是只要我們努力使自己成爲別人患難與共的莫逆之交，一定能獲得別人眞摯友情之回報。況且最重要的是，要讓自己的行爲像上述那樣端正，使自己散發出如太陽般的光輝照耀著所有的朋友。

三、父母養育子女的大恩大德深如江海，高如山嶺，子女終其一生亦無以爲報，縱使讓父親騎在自己的右肩，讓母親騎在自己的左肩，荷載著雙親徒步百年之久，亦無法報之於萬一。

爲人子女者卽使每天每夜都以香水爲父母潔身，如此不憚其煩的持續一百年之久，克盡一切孝道，或者是自己刻苦勤儉、努力奮鬥，使父母享受帝王般的榮華富貴，也是無法盡報父母之恩。

惟有引導父母步入佛之境地，使父母皈依佛，信仰佛法，放棄以往錯誤的道路，捨却一切貪念，轉而樂善好施，在佛的教法裏獲得永遠的安寧與幸福，如此方能眞正、完整的回報父母養育之恩，甚至還遠超過父母所賜予的恩惠。

尊敬父母，使父母步入眞正幸福之路的家庭，就是得到佛與菩薩所讚嘆與祝福的家庭。

四、家庭是一家人的心與心接觸最相近的處所。如果一家人能和睦相處時，家庭就宛一座百花盛開的花園，充滿了馥郁的芳香與繽紛奪目的色彩。但是如果一家人的心與心失去調和時，這個家庭就會像被狂風暴雨肆虐的花園一樣，到處顯得滿目瘡痍，分崩離析。

當家庭中，心與心失去了和諧時，每個人都必須徹底的自我檢討，並堅守自己的心，步上應行的正道，而不應該一味去責怪別人，如此方能使風波平息，重新獲得寧靜與和平。

五、從前有一位信仰虔誠的青年，在父親過世之後，便與母親相依為命的過活。後來青年娶了媳婦，家中多了一個人，起初還是快快樂樂的，堪稱是個幸福而美滿的家庭。

但是有一天，婆媳之間却為了一點小事而起磨擦，自此埋下了家庭紛爭的種子。爾後婆媳兩人便時常爭吵，家庭中也失去了往日的和樂，終於母親不顧母子、婆媳之情而離開了家。

母親搬離不久，少婦便生下了一個可愛的男孩。這時婆婆却聽到傳言說，她的媳婦曾經這樣講：「跟婆婆住在一起時，婆婆總是嘮嘮叨叨的，帶來了滿屋子的晦氣，所以一直沒有喜事臨門，如今婆婆一搬走，立卽有了這樁大喜事。」

婆婆聽到這種傳言，十分憤怒，在鄰里大聲嚷道：「這個世界還有正義存在嗎？如果說趕走了丈夫的母親就有喜事臨門，那麼這個世界果眞是是非顚倒了。」

婆婆不斷的嚷著：「世界既然已經變成這種田地，那就將正義埋葬了吧！」婆婆近似瘋狂的嚷叫，獨自一人朝著墓地走去。

有位天神聽到了這件事，立刻出現在婆婆的面前，問清楚了整個事情的經過，然後對婆婆闡述了許多的教誨，但是始終無法化解她心中的憤恨和鬱結。最後神對她說：「既然沒有辦法平息你心中的怨恨，那麼看來唯有將妳那可恨的媳婦和孫子活活燒死一途了。」

婆婆聞言頓時臉色大變，遂對自己以往的過錯深感慚愧，轉而乞求天神能保住媳婦和孫子的生命。就在此時，兒子和媳婦也自感以往的不孝和錯誤，決定去尋訪母親回家，適好途經這一墓地，婆媳兩人遂在神的面前握手言和，年輕的夫婦便共同攙扶著母親回家，家庭中又回復了往日的和樂與幸福。

佛的教法是永遠住世、永遠不會消失的。佛的教法所以在人間消失，並不是教法本身消失，而是人的心中放棄了正義與教誨。

人心之間的齟齬甚於毒蛇猛獸的侵襲，確實會給人們帶來無與倫比的不幸。人心之間即使只是一點小誤會，也能滋長成無法抗拒的大災禍。所以在家庭生活中，每個人都必須致力於防範誤會的萌發，遏止誤會的滋長，才能使家庭和樂而幸福。

六、家庭中的生計，是每一個組成分子的責任。所以每個人都必須像螞蟻般的勤勉，像蜂蜜般的辛勞，絕對不能有依賴別人或坐享其成的心理。

人們憑著辛勤努力所獲得的財富，也不可認爲就該屬於己有，或留待一人獨自享用，必須將其中的一部份拿出來與他人分享，一部份儲存下來，以備不時之需。一部份以喜悅的心情，捐獻給國家、社會，和僧團。

七、優陀延那王的王妃沙摩婆蒂（śyāmāvati）供養了五百件僧衣給阿難，阿難毫不推辭的接受了。

優陀延那王聽到這件事，懷疑阿難是出於貪心才接受這筆大供養，於是去探詢阿難，問道：

「師父，你一下子接受了這五百件僧衣，準備如何處置呢？」

阿難回答說：「大王呀！有許多比丘的衣服都已襤褸不堪，我要把這些僧衣分給他們！」

「破舊的衣服又怎麼處理呢？」

「破衣服可以用來作床單。」

「舊床單又如何處理呢？」

「作枕頭套。」

「舊枕頭套呢？」

「可以作地毯。」

「舊地毯又怎麼辦呢？」
「拿來擦脚。」
「舊脚布又怎麼辦呢？」
「作抹布。」
「舊抹布呢？」
「大王呀！我們可以將那些抹布撕碎，混和著泥巴，在建築房子時，當作砌牆的材料。」

所有的東西都必須愛惜，並善加利用，像阿難尊者使用東西的方法就是最正確的方法。（註）

第二節　婦女的生活

一、世上有四種類型的女人。第一種是連一件芝麻小事，也會惹得她大發雷霆的女人。這種女人善變且貪婪無饜，見到別人幸福就嫉妒，絲毫沒有同情心，也從不知惠施他人。

第二種女人雖然也是易怒、善變和貪婪，但是不嫉妒他人的幸福，也樂於惠施他人。

第三種女人心胸開濶，不輕易發怒，亦無善變的情形，心情篤定而能控制自己的欲望，然而羨慕及嫉妬之心却無法去除，也不樂於惠施他人。

第四種女人乃滙集了上述三種女人的優點而無其缺點，亦卽心胸開濶，從不發怒，能夠控制自己的欲望、心情篤定、不嫉妬、不羨慕，同時也樂於布施。

二、當一個女孩要出嫁時，必須把下面幾件事牢記在心：

要尊敬公婆，並且好好的侍奉他們。因爲丈夫的雙親就像是我的親生父母，他們以無限關愛之情照顧著我們，保護著我們，並爲我們謀求一切利益，所以我們必須以誠摯之心去報答他們，服侍他們，以期對他們稍有裨益。

要尊敬丈夫的師父。因爲師父教給我們可貴的教法，引導我們步入正途。如果人們心中沒有教法的引導，將無法生活得愉快又美滿，所以必須對師父優禮有加。

對丈夫的工作必須有全盤的了解，並努力培養自己的心智，必要時予於適當的協助。丈夫的工作應視爲自己的工作，千萬不可認爲那是他自己的事，而漠不關心。

對夫家的僕人以及親朋鄰居，都必須了解其個性和能力，以及對食物的愛好等，然後親切地關懷他們、照顧他們。對丈夫的收入則需量入爲出，有計劃的儲蓄，絕不可爲一己之私欲而浪費財物。

三、夫婦相處之道，並非爲了彼此之方便而結合在一起，也非僅僅肉體上同居一處卽算了事，必須具有相同的信仰，彼此勉勵，涵養己心，共同邁向覺悟之道。

有一天，一對被譽爲「理想夫妻」的老夫婦，連袂到世尊那裏，請示說：

「世尊，我們倆從小就相識，後來結爲夫妻，一直到今天，我們彼此的心中都不曾留下任何一點懷疑對方貞操方面的陰影。我們彼此互愛、互敬，我們希望後世也能如今世一般的長相厮守，繼續過著恩愛夫妻的生活。請世尊指導我們，如何才能成爲來世夫妻呢？」

世尊回答道：「你們若能擁有相同的信仰，接受同一種教法，同樣培養心性，同樣布施，使得彼此的智慧相近，如此即使到了後世，也能過著同心同德的生活。」

四、過去印度有一位長者名叫給孤獨（Anatha-pinda-da），他的長媳玉耶女（Sujātā）生性驕慢，從來不知尊敬他人，不從父母之命，不聽丈夫之言，經常是引起家庭風波的根源。

長者爲了教化她，特地請佛到家中受供。

世尊於隔天近中午時分，率領一千二百五十位弟子到長者家，給孤獨長者全家盡數出來禮佛，唯有玉耶女驕慢不出。佛即現大神通，令屋宅牆壁化成透明的水晶琉璃，玉耶女見佛有三十二相八十種好，身紫金色，光明暉暉，即大驚怖，生畏懼心，趕緊出來禮佛。

佛親切地開導她說：

「玉耶女，女人不應該自恃天生美貌而輕視丈夫。玉耶女，當知世上有七種妻子：

第一種妻子如同奪命婦。他們心中充滿了汚穢，對丈夫毫無敬愛之情，終日恚心相向，最後乃至移情別戀，謀害丈夫之性命。

第二種妻子如同怨家婦。他們心中恒懷瞋恚，對丈夫毫無夫婦之情，懶惰散漫，不理家政，終日以粗言惡語叱咄丈夫，毫無畏懼。又淫蕩無恥，不守貞潔，狀如犬畜，毀辱鄉里，所以說這種婦女就如同怨家婦。

第三種妻子如同婦婦。他們淨修婦人之德，進不失義，退不失禮，以和爲貴，承事丈夫非常恭敬，夫婦相敬如賓。

第四種妻子如同母婦。他們以細膩、眞誠的愛情保護丈夫、照顧丈夫，宛如母親呵護子女一般的無微不至，並且時時憐念丈夫如同愛子。

第五種妻子如同妹婦。他們承事丈夫盡心盡意，並以尊重兄長般的情愛對待丈夫。夫婦雖然不同體，却無兩樣。

第六種妻子如同師長婦。他們承事丈夫愛念懇至，形影不離，見丈夫行爲有過失，立刻進言勸止，若是善行必定相互讚嘆，夫婦總是相親相愛，共同邁向覺悟之道。

第七種妻子如同婢婦。她們服侍丈夫、尊敬丈夫、忍受丈夫一切的行爲。不發怒、不怨尤，永遠忠心的照顧丈夫。

玉耶女呀！你想成爲那一種類型的妻子呢？」

玉耶女聽了這番教誨之後，深深的爲自己的傲慢感到羞愧，而懺悔不已。她隨卽在世尊面前發誓，今後必定努力成爲一位如同女僕的妻子來幫助丈夫，與丈夫一同致力於修道。

五、菴婆波利（Āmrapālī）是毘舍離（Vaisālī）城有名的娼婦，同時也是一位擁有許多娼妓的鴇母。有一天，這名娼婦突然想要聽聽可貴的教法，於是去訪問佛。

世尊教導她說：

「菴婆波利！女人的心是極易迷亂的，而且行爲又易生差錯。因爲貪欲很深，所以嫉妒與吝嗇之心也特別強。與男人比較起來，女人修道途中的障礙更多、更複雜。

基於以上的原因，女人在道業上的精進較爲困難，尤其是年輕貌美的女子更是如此。她必須先克服財與色的誘惑，才能朝向正道邁進。

菴婆波利！財與色對女人而言是兩項極爲強烈的誘惑，但是須知財色絕非永恒之寶，惟有覺悟才是永久不壞的寶貝。此世之人無論多麼健康碩壯，也終有被病魔侵襲的一天，無論多麼年輕力壯，也終有衰老遲鈍的一天，生命乃不時的受著死亡的威脅。此世充滿了種種人力無法挽回的無奈，有時我們必須遠離自己所敬、所愛之人，有時我們不得不與自己所憎恨之人相處一堂。世事無法盡如人意，此乃無法變易之理。

因此，在這個世界中惟有覺悟之道才是你永遠的依怙。趕快去追求這個可貴的覺悟之道吧！」

她聽完了這番教誨後，立卽拜佛爲師，成爲佛的弟子，並且捐贈了一座幽美的庭園給僧團。

六、在覺悟的道路上，本無男女之分，只要虔誠的生起求道之心，卽使是一名女子亦可稱爲「求道者」。

波斯匿（Prasenajit）王之公主，阿踰闍（Ayodhyā）之后——勝鬘夫人（mallika），就是一位虔誠的求道者。她皈依了世尊，並在世尊的面前立下了十大誓願：

「世尊！我從現在起直到證悟爲止，發誓：㈠於所受戒，不起毀犯心。㈡於諸尊長，不起傲慢心。㈢於諸衆生，不起瞋恚心。㈣於他人之相貌和財物，不起嫉妬心。㈤於身外之物乃至頭目腦髓，不起慳貪心。㈥不爲自己儲存任何財物，凡我所得之物必分散給貧窮之人，令得幸福。㈦我絕不爲一己之名利而行布施、愛語、利益、同事等四攝法，我但以無貪愛心、無瞋恚心、無愚癡心行四攝法利益衆生。㈧我若遇見孤獨無依之人、身繫牢獄之人，或病魔纏身之人，或正面臨各種痛苦之人等，我必定爲他們說佛之教法，引導他們脫離人生之苦海，令得安穩。㈨我若遇見捕殺動物、飼養動物、或毀犯戒律的人，我必盡我的力量，去懲罰該受懲罰之人，告誡該受告誡之人，以制止他們的惡行。㈩我攝受正法的心，永不忘失。

此外，我爲了拯救不幸的衆生，再立下了三個願望：

㈠我以此眞實之願力，令所有的人皆能獲得安詳。以此護戒之善根，令我在一切生中，都能獲得正法的智慧。

㈡當我獲得了正法的智慧之後，我將永不休止的爲人們闡說佛之教理。

㈢卽使犧牲我的身軀、生命、和財產，我也誓將護持正法。」

家庭之眞正意義在於夫婦携手求道，共謀永恒不滅之樂。凡是能起敬道之心，如勝鬘夫人般的發心精進道業及爲衆生求解脫的誓言，卽使是一位婦女，同樣也能成爲傑出之佛弟子。

第三節　利他之道

一、佛有七種敎法，可使國家興盛繁榮。

㈠民衆經常聚會，研討民主政治要義，鞏固國防，充實守備力量。

㈡上下團結一心，和衷共濟，以圖國是。

㈢尊重國家憲法，不隨意修改，對於各地風俗民情平等尊重。

㈣男女有別，長幼有序，閨門眞正潔淨無穢，民風淳樸敦厚，乃至無淫穢之戲言。

㈤孝順父母，敬事師長，遵守法律。

㈥尊崇祖先祭壇，舉行祭祀儀式。

㈦尊崇出家人，敬仰持戒大德，瞻視護養，未嘗懈怠。

任何國家，若能恪守這七種教法，不肆意毀壞，則一定能上下和睦，國勢逐漸強大，更不致遭受他國之欺凌。

二、佛曾教誡諸國之領導者，如果想令其國家，無諸災難及刀兵疾疫，一定要建立佛的正法，護持三寶，受持講讀佛法中之甚深義理。

任何一個國家，其人民如果不孝順父母，不尊敬師長，不敬仰出家人，領導者和其官員不行正法，乃至破壞佛的教法，由於諸惡所感，惡鬼惡神卽來侵害。大凡一個國家將亂，必由惡鬼惡神所引起，鬼神亂則萬人亂，萬人亂則盜賊兵災起，盜賊兵災起則百姓喪亡。大火、大水、大風、日月衆星失時失度等天災，也將隨之而來。

如果一國之領導者或達官顯貴，自恃威權，破壞佛之教法，乃至制定法律，禁止人民出家，修行正道，禁止百姓造佛塔像，不聽修福，當知此是破法毀國之因緣。

三、爲政之道的根本，在於使民修心。

所謂使民修心，就是引導民衆信仰佛法，使之步入覺悟之正道。因此居於政治領導地位者，更應以身率先信仰佛教。

如果執政者能篤信佛，依止教法，尊敬有大慈悲和德行之人，並且供養他們，則國家必定無外患、無仇敵，而日益繁榮富強。

國家富足康樂，則無所需求，不會再起侵略他國之心，世界亦將趨於和睦無爭之境界。

在富足康樂的國家裏，人人和睦相處，行善積德，互敬互愛，得享無上之喜悅。日月星辰不失其常，風調雨順四時合宜，天災人禍遠離無跡，這誠爲至樂之國土，世外之桃源。

四、身爲一國之王，其職責在於依法保護人民，令得安樂。君王爲全民的父母，其護祐人民，就像父母養育幼子一樣，不待嬰兒開口，就須知將濡濕之尿布取下換以乾爽的布，君王也應該像這樣，以慈愛之心去謀求人民的幸福，解除他們的苦惱。

人民是一國的主體，民心一旦不安，政治卽無法穩固，所以君王必須時時刻刻以人民之幸福爲念，憂民之憂，知民之苦，而尋求改善之途徑。爲了國家之富足，人民之安樂，君王更應經常去了解風、雨、水、旱之實際情況，留心收成之好壞，以及關心民衆的喜好與厭惡。除此之外，更應深入探知民間之犯罪情形，賞罰是否得當，政績是否廉明等問題。

如此了解民心之後，最重要的是適時地造福民衆，國家應該徵收的，酌量情形收取，切不可與民奪利，並且儘可能減輕人民之賦稅，以利民生。

君王之所以稱爲王，乃是以其權威和力量來保護人民，令其獲得安樂。而非以此來滿足一己之私慾。所以賢明的王，當盡力去維護民衆的利益，施行仁政。

五、此世間的王中之王，我們稱之爲轉輪王（Cakravartirājā）。欲成爲轉輪王則必須具有純正的血統，尊貴的身份，統御四方的能力，以及以佛的教法來治理國家。

轉輪王篤守佛之訓誡，不殺生、不偷盜、不邪淫、不妄語、不惡口、不兩舌、不綺語、不貪、不瞋、不癡，並以十善業道教化天下，以除百姓之十惡。

轉輪王乃依據佛的教誡來治理國家，所以他能將天下治理得達到理想的境界。轉輪王所到之處沒有戰爭，沒有怨恨，四方小國均能和睦相處，互不侵犯。人民在其治理之下，生活安和樂利，一切邪惡罪行皆遁然無跡。所以轉輪王又被稱爲護法法王。

轉輪王誠爲王中之王，諸王均尊崇他高尙的美德，紛紛效法他以佛法治國的教化去治理他們各自的國家，在正教的指導下去完成國王的任務。

六、當國王欲審判一椿罪行時，他必須以慈悲爲懷，而以明睿之智慧洞澈罪行之起因、結果，然後依循下列五項原則謹愼的處理。

㈠根據事實，不憑虛僞。論斷一個人的罪行，必須以事實爲根據，所以在下判斷之前，應先如法詰問，取得口供，並加以詳細調查，小心求證，再依罪行，作治罪的辦法。

㈡依時不依非時。所謂時，是指國王權威顯赫之時，反之，卽是非時。在國王的權威顯赫時，若有公然違抗王的教令，施予懲罰，必能產生嚇阻犯罪的作用。若在國王之權威低落時，施予懲罰，則徒生怨尤與紛亂罷了。所以懲罰必須把握最適當的時機。

㈢依動機不依結果。這是說國王必須深入犯罪者當時犯罪的動機爲何？若非有意犯罪，則可寬宥他的罪行。

㈣依親切語，不依粗暴語。根據罪行，明白的指出犯罪者所犯之條例，絕不可以過度的懲罰。懲罰之目的在於使其改過遷善，所以必須諄諄訓誨，使其知罪能改。

㈤依慈悲心，不依瞋怒心。國王治罪但譴責罪行，不應憎恨其人。所以應以大慈悲之心，以種種懲罰令其悔改，不能以惡心捨此衆生。

七、如果一國之重臣，不以國家大事爲慮，但求個人之私利，收取賄賂，歪曲政道，或是以個人之私怨，假藉職權算計他人，一定會使整個社會風氣頹廢，道德淪喪。在上者不正，在下者亦競相仿效，則形成上下欺瞞的情形，強者欺凌弱者，貴者鄙視賤者，富者壓迫貧者，全國上下皆悖理妄行，如此終將增長災禍的發生。

在朝政陷入黑暗的時局，忠義之臣自然隱退，有心貢獻國家的人士也因害怕危難加身而緘默不語。惟有阿諛奉承之小人得勢，濫用公權以飽私慾，國家處此景況，人民的生活自然得不到照顧而日益困苦了。

這種使國家政令不行，政治腐敗，蓄意剝奪民衆福祉的罪人，就是國家最大的惡賊，應以「劫奪上品罪」治之。因為他們欺上瞞下，造成全國禍害的根源，所以國王必須對這種人施以最嚴厲的制裁。

在以佛之教法施政的國家裏，如果有人不念父母生養之恩，一心只留意妻子兒女的幸福而置父母於不顧；或一味謀奪父母的財產與妻兒享樂；或不聽從父母善意的教導，而伙同妻子與父母惡口相向；或與六親發生亂倫之關係。這種人也算是國中罪大惡極的罪人，應以「劫奪上品罪」治之。

為什麼呢？因為父母之恩深如海，為人子女者縱使終其一生悉心奉養，也無法報答於一二，何況是棄捨父母，忤逆父母之人，所以也應科以最嚴厲的制裁。

在以佛之教法施政的國家裏，如果有人不信仰佛、法、僧三寶，恣意毀壞佛寺，焚毀經書，或侵佔寺產，迫害出家人，供令驅使等，這也是重大惡極之人，應以「惡逆衆生上品罪」治之。

為什麼呢？因為三寶是衆生一切善行之信心所在，三寶一旦被毀壞，人民之行善信念即完全崩潰，至此民心逐漸放逸，道德普遍淪喪，國家也隨著動盪不安。這些罪魁禍首的人，也將因自己瘋狂的行為，燒盡所有的善根，受無量苦報，有如自己挖掘墓穴，葬送自己生命一樣。

剝奪人民幸福、不孝養父母、破壞佛法僧三寶等罪行是最為嚴重的罪行，應給予嚴厲的制裁。與這三種罪行比較起來，其他罪行可說是微不足道了。

八、篤守佛之教法施政的國王，如果遭遇叛賊造反，或是外敵侵略時，他在作如何處置之決定前，應心存下列三種考慮：

第一、必須確認逆賊與外敵侵略的目的在於破壞三寶、殘害人民、塗殺生靈，爲了護衛正法、拯救人民的痛苦，所以才考慮以武力對抗。

第二、如果有其他途徑可循，絕對不動干戈，僅以和平的方法來平息逆賊和外敵，使百姓免受戰火之侵襲。

第三、如果與敵軍發生戰鬥，則儘量生擒敵人，而不殺害其生命，戰鬥的目的只是在削減敵方的力量。

國王必須持有以上的想法，然後才部署抵抗，驅兵作戰。

國王有了這樣的決策，士兵們在其領導下，自然能敬畏其威德，深明戰爭之意義，而奮不顧身，勇往直前。

心懷慈悲，爲了護衛三寶正法，消除人民之憂苦，而犧牲自己的生命與幸福，雖然是戰爭的行爲，也是一件大功德。如是戰鬥，有福無罪。

第三章　佛土的建設

第一節　和合的團體

一、在一片廣大而黑暗的曠野上，沒有一點光明，有無以數計的生物在那黑暗中蠕動著。

由於太暗了，生長在其間的生物都無法互相認識瞭解，所以每一個都是孤單的、寂寞的。他們在恐怖中顫抖、蠕動，情景堪稱悲憐。

有一天，大地突然大放光明，一位手裏高舉著大火炬的人出現了。原本是一片黑暗的原野，如今已成爲明亮無比的大地。

原來在黑暗中摸索蠕動的生物，此時皆站立起來了，當他們藉著光明，發現周圍還有許多和他們模樣相同的生物時，不覺發出了驚喜之聲。他們互相擁抱，彼此交談，原野上頓然充滿了熱鬧與喜悅的氣息，以往的孤寂、冷漠已經遁失了蹤跡。

這裏所說的曠野代表著人生，黑暗是因缺乏智慧之光所造成的。人們的心中若無智慧之光，縱使彼此相遇，也不知和合相處，人人皆如陌生人般的冷漠。人們孤單的誕生、孤單的死去，從生至死都是孑然一身，孤獨無助，每天只做些毫無意義的動作，因此他們始終在無知的恐怖中顫抖。

舉著火炬的人是指佛陀，火炬是代表智慧之光。

人們在火炬的照耀下才看清了自己，發現了別人。人們既驚奇又高興，在這個時候，人們才開始和合相處，和合的國度於焉誕生。

二、世界上有三種不同的團體。

第一種是因為領導者具有雄厚的財力或權力而形成的團體。

第二種是因為彼此的利益和方便而集合的團體。這種團體中的成員不必為了一己之利益而明爭暗鬥，所以能長久的持續下去。

第三種是以教法為中心，而以和合為生命的團體。

以上三種團體，當屬第三種為最有意義的團體。因為這種團體的成員，都具有相同的信仰，相同的教法，相同的戒律，又都以成佛為目標，所以這種團體的生活，自然充滿和平、喜悅、滿足與幸福。

落在山上的雨水會流下山來，滙為溪流，蜿蜒流聚漸成大河，最後一定會注入海中。同樣的，各種境遇不同的人受到相同教法的滋潤，也會從不同的角落滙聚成小團體，然後漸成大社會，終於流入涅槃大海。

世人的心都必須像水乳交融般的和合，如此才能造成和諧、美滿的團體。因此，正法實在是創造一個和諧團體的根本力量。正法所散發出來的光輝，能化解人們心中的隔閡，產生彼此和合的力量。

三、以上所述眞正的團體，狹義的說，是指出家人所組成的僧團，廣義的說，則是指信仰佛之教法的人所組成的團體。

然而這兩種團體以出家人所組成的僧團爲主要。因爲僧團是佛之教法久住於世的根本，僧團若健全，佛教必興隆，社會也會跟著安定；僧團若不健全，或毀壞，則佛教必沒落乃至不存在，社會則道德淪喪，人心惶惶。所以維護僧團的健全，是出家人和在家人共同的責任。

基於這個道理，出家人必須依佛之教法爲中心，依其教義而行，篤守戒律，使僧團成長茁壯。在家之人則必須護持僧團的聲譽，供給衣食，使其不爲匱乏。（註）

四、僧團中的人互相和睦相處而無爭鬥，以慈相交，萬衆一心，則僧團的生命將更輝煌、蓬勃。

僧團的和合有六個原則：

第一、以慈悲心說話。第二、以慈悲心做事。第三、以慈悲爲懷。第四、彼此有福同享。第五、恪守相同之清淨戒。第六、互持正確的見解。

以上六點以正確的見解爲核心而包涵其他五點。

除此之外，還有促進僧團的興盛與繁榮的二種七原則。卽所謂的七不退法和七增長法。

七不退法：

㈠大家經常集會，討論教法之正義。

㈡上下和睦相處，互尊互敬。

㈢尊崇佛之教誡，不可妄加更改。

㈣對於力護衆多善知識之比丘，應尊敬承事之。

㈤守護自心，以孝敬爲首。

㈥淨修梵行，去除種種貪欲。

㈦先人後己，謙沖爲懷，悉心照顧病患，熱誠款待來訪之人。

七增長法：

㈠保持心靈之清淨，不爲煩雜之事所擾亂。

㈡保持靜默不好多言。

㈢忍辱而不爭。

㈣不貪睡眠，無有昏昧。

㈤心懷教法，不自稱譽。

㈥受持一切善法，不與惡人爲朋黨。

㈦樂居閑靜之處，精進修行。

只要每個成員都能遵守以上所述的原則，僧團就絕不致衰退，而且能日漸興隆。

五、和合是佛教中任何一個團體的生命，僧團固然如是，在家信仰佛之教法的人也未嘗不如此。

如果缺乏和合，就不能稱之爲眞正的佛教團體。所以只要信仰佛之教法的人，都必須努力避免不和的發生。如果萬一發生不和時，就應該迅速找出不和的原因，以去除不和的紛爭。

血漬不能以血去洗清，心中的怨恨，也不能以怨恨去止息，唯有忘却怨恨，寬恕他人，方能消除怨恨於無形。

六、從前，有一位名叫長災（Calamity）的國王，他的國土因被鄰國好戰的梵摩達多（**Brahmadatta**）王所佔領，於是帶著王妃和王子躲藏起來。但是最後還是被發現俘擄了，只有王子一人逃離了虎口。（長災 Calamity，舊譯爲長壽 Dīrghīti）

長災王臨刑的那一天，王子想伺機救出父親，但是却一直沒有機會。王子淚眼模糊的來到刑場的外圍，遠遠望著即將就刑的父親，心中感到萬分的悲痛與忿怒。

長災王這時也看到了王子，於是喃喃自語道：

「不可久看，不可急燥，恨只能以寬恕去平息。」

長災王死了之後，王子矢志要為父親報仇，於是想盡辦法混進王宮，成為王家的奴僕。他不分日夜辛勤的工作，終於獲得梵摩達多王的信任與賞識，而得以接近國王。

有一天，國王率隊出城打獵，王子心想：機會來了，今天非將這可恨的仇人置之於死地不可。到了城外，王子設法引誘國王脫離軍隊，由他一人隨國王在山上奔跑。當國王精疲力竭的時候，便以這位他所信任的年輕人之膝蓋為枕頭睡著了。

王子十分高興，認為這是報仇的最好機會，於是拔出劍來，架在國王的脖子上。可是就在他將下手的一剎那，忽然想起父王臨終時的遺言，幾經躊躇，始終無法下手。這時，國王突然從夢中驚醒，說他剛才作了一個惡夢。夢中，他看到長災王的王子拿一把劍要刺殺他。

王子聽完立刻用力按住國王，再度揮起劍來說：我就是長災王的王子，現在是我報仇雪恨的時候了。但是隨即又頹然的將劍棄之於地，跪在國王的面前。

當國王聽到長災王臨終時所說的話後，大為感動，遂對自己以往的罪行深感愧疚。於是兩人相互道歉，並寬恕對方的過錯。梵摩達多王決定將所佔領的土地歸還給王子，兩國自此始終維持著敦睦的邦交。

「不可久看」的意思是說，不要讓怨恨在心中長久的持續下去；「不可急燥」是說不要因莽撞而毀壞了人與人之間的友誼。心中的怨恨確實無法以怨恨去平息，唯有靠寬恕，才能使怨恨逐漸消失，終至於無形。

在和合的佛教團體裏，不管是出家或在家，每一位同修都應該時時以此故事之寬恕精神做為警惕。不但佛教團體如此，即使在其他社會團體中，也須同樣效法他們改過遷善的精神，這才是和合的眞正意義。

第二節　佛　土

一、僧團在以和合為基礎之下，應負起宏揚正法之使命。如此僧團才能逐漸擴大其影響力，使佛之教法更能深入民間，而周流普遍。

佛之教法若能普遍流布，步入正道的人就愈來愈多，如此以往支配此世間的無明和愛欲的魔王，以及隨之而來的貪、瞋、癡等魔軍就能不戰而退，取而代之的是智慧、光明、信仰和歡喜，支配著這個世界。

惡魔所統治的世界，就是邪惡欲望的世界，因此其領土中到處充滿了黑暗、爭執、刀劍、血跡、戰爭、嫉妬、憎恨、欺騙、諂媚、阿諛、隱瞞，以及毀謗。

假如那個地方，有智慧之光照耀著它，有慈悲之法雨滋潤著它，那麼信仰佛之教法的根就能深植在人們的心中，而綻開歡喜之花朵。即使是漆黑如墨的惡魔領土，也能瞬間化爲清淨光明的佛土。

清爽怡人的微風，或者一朵盛開的野花，在在都能透露出春天來臨的消息。同樣地，當一個人覺悟之時，他所看到的一切山河大地，草木國土，也都能成爲佛之淨土。因爲當一個人的心清淨無染時，他所依的世界，也是清淨無塵的。

二、在施行正法的世界中，人心會變得純樸而正直。這是因爲人們時常接觸到佛陀無時不保護衆生的大悲心，由於佛之悲心的照耀，人們的汚穢心才得以清淨之故。

這種正直之心，將轉進成深心、菩提心、布施心、持戒心、忍辱心、精進心、禪定心、智慧心、慈悲心。同時又將成爲想以各種方法使衆生成佛的心。每一個人的心，若具備以上各種性質時，也就是偉大佛國誕生的時刻。

只要具備以上所說的心，則雖然與妻兒居住在一起，沒有脫離塵世的圍繞，佛也會降臨在他的家庭，成爲佛之淨土。縱使是在一個無法避免階級差別的國家裏，佛也會降臨到他們的心中，成爲佛之淨土。

一個渾身上下充滿欲望的人，即使他所居住的宮殿是多麼的富麗堂皇，佛也不會居住其中。而一間牆壁破漏，月光足以照射進來的簡陋小屋，如果它的主人具有一顆願衆生成佛的菩提心，也能成爲佛所樂居之處。

建立在人們心中的佛國，能夠呼喚其他更多的人們，在他們的心中也建立起一座座的佛國。從家庭開始，逐漸擴展到村莊、城鎮、都市、國家，最後擴展到全世界。

所謂宏揚佛法，就是漸次的擴展此佛國到世界每個角落。

三、從某一角度看來，這一個世界確實是惡魔的領土，是愛欲的世界，是血腥的戰場。但是堅定信仰佛的人，却能把污染此世間的鮮血化爲法露，把欲望之私念化爲慈悲之心，從惡魔的手中奪回此一世界，把它轉變成美麗的佛國。

如果以一根杓子，就想汲盡大海中的水，這是一件不可能的事。同樣地，如果想將惡魔佔據的世界，改造成莊嚴的國土，也是極爲困難。但是信佛的人，却具有不屈不撓的精神，那怕是經過千千萬萬次生了又死，死了又生，他們也要達成這個任務。此乃信佛者共同的心願。

四、佛陀教化世人的工作是永無休止的，只要世上有一衆生未得度，只要世上有衆生未脫離他個人心中造就的封閉世界，佛就不能停止他的工作，他必得將他們從私欲的世界中拯救出來，使他們到達佛的淨土。

而今藉著佛的慈悲與力量進入淸淨國土的佛弟子們，必須再度返回與各人有緣的世界，加入佛的教化工作，渡化其他尙未覺悟的人。

當我們點燃了一盞燈，就可以用這盞燈的火去點燃其他盞燈，如此不斷的傳遞下去，燈火就會日漸通明而照耀四方。同樣地，以佛心爲火的燈，也將陸續的點燃人們心中的燈，而且永不休止的持續下去。

佛弟子們也擔當了這項工作，爲了成就人們的心，爲了將佛國裝飾得美麗莊嚴，他們也將永不休止的工作著。

第三節　護持佛法的支柱

一、優陀延那王的王妃沙摩婆帝，是皈依世尊的虔誠弟子。

王妃深居後宮之內，從不外出。王妃有一位駝背的侍女鬱多羅（K-ubjottarā），記憶力非常的好，因此王妃經常派她到世尊的法座前聆聽教法，然後再回宮復誦給她聽。所以王妃對佛法的信心愈來愈堅定。

優陀延那王的第二王妃，名叫摩犍提（Māgandiya），她爲了爭奪第一王妃的地位，而時時企圖置沙摩婆帝於死地。於是一再在優陀延那王面前讒言中傷她。國王經不起再三的慫恿，終於起了殺害王妃之心。

當國王舉弓準備射殺沙摩婆帝時，沙摩婆帝一點也不恐慌，她平靜的站在國王面前，以充滿慈悲的神情望著他。沙摩婆帝的無畏與慈悲，使國王深受感動，心中之瞋恨也同時消失了，終於放下手中的弓箭，向王妃道歉，並請求寬恕他粗暴的行爲。

摩犍提見計未得逞，心中更爲憤怒，於是趁國王不在的時候，與惡人共謀，放火燒毀沙摩婆帝的後宮。當熊熊烈火不斷燃燒時，王妃依然鎮定如故，她遵循世尊的教導，不斷安慰著張惶失措的侍女們，臉上沒有一絲懼色。王妃後來於念佛之教法中從容殉道，駝背的侍女鬱多羅也同樣葬身於火海。

沙摩婆帝後來被讚揚爲世尊之在家女弟子中慈心第一，鬱多羅則被讚揚爲多聞第一。

二、釋迦族的國王摩訶那摩（Mahānāma）是世尊的堂兄弟，他對世尊的教法信仰至篤，是一個非常虔誠的佛弟子。

拘薩羅（Kosalā）國的國王名叫毘瑠璃（Vidūdabha），是個凶狠殘暴之人。當毘瑠璃王舉兵攻滅釋迦族時，摩訶那摩獨自一人去見他，請他不要加害人民。可是毘瑠璃王卻拒絕了他的請求。摩訶那摩爲了救護人民，於是再度向王乞求，請王至少在他潛入水池中的時間裏，將城門打開，讓人民自由逃生。

毘瑠璃王心想，一個人潛在水中的時間絕對無法長久，因而也就答應了。

摩訶那摩果眞沉進了池中，於是城門大開，人民高高興興的逃走了。但是過了許久，仍不見摩訶那摩浮出水面。原來他沉入水中之後，就把頭髮散開，綁在池底的柳樹根上，以犧牲自己拯救城中的百姓。

三、蓮花色女（Utpala-varnā）素有比丘尼中神通第一的美譽，人們經常以他和目犍連(Mahāmaudgalyāyāna) 相提並論。她經常率領著許多比丘尼到處宣揚佛法，是比丘尼中一位傑出的教導者。

提婆達多（Devadatta）是個陰險的小人，他曾經一再唆使阿闍世（Ajātaśatru）王反叛世尊。但是後來阿闍世王悔悟了，他不再聽信提婆達多的話，而皈依了世尊，成爲佛的弟子。有一回，提婆達多打算進城謁見阿闍世王，不料却被拒絕於城外。他正滿心不快的站在城門外時，恰好看到蓮花色女從城門內走出來，一時大怒，遂不由分說的便舉起拳頭朝蓮花色女打去。

蓮花色女忍著疼痛蹣跚的回到了阿蘭若。弟子們看見這種情形又驚又悲，但是蓮花色女却安慰他們道：「姐妹們呀！人的生命是不可測的，一切之物皆是無常無我，惟有悟的世界才是寧靜、值得依賴的地方。所以你們一定要努力的修道，以期早日到達悟之境界。」說完這話，蓮花色女便在平靜、安詳中去世了。

四、指鬘本來是個殺人魔王，曾經殺害過許多人的生命，後來接受世尊的教誨，把他從罪惡的深淵中解救出來，改過遷善，成爲佛的弟子。但是由於他出家之前作惡多端，深爲人們所痛恨，所以在他托鉢的途中，經常受到人們的迫害。

有一天，他到城裏托鉢時，恰好碰上過去的仇家，而被打得遍體鱗傷，渾身是血。他以其殘餘的一絲力氣慢慢的回到了住的地方，匍匐在世尊的脚下，虔誠的膜拜，喜悅的說：

「世尊呀！我本來的名字叫『無害』，但是因爲我的愚昧，傷害了許多人的生命，使我的雙手染滿了血跡，我的指頭滙聚了無法洗淨的血，所以才被人們稱爲指鬘。如今我皈依了三寶，獲得了覺悟的智慧。通常駕御牛馬必須使用皮鞭或繩索，但是世尊您不用皮鞭和繩索就調御了我的心。

今天我所遭受的是我應得的報應。我不求生，也不期待死亡，只是平靜的等待因緣的到來。」

五、目犍連與舍利弗（Śāriputra）並稱佛的兩大弟子。

異教徒因爲嫉妒世尊的教法像水一般不斷滲入人們的心中，所以多方的加以阻撓，然而任何的破壞都無法阻擋佛教的傳布，因此異教徒想除去世尊的左右手，藉以削減佛教擴展的力量。他們第一個目標就是目犍連。

目犍連雖然躲過了異教徒一次又一次的襲擊，但是在第三次時，却不幸被爲數衆多的異教徒包圍，倍受欺凌與迫害。

目犍連雖已血肉模糊，却仍然靜靜地忍受着碎骨摧心的折磨，慈悲之心絲毫不曾動搖。最後懷著一顆平和的心安詳的去世。

這些信仰堅定的人都是護持佛法的支柱。他們領受了佛的教誨，不為生死所羈，不為萬物所迷。他們除了在自己的心中莊嚴自己的淨土之外，也致力於在他人的心中莊嚴淨土，至死也不曾改變他們的心願。

附註：

1. 依照出家戒律，出家人在受用在家居士所供養的物品時，必須如理觀察。譬如受用衣服時，應想這只是為了防禦寒熱、遮蔽羞恥，而不是為了漂亮，或莊嚴自己。受用飲食時，應想這只是令此身繼續維持，以作修道之用，而不是為了豐潤諸根，滋養細嫩的皮膚，或令人看起來更為莊嚴。出家人受用物品時如果不依此如理抉擇，即使守戒清淨，仍是屬「借受用」。將來是要加倍奉還的。

附錄　心中心法

上師法語選粹

一、皈依

一、所謂解脫道，就是指行者能從本性清淨的廣大眞如境界中，除去外來染汚的過程和方法。已達到除去這些外來染汚之境界的人，我們稱他爲「解脫者」。

雖然有許多人不明白這種解脫境界及解脫之道，而盲目的宣講各種學說，但「時輪密續」並不排斥它。「密續」說：當一個人完全明瞭佛教與非佛教之各種教義，並以因明推論出它們相對的高低之後，就「不應該再輕視其他教義，因爲佛教以外的教義，有很多都是經過諸佛的加持而傳授的。」

就佛敎的內部而言，對於輪廻之根的「我見」，也有各種不同的說法，這種似乎有自相矛盾的宗派見解，事實上都是佛引導眾生成就佛地的方便法門。

不論是過去或是現在，法師盲目說法的情形是有的，但其中也有些論師乃是諸佛的化身，毫無瑕疵，具諸成就。他們當然曉得了義與不了義之道的差別，只因爲在他們說法的當時，如果教授了義之道，會對諸弟子造成負面的影響，所以才宣講不究竟之道。又為了加強弟子們的信心，佯稱除了所講之道以外，不知還有其他更高的見解。從這一個觀點看，我們也可以了解，即使是著述不了義之道的論師，也不一定就是表示其成就低。因為有些人之所以有這種言論，完全是應機說法而已。

由於諸位論師對不同層次的衆生作不同的應機說法，所以才有究竟之道和不究竟之道的差別，也才有不同宗派的產生。

依理來講，能力夠智慧高的人，當然應修究竟之道。不過，這仍然要依個人實際的情況而定，如果說有另一種道適合他，則那一種道就是他應修之道。比方對一個能修唯識而不能修中觀的人來說，唯識的見解就是正確無誤的，所以是究竟了義之道。以此推之，佛教之外的教法也是一樣。對於一個完全不能接受佛法的人來講，非佛教的法師、教義及修行者，也可以成為其皈依處，所不同的，只是它不是究竟的皈依處罷了。

二、佛之教法中，有許多是針對不可見又極不明顯的現象說的，譬如有關業果的部分，因為極為隱秘，所以無法以因明之推論方法來加以證明。

那麼我們應該如何去確定佛陀的教法是眞實無誤的呢？

關於這一點，我們可以藉着推理和自身的經驗，先去證實佛之教法中最重要的問題，如空性、菩提心、慈、悲等核心教法，如果這部分能證實，其他就沒問題了。

如法稱論師所說的：

「既然主要之義無可反駁，其餘之義卽可推之亦爾。」

聖天菩薩在《四百論》中也這麼說：

「於佛所說深奧法，生起懷疑之心者，
　可依佛所說空義，而信唯佛無不知。」

三、佛之敎法中，大致可分爲三類：一爲闡述明顯現象之敎法，一爲闡述稍微隱秘之現象的敎法，另一種爲闡述極爲隱秘之現象的敎法。

闡述明顯現象之敎法，是不必以因明的推論方法來證實的，因爲它們能夠直接顯現給我們的感覺器官。若是闡述稍微隱秘之現象的敎法，則可透過推論加以證實。譬如空性，就是屬於這方面的敎法，它雖然深奧，但並不隱秘，仍然可用推論來證實。好比龍樹菩薩的《中觀論》，和月稱論師的《入中論》，就是以因明的推論方法來闡述和證明這種空性道理的偉大著作。

其他如菩提心、慈、悲等敎法，則可透過自身的經驗來證實。這種敎法，不管誰來分析，是佛敎徒也好，是非佛敎徒也好，只要他不因貪、瞋而偏心，都經得起分析和驗證，也都可作爲思想上有力的泉源。

如果有一天，你能發現這些佛之敎法中最核心的部分是正確無誤後，那時你就能接受其他不能以經驗證知，又不能以推論證實的極爲隱秘之教法了。

四、如果我們已深知輪廻之苦痛，而且又洞悉三界之內毫無安身的地方，那麼我們應該皈依何處呢？

首先我們應該知道，一個能作爲他人之皈依對象者，他自己本身必須先完全的、永恒的克服了一切障碍，並遠離一切過失，同時還必須具有利他的心，和爲人謀幸福的各種才能。

如果皈依處不具足這些條件，那麼這種皈依，就像一個掉入溝渠的人，請求另外一個同樣掉在溝渠中的人救他出去一樣。這怎麼可能呢？此時你應該向站在溝渠以外的人求救才對，如果向處於同一困境的人求救是沒有意義的。

能使人免於痛苦的皈依處，其本身絕不可能也受制於這些痛苦。皈依處必須是解脫自在，毫無瑕疵，同時還須具有利他之心和利他的一切才能。因爲如果不是這樣，掉入溝渠中的人雖然向站在溝渠外的人呼救，然而他却是一個無心救人的人，或是他雖有心救人却毫無本領，這時你向他呼救是毫無用處的。

此世間能夠永斷所有過失，並具足利他一切才能的人，則唯有佛。因此世人應該以心皈依佛，以口讚嘆佛，以身禮敬佛，並學習佛的教法。

五、除了佛之教法外，其他宗教的經典，到處充滿了自相矛盾的地方。

然而，這並不是說其他宗教的經典就一無是處，而是說他們在談論輪迴中的痛苦現象和解脫後的清淨現象時，其前後說詞自相矛盾。

如果我們拋棄這個不談，純就其如何產生四禪八定，以及利他之小成就上來看，它們還是有一番貢獻的。

因爲其他宗教的經典在談論人生之最主要目標時，無法推論出痛苦的主因，所以也就沒有提供對治痛苦之因的工具。因既不被克服，其痛苦也就不可能停止了。

譬如說，有的宗教認爲造物主是永恒的，但接著又說，這位造物主所創造出來的輪迴是可以克服的。以常理論，「因」如果是永恒的，則其「果」也必定是永恒。如今此輪迴之「果」既然非永恒，可見其造物之「因」也必非永恒。又依照世間之因果法則來講，「因」如果不被克服，則其「果」是不可能被克服的。依此推之，「因」如果是像他們所說的是一位克服不了的永恒者，則其創造出來的輪迴就不可能停止了。如法稱論師所說：

「因爲永恒者是無法被克服的，

所以永恒者之力也是無法被克服的。」

六、西藏有一句諺語說：「針有兩個尖端不能縫衣，心有兩念頭不能成事。」。同樣的道理，修行人如果懷有猶豫不決的心，他就不可能專心修持任何一種法門。

修行人如果對皈依處只懷著盲目的信仰，而毫無正確的認知，那是靠不住的。因爲他所憑藉的只不過是「佛教是好的」這一句話而已。但這一句話並不能使他衷心信仰佛法。一個人如果想對皈依處生起堅定不移的信心，不是光靠引經據典作一番考證功夫就可以的。而是必須依靠因明中的推論方法，去分析自己所信仰的佛，和其他宗教的大師，看看他們自己本身是怎樣從輪廻中獲得解脫和證得一切種智的。他們必須爲我們提出確切的證據。至於他們所說的經典，也要逐一加以推論，看看那一個人說的才是屬於眞理。

雖然有些經典所談的問題十分深奧，一般人無法判斷誰講的才是眞理，但是如果我們能以下列三種方法去觀察和分析，看看它的內容有無欺誑，若是無誤，就可以斷定它是以正理成立的眞理了。

①對於經中所說的可見之明顯現象（可見現事），確定不與直接正確的認識相違（不與現量相違）。

②對於經中所說的可見但較爲隱秘的現象（可見不現事），確定不與可作爲證據之推論相違（不與比量相違）。

③對於經中所說的不可見又極爲隱密的現象（不可見極不現事），確定不與依經文推論所得的結果相違（不與可信比量之教法相違）。

有智慧的人，如果想生起殊勝的皈依心，就必須按照上述的方法去做，也就是憑藉因明之推論方法，來確定佛、法、僧三寶是求解脫者的唯一皈依處。

七、一般人談到「皈依」，乍聽起來好像是求護於外一樣，其實我們皈依的對象，不僅是指外在的佛、法、僧三寶，同時也包括其內在的本質。

譬如我們皈依佛，一般來講，就是皈依二千五百年前在印度成道的釋迦牟尼佛，但皈依佛不是僅僅指皈依那已修成正覺的佛，它同時也指皈依那人人具備，令我們都能像釋迦牟尼佛一樣成道的佛性。

我們有時會把「皈依」說成「禮敬」，但是皈依不只是禮敬，因爲皈依的意思，還含有將我們內在的佛性，積極地釋放出來的行爲和目標。

同樣的，皈依法也含有兩層意義，一爲皈依釋迦牟尼佛的教法，一爲對自己所應行之道，立下永不違背的誓約，以表示你具有遵循成佛之道的信心。換句話說，如果有一天你突然對所應行之道失去修法的意樂和信心，那時你也許不會明言棄捨三寶，但實質上你已失去皈依法的意義了。

世俗的人雖然極力地想追求快樂，擺脫痛苦，但因缺乏快樂之道，或知道而不願依道行之，所以所得的結果往往與願相違，到頭來還是樂少苦多。同樣的，修道之人如果想獲得無上的覺悟，但却不願遵循一切大師及偉人所曾藉以成道的途徑，其不會有結果也是可想而知的。

所以皈依法的眞正含意，並不只是要你對它禮敬而已，最重要的是要你有信心去遵循它。

皈依僧的僧，本來是指依釋迦牟尼佛的教法而成道的聖人。譬如佛在鹿野苑初次轉法輪時，當五比丘證得聖果後，世間才有了僧寶。所以僧寶是指聖賢僧。但因一般凡夫不具慧眼，以致無法辨認誰是聖賢僧，誰是凡夫僧，而且卽使是凡夫僧，在末法時代也有續佛慧命的功德。所以現在所指的僧，是包括所有現出家相的人。

爲什麼當初佛在世時所指的僧寶，是指已經證悟的聖賢僧呢？

因爲唯有具足這種經驗和條件的人，才能把眾生很安全的帶上成就之道，而不致走入歧路。譬如一位從未游過泳的人，他如果僅憑書上所講的方法來教導別人，他這樣做，很難保證他不會因此而把別人送入鬼門關。

因此皈依僧的內在本質，也是最原始的意義，那就是指我們需要一位法師或老師來引導我們修道。所以凡是遵照傳承佛法已修過道，並具有引導我們修道所需之經驗的人，都是我們皈依的對象。以這一層意義來講，皈依僧，乃是以僧爲我們在解脫道上的嚮導和伴侶。

八、依照儀軌正式受皈依戒的人，就算是正式的佛弟子了。

但正受皈依時，不應只是口誦皈依文而已，最重要的是要內心懷著無比的信心，誠心誠意地受皈依。如果你能這樣做，那麼你所得的將不只是形式的皈依，因爲這時你會有一種誓志修道的需要和自信從內心產生出來。這就是皈依的眞諦。

佛弟子爲了保持對三寶的信心，在皈依之後，應遵奉以下幾種學處：

第一、皈依佛之後，終不應皈依其他神祇。

皈依眞正的意思，不是只有禮敬，而是要把皈依的對象當作自己努力的目標。好比我們皈依佛，就是要把成佛當作我們努力的目標，也就是把我們本有的佛性解放出來。至於其他神祇，如山神、河神、大自在天、上帝等，雖然他們的能力也許比我們強，但我們並不想成爲山神、河神等神祇，所以我們不可以皈依他們。倘若你皈依了，就表示你已改變成佛的目標，已經棄捨三寶了。

不過，這並不是表示我們不能和諸神祇爲友，相反的，在許多情境之下，我們仍然需要諸神的協助，好比我們生病了需要找一個醫生協助一樣。因爲這個世間不單是屬於我們，它也同樣屬於諸位神祇和其他眾生。在此相對的世間裏，我們若不尊敬他們，有時可能會惹來很多不必要的麻煩。譬如我們去闢地建屋時，也應事先徵求他們的同意，請求他們布施，以示尊重。事實上，如果我們尊重他們，在修道上有時也會獲得很多的方便。這種以神爲友，並沒有含皈依的意思，所以是佛弟子所允許做的。

但是你如果認爲諸神的功德和佛的功德沒有兩樣，那你就已經棄捨三寶了。

第二、皈依法之後，從此就不應對衆生作損害之事。

皈依法是指遵循佛之教法而行，這裏含有不可爲了貪圖自利而傷害任何衆生的意思。既然我們皈依了三寶，就應下定決心，「從今天起，決不傷害任何衆生」，並且盡最大的努力遵守此諾言。

第三、皈依僧之後，從此就不應和不信三寶和毀謗三寶的共住在一起。

一個剛皈依三寶的佛弟子，如果在他還不夠堅強的時候，就和上面所說的人在一起，或互相來往，這樣不但不能對他們有所助益，有時還會被他們引入歧途。所以在我們學佛之初，應暫時遠離他們。但是一旦自己夠堅強了，就不應再排斥他們。因爲我們之所以誓求解脫，乃是爲了利益一切眾生，而他們那羣人，比已經學佛的人更需要別人的關懷和幫助。因此，我們不與他們來往的目的，只是在保護自己信仰三寶的心，而不是捨棄他們。

第四、對於代表佛寶的佛像，不管是鑄造的或是畫的，不管是莊嚴的或是不莊嚴的，都不可以批評。

因爲佛的色身，一定是具足三十二相八十隨形好，而你所看到代表佛寶的佛像，如果有缺失，那是造像的技術不好，而非佛像本身不好。不論你是惡意的批評，或是無知的批評，都會帶來不祥的果報。所以佛弟子對於這一點一定要特別注意。

第五、對於代表法寶的經書、法本，乃至四句偈的小紙片，都要恭敬，不可隨意丟放，更不能踐踏或跨越。見人請佛像或經書經過，一定要合掌起立。

第六、對於代表僧寶的出家人或僧團，不可謾罵或毀謗，應當作眞實三寶般的尊敬他們。

九、佛弟子應該如何做，才算尊敬三寶呢？

所謂尊敬，究其內在的本質，是在於行者要有清淨的心意和態度，而不在於他的行爲。這裏有一個例子，可以說明這一點。

從前有一個人，偶然在路上看到一尊佛像，心想：「如果有人從這佛像的上面跨過，豈不造了惡業？」於是他把佛像請到路旁。因爲他的動機是純善的，所以他造了善業。

後來也有一個人走過這個地方，當他見到路旁的佛像時，心想：「這尊佛像上面沒有東西遮蓋，如此日晒雨淋，日久必會毀壞。」他想給它保護，左右一看，剛好找到了一隻破舊不堪的鞋子，於是把它蓋在佛像的上面。在正常的情況下，這當然是極要不得的事，可是由於他的動機純正，這次的行爲也給他造了善業。

不久又走來一個人，他看見鞋子放在佛像上，心想：「把鞋子放在佛像的上面，實在太可惡了。」於是他把鞋子拿起來丟掉。這個人也因而造了善業。

隨後又來了一個人，他看見這尊佛像被放置在路旁，心想：「這太不敬了，不應把佛像留在這裏。」於是他順手把佛像請到附近的牆頭。他因此也造了善業。

由此可知，人之造業，主要在其背後的動機，而不在他所作行爲的本身。

如果佛弟子能遵守佛教禮儀，先禮敬外在的佛像，禮敬代表佛之身、語、意者，則能慢慢轉變自己的內心，使其動機更爲純正，內心更有敬意。所以遵守佛教禮儀，實在是學佛者非常重要的一環。

十、這裏有一則某佛教中心所列出的有關佛法的禮儀，內容很好，兹節錄如下：

爲了表示對上師三寶的尊敬，修道之人應注意下列幾項基本的禮儀：

㈠進入佛堂、灌頂處、或晉謁上師之前，須先在門外脫鞋。

㈡脚掌不可伸出朝向佛壇、上師、法本或其他任何聖物。因此，在佛堂內聽法、修禪或晉謁上師時，最好不要伸腿。

㈢佛像與法本，一定要放在高處，絕不可放在地板上。携帶法本或法器時，要用手捧著，不可垂臂提著。不得從法本、其他聖物或佛像上面邁過去。

㈣佛堂中的蠟燭，不可用口吹熄，必須用其他方式熄滅，如剪熄或揑熄等。因爲衆生呼出的氣不淨，所以向任何法器吹氣，都是不恭敬的表示。

㈤坐禪、晉謁或聽法之前可行三拜禮，但離開佛堂或晉謁完畢時不可跪拜。若在離去時跪拜，那就表示你不想再見到那位上師或那所佛堂——這不是一種吉祥的告別方式。

㈥當走近上師時，無論只爲了獻哈達，還是爲了接受加持，還是只爲了奉茶，如果上師的座椅很矮，都應該先向上師儘量深深一鞠躬，然後跪在上師之前。基本上，弟子坐的位置永遠不可高過上師坐的位置，並且無論在走近上師或坐著的時候，弟子都應低於上師。離開上師時，弟子應以莊重的態度後退，也就是說，應面向上師後退出去。

㈦當你正在坐著，若有上師走入房中或從你身旁經過時，你應該起立示敬，直到他已離去或示意教你坐下為止。

㈧無論聽法、接受灌頂或晉謁，弟子都應該早到。在任何情況下，絕對不可讓上師等候。晉謁或聽法時，要恭恭敬敬的坐正，不可在上師說法時打岔或與第三者談話。在衣著上，要穿能表現出對上師尊重的服裝。在上師面前，或在晉謁、聽法、修法之前，不可飲酒、吸煙。受灌頂畢，須向上師獻白哈達並將裝有供養金或小禮物的封套同時奉上。

㈨晉謁上師時，應先三拜，然後將白哈達展開，雙手獻上。通常上師會將哈達退還，把它掛在奉獻者的頸項上。晉謁畢，如果你準備一些供養，以表示你重視傳法的價值，以及感謝上師為你個人所花費的時間，那麼你應該雙手奉上。

㈩如果你要向幾位上師獻上食品或奉茶，須先從地位最高的轉世活佛開始，依次進行。無論何時你都應慇懃侍候上師，例如為他開門（包括車門），以及當他須要去陌生的地方時，為他引路。關於上師的作息時間，你一定要先向他請示，以免作無謂的打擾；最重要的是應讓上師常有空閒，以使他們能休息和從事自己的禪修。

上述威儀，旨在提高個人的自覺，使其能對與高深佛法有關的器物，以及如何接待一位證悟的上師，產生靈敏的感受。願每一位修學者都能因了解此威儀而獲益。

十一、我們雖然說是爲了利益一切衆生而皈依，但實際上卽使我們皈依了，剛一開始也只能做些相對利益衆生的工作，而不能究竟的利益眾生。因爲要想究竟的利益衆生，一定非成佛莫辦。要想成佛，並不須要到什麼地方去求去找，我們只要去除自心種種障礙，清淨外來染汚的部分，就能成就自身本具的大解脫。因爲成佛以後才有力量幫助他人，所以我們發誓成佛的諾言必須出自內心深處。

十二、皈依三寶之後的佛子，應該立下一個誓約，發願今後都將以慈悲心對待一切衆生，幫助衆生，並願作衆生病苦的良藥。

佛弟子不應只爲佛敎徒工作，也不應只爲使別人成爲佛教徒而工作。因爲佛陀說法的目的既然是以偉大的智慧，來利益此世間所有的眾生，那麼我們也應以爲滿足一切衆生的安樂而工作。

有許多人常說：「我要爲佛教工作。」這種想法是錯誤的，必須立刻放棄。因爲我們既然皈依了三寶，就應該用佛法來爲所有的人工作，而不要侷限於某一部分人。這種誓約要念念不忘，並保持警覺。否則我們的工作，會變成佛教招人的遊戲而顯得毫無意義了。

十三、僅僅跟著上師念皈依文是不夠的，你必須對三寶生起最深切的信心。如果有了這種信心，你就永遠不會失去他們慈悲的保護。

如果你遭遇到稍微的不愉快，就怪罪三寶不慈悲，或希望獲得神通、占卜驅邪等方法的幫助，這就愚昧之至了。

如果三寶的慈悲不在你生命中出現，這並非他們不加持你，而是應該怪罪你沒有好好的祈求。

所以你應不斷的思惟三寶的功德，誠心修觀，專心祈禱。不要因為言不及義或誹謗別人而累積罪業。虔誠禮敬象徵佛陀身、口、意之佛像、佛經、佛塔，以及穿黃色袈裟的僧衆吧！只要你把他們當作眞實三寶，你一定會獲得三寶眞實加持的。

記住三寶的功德！以你身口意獻上禮敬、讚美和其他尊敬的表示。

記住三寶的慈悲！鼓勵別人皈依，把三寶的偉大功德告訴大家。

記住輪廻的過失和不美滿，即使生命處在危急之中，也不可捨棄三寶。

不論你的人生際遇如何，是快樂也好，是痛苦也好，是顯赫也好，是卑賤也好，你仍然都要以深厚的信心繫念三寶，不要氣餒！

如果你能把皈依法做得如法，也許你並未修持任何法門，但實質上你已做好顯教之道或密乘之道的大部分修持了。但如果你只是「依樣畫葫蘆」，而不深入做好皈依的話，就算你能把「空性般若」說得頭頭是道，事實上，你此時還仍漂流在佛教大門之外。

十四、已經由儀軌正受皈依的人，一定要遵守皈依學處，否則會對三寶慢慢失去信心，甚至於還會完全棄捨三寶。

造成完全棄捨三寶的原因有兩種：

第一種原因，是行者爲了本身生命的安全，或是爲了保護自己的名譽和財產等受用，而明顯的放棄三寶。

第二種原因，是行者雖然對三寶不作棄捨，但他妄計與三寶相違背的外道師、外道法的功德和三寶相等，而違犯「不說有另外皈依處」之皈依戒。這種人因爲對三寶信心不堅定，雖未說棄捨三寶，但實質上等於棄捨三寶了。

已經皈依而又棄捨三寶的人，一切生中將輾轉受苦。所以已經皈依的人，一定要日夜思想三寶的功德，以堅定其不共信心，並且最好每天背誦「隨念三寶經」一至三次，使其心永不離三寶。記住，佛弟子卽使在開玩笑中，也不應輕言說出棄捨三寶的話。

十五、修道之人在剛開始起修之時，一定要先弄清楚修行到底在做什麼？我們爲什麼要修行？

修行大體上說來是一件很愚笨的窩囊事，因爲我們必須先要承認我們自己是一個很愚癡的人，卽使我們已經知道佛法最深奧的理論，還是要從最愚癡的的那一層起修。舉個例來說吧！一個剛剛發心想修行的人，一開始對自己在修行上要做些什麼，有時根本弄不清楚，就算我們已經眞的在修行了，一上來也不見得是眞修，只是自以爲自己是在修行而已。所以在整個修行的過程來說，開始時是以「迷惑」爲基礎，走上也以「惑」爲修行之道的一部分。剛開始修行的人，大都漫無章法，就好比驟然跳入一個未知的境界中，對於修行的過程和未來，都感到有點惶恐與害怕。但這是每一個修行人唯一必經之路，因此，不必過分緊張，只要修行者保持勇敢，並藉著善知識的導引，必能很快通過這「愚昧」的修行階段。

初發心修行的人，所面臨最大的障碍，就是心理上含有極大恐懼的成份。由於恐懼，所以需要相當的安全保障。一般人所尋求的保障是外在的，一旦外在的保障失去了憑藉，他就陷入極端的恐懼之中。

事實上，誰也無法給我們在安全保障方面做任何些許的承諾，因爲眞正能降伏恐懼的是我們的信心和福德。換句話說，能給我們安全保障的是來自於自己的內心。所以在修行之初，我們必須依照佛經上所說的方法，在這方面多下功夫。等到修行進步到某一個程度，我們自然會有一種愉快的鬆弛感，這時我們就會發現修行人放下的愈多，回收的也會愈多，並非如一般人所想像的那樣，認爲「放下」就是「失去了」一切。經過了這個階段之後，我們的修行境界，才開始眞正與我們發生關係。

十六、如果有人只皈依佛、皈依法，但不皈依僧；或只皈依佛、皈依僧，但不皈依法；或只皈依法、皈依僧，但不皈依佛。這種皈依方式，無論如何都不成三皈依，不成三皈依的人，則永遠不能稱爲佛弟子。

如果修道之人不得三皈依戒，則無論他參加那一種受戒法會都不能得戒。一個人如果沒有戒，就不可能有定。沒有定，就不可能有慧。沒有慧則無論他修善行多久，終不能解脫輪廻。

所以《灌頂三皈五戒帶佩護身咒經》中說：「佛言：十方三世如來至尊等正覺，皆由三皈五戒得之。」

二、大乘和小乘

一、乘有兩層意義，即前進的工具和前進的目的。

如果就其爲「前進的運輸工具」而言，大乘是指以菩提心爲因，以六波羅蜜爲行的修行之道。雖然大乘中有「中觀」和「唯識」兩種不同看法的宗派，但它們並不是分屬於不同的乘。因爲乘的差別，主要是在於修行者所用的方法和所要到達的目的有所不同而產生出來的。然而唯識和中觀所用的方法却完全一樣，都是以發利他菩提心和菩提心所導引的諸行爲修持法門，所要到達的目的也沒有什麼不同，他們都是以成就佛果爲目標。所以兩者都同屬於大乘。

小乘行者，則不以利他爲己任，而只求個人的解脫。獲得解脫的主因是了知「無我」的智慧，因爲隨輪迴流轉的主因就是「我見」，而「無我」的智慧便是破除「我見」的利器。因此，凡是從輪迴中解脫的人，不僅是菩薩，即使是聲聞、緣覺也都了解此「無我」智慧。

小乘人之修持方法，其主要之道便是尋求此「無我」慧，其他如持戒與禪定等道，則完全站在輔助的地位。他們希望藉修了知無我的智慧，而達到滅除一切苦和脫離三界輪迴的目的。因為小乘人無論就其修持的方法或所要到達的目的和大乘人都有很大的不同，所以才有不同之乘的產生。

二、鑒於理論與需要的不同，佛開示了許多宗乘。這些不同宗乘的產生，並非因佛的心中有親疏之分，而是聞佛開示的修行者，無論在性情、興趣、或能力方面都存在著極大的差異，所以佛才傳授各種不同的教法以適應各種不同根機的修行者。

對於那些暫時還鼓不起勇氣致力成佛的人，或是在佛說法的當時根本還沒有人有此能力成佛，佛就不說「你能成佛」，而只開示一條適合這一類根器的修行法門。

佛雖依聽法者本身的情況而說法，但不論佛所說的是那一種法，其究竟的結果都能讓眾生獲得無上正等正覺，儘管有時佛並不明講這些法就是「成佛之道」。

由於佛出世的目的，是要一切眾生皆能證得佛果，所以所說的法都是屬於證得佛果的一乘，而不是二乘或是三乘。佛因為要一切眾生都證得佛位，所以不會以不能成佛的乘來引導眾生。佛之所以說不同的乘，乃是依暫時的需要而開示的。

三、修道之人雖然具有強烈出離三界的心，但如果沒有菩提心之所任持，則所作的任何善事，只能成為解脫的因，而不能成為一切種智的因。因為出離三界的心，即使是求聲聞、緣覺等菩提的人，也都同樣具有的。

因此，想成就佛道的人，一定要具足出離三界的心、菩提心、無二智等三主要道，其中，尤應生起此菩提心。一個人如果沒有菩提心，縱然他具有許多神通變化的能力也不能入大乘之列，終不能成爲解脫一切有情遠離生死，以及證得究竟涅槃的因。所以除了菩提心，都不是圓滿大樂的因。

諸聲聞緣覺等阿羅漢，雖然有現證空性等功德猶如金山一樣，但修彼道之所以不能成佛者，完全是無菩提心所致。不僅如此，修道之人入不入大乘之行列，亦依有無菩提心而定。所以，凡是想證得佛位的人，都應勵力勤求菩提心。

四、單看所修的法是大乘，並不能因此就斷定他爲大乘行人。一個人有沒有入大乘之數，要看他內心是否生起菩提心爲依據。

因此，修道之人內心若無菩提心，每天雖然誦讀大乘經典，乃至升座爲人講說，都不能算是修大乘道的人。因爲卽使是小乘聲聞人，他自己雖不修大乘，仍然會從諸佛聽聞成佛妙果之道，然後爲大乘種姓的人宣說彼道。

那麼修道之人內心是否生起菩提心，如何得知呢？

關於生起菩提心之量，在宗喀巴大師所著的《菩提道次第廣論》中曾經講得很清楚，這裏簡單的說明一下。譬如有一個極受母親疼愛的兒子墮入火坑中，其母對於兒子身中所受的痛苦，感到一剎那頃也難以忍受，於是會匆忙地把兒子救離出火坑。同樣的，如果修菩提心的人，對於如母衆生被輪迴、尤其是三惡道中極難忍受的痛苦所逼迫，自己感到一剎那頃也不能忍，就一定會生出爲利益一切衆生，希求迅速獲得正徧覺位的心。此心眞誠生起之時，即是生起菩提心之量。

五、小乘並不是大乘的一部分，小乘是佛道的輔助法，而不是眞正的大乘道。因爲大乘道有圓滿的成佛之道，而小乘則不圓滿，因此大乘與小乘之間有圓滿和不圓滿的區別，也因而有高低之分。

因爲人人都有佛性，都能藉修行而獲得圓滿的佛位，但如果僅修小乘之道則不能達到此目的，所以小乘只是個別之乘，而非究竟之乘。

基本上，佛的傳承可被分爲兩種，一爲自性，一爲變相。佛之自性傳承，是心的空性。佛之變相傳承，根據金剛乘的說法，是作爲成佛的根而被染污的淨光心。

以早期所譯經典爲主的寧瑪派說，佛果是人人自身本具的。這一個教法所指的佛果，是指我們相續身中現有的極其微妙的淨光心(clear light)。如果就原來本有的心體而言，淨光心與佛心是沒有差別的。我們原來本有之心若繼續發展，將來一定可變成佛的慧身。所以說，我們本身當下就有成佛所需的一切本質，不必向外尋求佛果。這是寧瑪派所說教法中最有名和最有意義的訓誡。

如果我們認爲佛性只是空無自性，那麼佛性就沒有多大意義了，因爲一個鍋子的空，也是自性空，難道我們能說鍋的空性就是佛性嗎?上述寧瑪派所說之教法中，即含有強烈的暗示，那就是說，積極向善之法——淨光心——方是佛性。

也許有人會這樣問，既然成佛所需的本質，都是一切衆生相續身中當下就有的，而且佛又有引導所有修行人通過各個階段的才能，那麼佛如果隱藏此甚深法而不傳，他就犯了慳吝之罪，他的心就不是無偏，他的慈悲就不是無礙。

事實正好與此相反，佛之所以說不同之乘，乃是以無量悲心和善巧方便，來讓根機不同的衆生都獲得佛果的方法。

六、世間所有宗教中除了佛教以外，都只是教人一些使心稍安的方法，是屬於精神活動中較粗顯的那部分。至於能以大量的論證、經典與觀點，提出將心轉化為至善的方法者，則唯有佛教。

然而，佛教卽使是最好的，也不能因此就要求所有的人都做佛教徒。因為人之性情與興趣畢竟不盡相同。雖然人人都應該學最好的，但並不是說人人都有此能力修最好的。因此，每個人都有必要，去遵奉與自己性情、興趣及能力相契合的道。

如果不是這樣，而強力要所有的人都做佛教徒，所有的人都修密法，乃至要求所有的人都修無上瑜伽密法，那麼佛當初在教導衆生佛法時，就應該只會教無上瑜伽密續，而不教別的了。

事實上佛是依人之性情、興趣和能力傳授佛法的。譬如對於不適合修「無上瑜伽密法」的人，佛就傳授給他「瑜伽密法」。對於不適合修「瑜伽密法」的人，佛就傳授給他「行密法」。對於不適合修「行密法」的人，佛就傳授給他「作密法」。對於不適合修「作密法」的人，佛就只傳授他顯教經典，對這些人連「秘密眞言」這個名字提都不提。

在顯教經典裏面，對於能力好的人，佛傳授他「般若波羅蜜經」，對於不適合修「般若經」的人，佛就傳授給他「唯識」的經典。為了攝受更多的人，佛弘演緣覺乘、聲聞乘。其中含有比丘戒、比丘尼戒、沙彌戒、沙彌尼戒，以及兩種在家戒。在最初級的在家戒裏，可受五戒、四戒、三戒、二戒、一戒，甚至只受皈依。這是大部分的人都能做得到的。

佛陀配合那些沒有能力修最深佛道者的性情和興趣，弘演無數種修行次第，從在家發心皈依，直到修無上瑜伽密法的金剛乘。從理論的數量、廣大和甚深各個角度來看，佛教確實具有最多的轉化人心為至善的修行之道，和善巧方便。

七、小乘和大乘的差別，不在於對空性的看法，龍樹菩薩和他的弟子們都斷言此二乘的區別在於有無善巧方便。

譬如母親是所有子女的共同之因，而父親則是區分子女的血統之因（如西藏人、蒙古人、印度人等）。同樣的佛母般若波羅蜜是所有四子（聲聞、緣覺、菩薩、佛）的共同之因。而方便，如為利益一切衆生發菩提心，則為區分四子為大乘或小乘的因。

八、一般人一提到小乘行者總覺得他們一點悲心也沒有，其實這是大錯特錯的謬見。試想，釋尊十大弟子之一的富樓那尊者，他雖是證得小乘之果的阿羅漢，但他爲佈敎而犧牲的精神，恐怕是連現在自詡爲大乘行者的人都所望塵莫及的。因此，你能說富樓那尊者沒有悲心嗎？

究實而言，大乘和小乘的區別不在於有沒有「悲心」，而是在於「悲心」大不大的問題上。大乘中所說的大悲心，是指一切時徧緣一切衆生而言，換句話說，大乘行者卽發願肩荷普利一切衆生的重擔，若有一衆生不成佛，他卽不入涅槃，此種大悲增上意樂生起之後，卽能生大菩提心。大乘行者修菩提心是否有力，也是以此大悲之大小而定。

大悲心之所以稱爲「大」，乃是在數量上是無限的，在時間和空間上也是超越其侷限的。例如我們說「願一切衆生都成佛」時，我們的意思不是願某一羣衆生或某一道衆生在某一個時期內成佛，若超過這個時間，我們就不管了。而是願無量世界中所有六道衆生都成佛，若有一衆生不成佛，卽永不入涅槃。所以如果我們內心上捨棄世間任何一位衆生或不樂意幫忙他，就不能算是大悲心。

三、菩提心

一、菩提心有兩個目標：第一個目標是救渡一切衆生出生死苦海，第二個目標是求得無上菩提。

所以修道之人，如果只求救渡別人出生死苦，而自己却不願成佛，這種心態只能算是大悲心，不是菩提心。同樣的，如果修道之人只求自己成佛，而不願救渡衆生，這也只是自利心，不是菩提心。菩提心一定要具備「爲利衆生」和「願成佛」這兩重意義。

二、修道之人心中若存有眞實菩提心，卽使他只是撒一些穀物給小鳥吃，也算是大乘行者，堪稱爲菩薩。如果沒有菩提心，縱然將珍寶充滿三千世界布施給一切衆生，也不能算是大乘行者，更不能堪稱爲菩薩。

同樣的，修道之人如果沒有菩提心，縱使他持清淨戒律，乃至得到中觀正見，修無上瑜伽密續本尊明點等，也不能算是大乘行者，不堪稱爲菩薩。當然更不可能成就無上佛果。

三、修菩提心就像世俗中磨鐮刀準備割草一樣。修道之人如果沒有將菩提心修成精純潔白，那麼無論他勤修善行多久，進道將會非常緩慢，好比以未經琢磨之鈍鐮刀割草一樣。反之，如果能先將菩提心訓練成又堅固又精純又潔白，那麼不須經過多久，福慧資糧就可積集圓滿，就像工人銳意琢磨鐮刀一樣，雖然目前它暫時不割草，但求其鋒利，然而它一旦參加割草，所費的時間將會最少，所割的草卻會最多。

四、一般說來，一個人的思想一旦轉向佛法，只要他發菩提心，就可以走上成佛的大道。

發菩提心的人，縱使他只作些平凡的行爲，也將會變爲成佛的方法。因此有一部經說：「如果你希望成就佛道，你不需要修學許多法門，只要一個法門就夠了，那就是發菩提心。」

五、佛是一切衆生獲得眞正福祉和完全解脫的根源，佛的一呼一吸都能爲衆生醫病，佛之所以能夠達到這樣無上光榮的境地，乃是由於佛當初就是爲了一切衆生而發心修行，依修行而證得這種無上菩提心之境界的。後來又由於後世的佛弟子們，在此利他菩提心的引導下，所做一切承先啓後的偉大工作，才使衆生蒙益。（什麼是菩提心呢？）菩提心就是關懷他人勝於關懷自己。若把這一句話講給世人聽，他們就會認爲這句話根本不合道理。因爲這種偉大的菩提心境界，對大多數世俗的人而言，不要說是要他們去實行，就連要他們衷心隨喜一下，都很難辦得到！

六、菩提心有如小火苗，當因緣成熟時，可引發大火，燒掉薩迦耶見山，譬如小火苗落在草地上或森林裏，能將整座大山燒燬一樣。

單是發菩提心，就可以洗清無數劫所造的罪業，並能無限地擴大善業。你從發一念菩提心所獲得的功德，就遠遠勝過以無量七珍八寶鋪滿恒河沙數的佛剎土供養每一尊佛。我們不需要再提及它無限的福澤，因爲它是整個佛法的心臟。

七、一旦發起大悲心和菩提心的人，卽使他是宇宙中最邪惡的衆生，也能當下成爲佛之子，成爲一切衆生最偉大者。

發菩提心的人之稱爲佛子，是說好比世俗中的王子，他生在王室中，於王室中成長，將來長大成人之後必能成爲王。同樣的，人一發出菩提心，就剩下一條路可走，那就是在菩提道上前進，將來到達終點之時必能成佛，此時如果我們以因觀待果，發菩提心的人卽可稱爲佛子。

八、世俗菩提心又可分爲願菩提心和行菩提心兩種。

關於解釋願菩提心和行菩提心之差別的說法有很多，但其主要的派別有二，卽文殊菩薩傳龍樹之一派，和彌勒菩薩傳無著之一派。

①根據文殊菩薩——龍樹——寂天這一派的說法：

願菩提心就好像「意欲去行路」一般。對圓滿佛位生起了「意欲獲得的願求」。行菩提心則像是「眞正的在路上行走」，對成佛的行爲，已經實地的在踐行了。

②根據聖彌勒菩薩——無著——金洲這一派的說法來講：

願菩提心是一個立下的誓願：「誓願為利益一切眾生故，自己必定要獲取圓滿之佛果。」

行菩提心也是一種誓願：「誓願學習和實踐那成佛之因——六種波羅蜜多。」

如果以受戒的觀點來看，從受發菩提心儀軌之後，一直到受菩薩戒之前都是屬於願菩提心。從受菩薩戒之後，一直到佛果之前，則是屬於行菩提心。

九、總的來說，大乘菩薩道的根本，就是大悲心。

譬如農夫耕作稻田，可分為下種、灌溉、成熟三個階段。同樣的，耕作佛法之田也可分為最初、中間、最後三個階段。而此三個階段都必須依賴大悲心來完成。

最初須要大悲心者，是因為一切眾生中，唯獨具足大悲心的人，見到眾生在生死輪廻中受種種痛苦的煎熬，能發出為利益一切眾生願成佛的偉大誓願。也唯獨具足大悲心的人，能負荷渡盡一切眾生的重擔。修道之人如果不能發大心，乃至不能行大行，則不能趣入大乘之道，不入大乘之道則無論修善行多久，終不能獲得佛果。所以說，大悲心是豐盛廣大佛果的初生因，就好像耕作稻田所下的種子一樣。

中間須要大悲心者。是說大悲心種子生出菩提心芽之後，如果不時時以大悲水加以灌溉，則菩提心苗將會枯萎，而至不能修習二種廣大成佛資糧。因為菩提道上極為漫長，須要三大阿僧祇才能走完，加以有爲數衆多的暴惡衆生，菩薩學處極難行故，所以此時若不數數發起大悲心，使其增長堅固，則很容易退墮小乘，遠離佛地。

最後須要大悲心者。是說諸佛成就果位之後，倘若不具大悲心，則無法利益一切衆生，無法利益衆生卽違背當初所發的誓願。如此與聲聞阿羅漢又有何差別呢？所以說諸佛成佛之後仍須大悲心。由於大悲心之威力，能令佛陀盡未來際長久住世，恒利一切衆生。這好比稻穀成熟之後，能爲衆生常時受用一樣。

由以上所述可知，若想趣入大乘之道修行的人，必須先令自心隨大悲轉，然後再依大悲心，至誠引發衆相圓滿之大菩提心，發心之後則應進受菩薩戒，修六度萬行。

十、大悲心能引生菩提心，其理前面已經說過。但是大悲心又是如何引生出來的呢？大悲心是由思惟衆生墮入生死輪廻中所受種種痛苦而引生出來的。大體上來講，修道之人如果思惟自己在輪廻中所受種種痛苦，則能引生出離三界的心。如果思惟衆生在輪廻中所受種種痛苦，則能引生悲心。但是修道之人如果不思惟自己在三界所受的痛苦，而一味思惟衆生所受的痛苦，則其悲心仍然不會生起。換句話說，修道之人自己若沒有出離心，那麼他無論如何修學，也一定不會生起悲心，乃至菩提心的。

修道之人如果以無量的方法思惟三界所受痛苦的道理，則其悲心會越深。如果遍緣六道一切衆生思惟所受的痛苦，則其悲心會越大。如果一天二十四小時，經常思惟這些如母眾生所受之種種痛苦，則其悲心會越猛利堅固。

大悲心生起之心量，如何得知呢？

此心量就好比一位母親，看到心中最喜愛的幼兒，如果有了多少痛苦，她心裏就會生起多少悲痛一樣。修道之人見到一切眾生若能不經思惟，不加作意，自然會生起這樣的心量，就是圓滿大悲心的體相。

修道之人只要一有了這樣的悲心，很自然的就會生起眞實菩提心。所以如果有人認爲發菩提心，僅是這樣想：「爲了利益一切眾生，我願當成佛。」那就大錯特錯了。因爲發菩提心必須要有前面所說的大悲心之心量才有可能生起的。

十一、修行佛道的人，必須先發菩提心、受菩薩戒，心中時時保持菩薩戒願。如果有此戒願在心，則身口一切言行，就會自然而然地利益一切眾生。否則一切作爲都會爲著自己，爲著這個「我執」。爲「我執」而造的業，就是繫縛於生死的業。我們要知道，佛陀敎導我們發菩提心、受菩薩戒，基本上也就是爲了除去這個我執。所以發菩提心、受菩薩戒是修行人最重要的課題。

然而，發菩提心又是怎麼一回事呢？所謂菩提心就是指對一切眾生發出平等的慈悲心，和懷著替他們謀求幸福的善良意願。什麼叫眾生？眾生就是有心識的「有情」。凡是有感覺的生物就有心，有心識就有痛苦，有「痛苦」我們就有發慈悲心的對象，有了對象就能產生讓他們都解脫痛苦的意願，有了這種意願才會開始修行，希望早日成就佛果好去渡脫他們。這就是發菩提心的意義。

只要修行人有了菩提心，即使只做了一點小小的事情，對衆生都有無上的功德。所以現在就讓我們共同立下爲利衆生願成佛的宏願吧！

十二、修菩提心的方法有很多種，有的由「見佛」、「聞法」、「見衆生受苦」或「因自身受苦」，便能引發大菩提心，但這都是指過去世中已種大乘善根的人來說的。如果單就一般未種大乘善根的人而言，則必須依教漸修，才能發起。

發菩提心之教授，雖然過去在印度、西藏等諸大論師也有不少的著述，但大多是些應機對境的開示，很少有完整的內容。此中唯獨阿底峽尊者所傳來的兩套發菩提心法，是屬於組織嚴密，有次第有系統的珍貴法寶。因此，在印度和西藏，依此教授修成就的人非常的多。

第一種發菩提心的方法，是從金洲大師傳來的七重因果教授。此教授大意如下：

(1)知母：思惟法界一切衆生都是我過去世的母親。

(2)念恩：思惟一切衆生因爲都是我過去世的母親，所以對我都有生養之恩。

(3)報恩：思惟如母的衆生，無始以來都曾作過我的父母，爲我成辦過無數利益，遣除無數煩惱，其恩德極大，我應當急於酬報。

(4)悅意慈：思惟如母的衆生，如今生活資具缺乏，身心又充滿煩惱，未得無漏之樂，因此我應該趕快使他們獲得滿足和安樂。

(5)大悲：思惟如母的衆生，如今正處於生死苦海中受無量苦，我應該儘速使他們早日脫離苦海。

(6)增上意樂：無論在定中，或在一切威儀之中，於一切時都恒常思惟自己應該擔負起使一切衆生離苦得樂的重大責任。

(7)菩提心：由修以上次第得知，若要眞實利益衆生，非獲得無上大菩提不可。因此我應當發心進求無上大菩提。

從知母到增上意樂，都是修利他心的方法，已發起增上意樂，知道惟有成佛才能究竟利他，爲利他而進求無上菩提，才是菩提心。在修知母以前，還須先修「平等捨心」爲基礎，如此才能於一切怨、親、非怨非親等衆生，容易生起「知母」等心。

十三、第二種修菩提心的方法，是靜命論師《入行論》中所說的「自他相換法」。所謂自他相換，就是要我們把貪著自利、不顧利他的心對換過來，自他易地而居，愛他如自，犧牲自利，成就利他。這種修法的次第是這樣的：

①先思惟修自他相換的功德，和不修之過失。如入行論云：

「若求速救護，自及他人等，應修自他換，是卽密妙行。」

又說：

「盡世間安樂，從願他樂生，盡世間煩惱，由欲我樂生。

愚人作自利，能仁為利他，依此二分別，何須復多說？

若不能眞換，自樂與他苦，非但不成佛，亦無世間樂。」

總而言之，執愛我，卽是一切衰損之門，執愛他，則是一切圓滿之處。

②思惟自他相換的心一定能修成。好比我們這個人身，本是父母精血所生的他體，但是由無始以來所串習的無明習氣，也能對它生起我執。同樣的，如果我們修習愛著他人的身體就如同愛自己一樣，此心也能由串習力修成。

③破除修自他相換的兩種障礙。

第一種障礙是認為我身和他身是迥然不同的絕對個體，如同青色、黃色一般。所以當苦來襲時，就馬上這樣想：這是我身，所以痛苦應該由我遣除，那是他身，痛苦應該由他自己去想辦法。

破除的方法：應思惟自他是相對安立的觀念，好比我們站在山上望對面一座山時，總覺得所站的山為此山，對面的山為彼山，然而當我們交換個位子站到對面那座山時，卻覺得所站的那座山已為此山，而對面那座原先認為是此山的山，已成為彼山了。這種相對的觀念，和青就是青、黃就是黃其道理是不相同的。

第二種障礙是認爲他人遭受痛苦，於我毫無損害，所以不須盡全力去爲他遣除。破除的方法：應思惟如果說他人受苦於我無損就不去幫忙他，那麼脚痛無損於手，手就不必替脚治病了。事實上並不是這樣子的。自他都是相待而立，沒有自性，只是由於無始串習愛執增上之力，於我生染著，因此於自己所生的種種痛苦，便不堪忍受，於他人因無串習愛執，所以就毫無感覺了。如今，如果我們能對他人修習愛執，修成之後，對他人所受的痛苦，也必不能忍受。

④正修：

1. 應思惟凡夫從無始以來，由貪愛自身起我愛執，而在生死輪廻中受盡種種痛苦。今乃了知我執是第一怨敵，因此須盡全力去克制我執的生起，未生令不生，已生者令斷除。

2. 應思惟諸佛菩薩由愛他所生的一切功德利益，並確信愛他是圓滿佛果的唯一法門，因此須盡全力去促使利他之心的生起，未生令生，已生者令增長。

⑤爲了便利引生自他交換之心，平常在呼氣時，應觀想將自己所擁有之善根福德隨風飄送給衆生，在吸氣時，觀想衆生一切衆苦都流入我身。

自他相換是利根衆生修菩提心的簡捷方法。在修此法之前，也應先修平等捨心，這一點非常重要。因爲菩提心是在平等心之基礎上建立起來的，所以修平等心是修任何菩提心法門的先決條件。

十四、修學四無量心就可以發展菩提心。根據傳承的教法，其修學的順序是：㈠捨無量心；㈡慈無量心；㈢悲無量心；㈣喜無量心。

藏文的儀軌中，大多一開始是皈依佛、法、僧三寶，緊接著就是發四無量心。但詮釋四無量心時所依的順序，往往與在法本中出現的順序不同。在法本中四無量心的祈禱文是：

願一切眾生具足樂及樂因，

願一切眾生永離苦及苦因，

願一切眾生永不離無苦之樂，

願一切眾生住於大平等捨。

祈禱文之所以最後才提到捨，乃是因為我們所作的一切祈禱都是為了利益一切眾生，平等而毫無偏心，因此，最後才把捨提出來作為廻向。然而，在我們學道之初，却必須先以捨心作為基礎，否則其心不能到達「無量」的境界。所以我們先解釋如何修捨無量心。

先修捨無量心的目的，就是要我們先了解不僅我們所居住的地球有眾生，即使是在遙遠的其他世界也有眾生。這些世界不限於太陽系，而是遍虛空中的一切世界，故說「無量」。此無量世界中的眾生都和我們一樣，要樂不要苦。有了這項基本認識，而能以不偏的態度、不偏的了解、不偏的動機，平等的爲一切有情謀求快樂、平安、和諧，這樣做就是修捨無量心。

我們今生不是第一生，也不是最後一生。我們從無始以來，就一直在法界中輪廻不已，若非證得究竟道，決不能終止輪廻。因此，在輪廻中的每一個衆生，過去都有可能做過我們的父母、兄弟、姊妹。有了這種認識，我們就應以平等之心去對待一切衆生，並施予慈悲。我們若對他們施食，可使他們一天不餓。我們若對他們施財，可幫助他們得到一點比較長久的利益。我們若對他們施敎，可幫助他們一生快樂。我們若對他們施予智慧，就可以使他們生生世世永遠受益。因此，我們要以平等心將智慧獻給他們。這就是修四無量心的第一步。

萬法雖然空無實體，但我們的心却始終傾向於把它認爲是有實體的東西，而在此「眞實的」幻覺控制之下，不知浪費了多少光陰。正如我們人人都不想受此幻覺之苦，其他衆生也都不想，因此，我們應發願以平等之心普遍去幫助一切衆生。

在此相對的世間，我們總是喜歡與自己的親屬和心愛的人在一起，而不喜歡與陌生人或討厭的人接近。但究實而言，這種心態是很不合情理的。只要我們仔細地想一想，就知道此生中的友情和敵意都沒什麼意義。譬如從前的好友，現在有的却成了敵人，昔日的敵人也有的成了今日談心的好友。這種情勢從來就沒有凍結過。每一天，每一分，每一秒，都在不斷的轉變。好友和敵人只不過是虛妄的觀念而已。世間塵事如果不是虛妄，那就只有固定不變了，但事實證明並不是這樣。

歷史上有一個實例，顯示友情恩愛是多麼靠不住。

過去印度有一位尊者，名叫迦旃延，他是得了漏盡通的阿羅漢，能觀過去和未來之種種事。有一天，他到某一個地方托鉢，看到有一個人正坐在椅子上吃魚，並把吃剩的魚骨丟棄在地上。這時走來一隻野狗，想撿食地上的魚骨，不料卻被他狠狠的踢了一腳。迦旃延尊者看到這一幕，心裏感到非常的難過，因爲他已經看出這條魚的前生是此人的生父，這隻狗的前生是此人的生母，那個當兒子的卻舒舒服服的坐在椅子上，大啃生父的肉，恣意的踢走生母的身體。業的運作和世間的虛幻性，實在令他吃驚。

當我們在祈禱或積善時，都應該抱著爲利益一切衆生而行的態度。這就是無量捨的眞義，否則我們可能會誤認捨是一種不理睬的中立狀態，或是虛無的東西。要是那樣，捨就沒意義了。

我們修捨的眞正目的是要我們邀請一切衆生爲我們的無上賓客，讓一切衆生分享我們從修行中所獲得的相對與究竟的利益。正如寂天菩薩所說：

　　我今邀衆生，悉爲我賓客，
　分享我目前、及究竟安樂。

慧眼觀三世，諸佛菩薩前，
我願從天人、至地獄衆生，
皆享我所獻，相對、究竟樂。

十五、四無量心的第二個是慈。簡言之，慈是願一切衆生具足安樂及安樂的因。爲什麼呢？因爲在一切曾經作過我們母親的衆生中，幾乎沒有一個不想得到快樂的，即使是那些自討苦吃的人，其動機也無不是想得到快樂，只因爲他們不知道自己所作的乃是痛苦的種子，以致非但得不到快樂，反而增加了大苦。這種所求與所得完全背道而馳的現象，就是所謂的「輪廻之苦」。

每一位衆生過去世中，都曾以慈母疼惜獨子般的愛善待我們，所以現在我們也應以慈母般的愛去對待所有的衆生，把一切衆生看成我們的獨子。

縱然在最無知的衆生界裏，也沒有一個母親不想把世上最好的東西給他的孩子，可是却常因無知的誤導，而使其慈愛產生了害多於益的結果。至今爲止，我們一直都是如此。

如今已經不同了，因爲我們已承傳了佛陀所教以覺悟爲基礎的慈道，以及八萬四千成佛的法門。在不對自己感到過分的驕傲之下，我們可以有信心的發展這種慈心，以之對待一切如母的衆生，直到我們把一切衆生都看得比自己重要時爲止。

修慈心，最重要的是不能期望報答，這種情形就像母鳥照顧牠的卵一樣。我們都知道，卵的本身是毫無能力來保衛自己的，它的安全完全依賴著母鳥的呵護。然而母鳥之照顧卵，並非出自任何壓迫或義務，牠隨時隨地都可以飛走，但牠從不這麼做。母鳥之所以不辭辛苦的孵卵，耐心的保護牠、溫暖牠，直到小鳥孵出，完全是出於與生俱來的慈心。

母鳥這種不怕失敗，不望回報的慈心，就是我們對待一切衆生所應有的方式和態度。

十六、四無量心的第三個是悲。悲是願一切衆生永離苦及苦因。世界上沒有任何一位衆生想要受苦——卽使只受一剎那。但問題是出在衆生對避苦之道毫無所悉，所以我們首先要讓他們了解什麼是苦。了解苦的人，無論遭受何種痛苦，其痛苦的程度會大大地減少。不知苦之眞諦的人，其所受的痛苦，就是百分之百的承受，甚至還會提高痛苦的程度。譬如如果有人這樣想：「爲什麼受苦的是我而不是別人？爲什麼別人快樂而我要受苦？爲什麼別人不必受苦呢？」這種想法很糟，而且不合實際。我們要知道，受苦不是毫無來由的意外事件，受苦乃是自己過去所種苦因所得的結果。但是很不幸的，人們不肯相信這都是「業」。其實只要我們能靜下心來追究痛苦的產生，我們就會發現無論在心理上、心智上或科學上，任何衆生都不可能徒有遭遇而沒有「業」的存在（業就是身口意一切行爲的造作）。卽使最後追究到不可知之境，如果我們能講理，能講求實際而不迷信，我們就不能不相信一切事物皆與「業」有關。因此，衆生應該先知道爲什麼會有苦。

知此之後，或許還有人會發生誤解。譬如有人在遭遇困境時說：「這是我的業，我改變不了了。我沒有希望了。」事實上，這是誤會業的意義了。因爲善惡業都是由積聚而來的。所以，衆生也可以用積善業的方法，來去除不善業。例如我們冷了就會穿衣，熱了就會用扇，這些都是自然的道理。現在我們有了不善之業而受苦，就應該積聚善業以去之。這就是我們爲何修行要發願積聚善業的道理。記住，只要積聚善業，我們就能除苦。

衆生往往爲了避免小苦，却在不知不覺中造了未來大苦的因（例如爲除饑餓的小苦而造屠殺畜生的大惡業）。苦因就是這樣不斷造出來的。那麼我們該怎麼做呢？很簡單，只要我們與他人易地而處，就能很容易的看出，在相對的層次上該做些什麼。藉著逐漸發展這種覺知，更高層次的解悟就會出現。所以經中說：

「若欲證佛果，如實究竟道，所修不應多，

唯應修一法，卽無量大悲。」

無著是佛教最偉大的法師之一，同時也是「世間六莊嚴」中的一個。他對衆生最大的貢獻是傳承和發揚了彌勒菩薩親授的五部論。但在此之前，他爲了到兜率內院聽彌勒菩薩講經，曾觀想彌勒菩薩達十二年之久，却都沒有獲得成就。不過，在此十二年中，他的確除去了一些障礙，也積聚了一些解悟和善法。

十二年閉關後不久，有一天他經過一道狹谷，聽見有狗的叫聲。他環顧四周，看見了一隻下半身完全潰爛，長滿了蛆，而上半身却完好如常的狗。由於這隻狗不斷地向他怒吠，他的悲心不禁油然而生，心想：「這隻不幸的狗雖然受盡痛苦的折磨，已毫無力氣了，然而却還貪愛其身，懷恨於我，只因爲我是個強健的人。這是多麼愚癡的想法啊！可憐哪，我自己和一切衆生不都是也受這無明的支配嗎？」

面對這隻可憐的狗，他終於發出極其清淨的悲心。他想：「如果我現在離開不管，這隻狗就會死，但我若留下來給牠除蛆，蛆就會死。」他想了又想，直到他斷定唯一能讓蛆活下去的方法是給牠們新肉，唯一能讓狗活下去的方法是把牠身上的蛆全部移開。於是他先把自己的身體看成一堆肉，然後從大腿割下一大塊肉，放在一邊。他原想用一根細木把蛆移開，但想到這樣做一定會使一部分蛆受傷。如果用手指去撥蛆，又嫌手指不夠柔細。最後他想到身體上最柔軟的部分是舌，於是閉著眼睛，伸出舌頭，屈身向前想把蛆舐起來。他的頭不斷地往下垂，原想會舐到蛆，不料却碰到地面。他趕緊把眼睛睜開，發現狗已經不見了，只有彌勒菩薩佇立在他的面前。

在此之前，他的悲心一直太弱，直到此刻，他的悲心才算眞正純淨。他在山洞中獨自苦修十二年，其力量不及他對狗所發清淨悲心的十億分之一。當時他曾問彌勒菩薩：「我已經修了這麼久，你爲何不早一點出現呢？」

彌勒菩薩回答道：「從你修第一座開始，我就一直和你在一起，只因你缺乏悲心，期望又過高，所以看不見我。你若不信，你可以讓我騎在你的肩膀，然後走到街上，觀察人們是否能看得見我。」

無著於是扛著彌勒菩薩在街上走，靜待人們的反應。一開始，好像沒人看到什麼，直到最後，整條街上唯一有所發現的是一個挑夫和一個賣酒的婦人，前者以為無著揹著一隻小狗，後者看見無著肩上有一隻大腳。於是無著實實在在的相信了。他後來從彌勒菩薩那裏得到我們現在所熟知的五部大論。這是一個眞實的故事，當時的經過就是如此。這個故事為我們說明：修行人以培養愛心與悲心最為重要。

悲性有很多層面。依大乘之教，悲是有活力的悲心和善巧的方便。所有表現悲的方式當然都是好的，但如果方法用得不對，就不能適當地幫助他人。譬如一位母親，儘管她對其獨子有大悲心，但她倘若沒有手，則當她的愛子跌入河中時，她還是沒有能力去幫助他，只能喊叫而已。因此，缺乏活力的悲心和盲目的愛心，只能產生有限的利益。而佛之教法乃是開示我們如何去修行有活力和善巧的悲心，所以這也就是為什麼我們稱此悲心為「無量大悲」了。

十七、四無量心的第四個是大喜。大喜是悔恨與嫉妒的反面，是隨喜他人的善和正的品性。通常嫉妒與悔恨都集中在衆生相對的快樂上，而相對的快樂只不過是一席夢中之宴而已。我們身為大乘佛教徒，如果還有嫉妒之心，則我們的言行將會和當初所發的願背道而馳，因為我們的目標是積善，而不是為幻所困。無論他人享受何種快樂，無論他人造出何種樂因樂緣，我們都必須隨喜。爲了表示高興，我們還應將自己所擁有的幸福和快樂廻向給他人。爲什麼呢？因爲我們的態度和動機非常重要。佛說我們人所做的行爲，善、惡、好、壞全依內心的想法，而不依表面的行爲。如果我們的想法與發心是清淨的，則我們所行之道及所獲的成就也將是清淨的。如果我們的想法與發心是不清淨的，則我們所行之道及所獲之成就也將是不清淨的。

因此，欣賞他人的善行，以及欣賞另外一種文明的善，是修道之人所應有的優良品性之一。知道別人也像自己一樣想要快樂，如今看見他們快樂，自應爲之歡呼讚歎。隨喜他人之樂就是如此。有一首小詩說：

凡人喜歡世間財物，
猴子喜歡水果滋味，
菩薩則喜歡他人快樂。

若能隨喜他人的快樂，欣賞他人的行善，你就會永遠快樂。因此，我們應先以欣賞他人的善行爲自己的大樂，然後再深一層，願一切衆生永不離樂，永不受苦。這便是眞正的喜無量心。

我們不僅要對敵人、友人，乃至全地球上的人類懷四無量心，卽使是對法界中的一切衆生，也都應如此，故稱此爲「無量」。在願力上來說，願亦「無量」，不僅願衆生能得健康、財富、名聲，也願他們得證悟，究竟平安自在，終至成佛。在時間上說，時亦無量，不只限於一生、一劫，而是直到一切有情都成佛為止。發心如是，才是眞正的發四無量心。

十八、此四心為何被稱為無量？因為它們是無限的，是超越時間的。例如，當我們說「願一切衆生具足樂及樂因」時，我們的意思不是願某一羣衆生在某一個時期內享有某一種快樂，而是願無量衆生永永遠遠享有每一種快樂。

修菩提心的方法有多種，每一種都分別適合各種不同程度的人。我們每個人的程度都不一樣，有的對外界的知識多，在外界的活動大；有的則對內心的解悟深。不過，有一個基本的修行，對每一個人都很適合，那就是以修慈心為開始。每一個人都可以就他在目前所解悟的層次上開始用功，以自己目前對世間的想法，盡力想像自己所知道最適意、最清淨的那種快樂，與一切衆生分享，願別人也一樣能享有這種快樂。只顧他人不顧自己，和願他人享有我們認為最上的快樂，是修行此法的第一步。這一步，究竟說來並沒什麼意義，但在我們目前的階段，確是一個眞正修行的開始。

第二步是回想任何比我們更幸福的朋友或熟人，盡力隨喜，讚其成就。我們之所以要先回想友人，乃是因為這樣修比較容易做到的緣故。我們修此法一定要觀想到能眞心隨喜，衷心讚歎為止。之後，再以同樣的方式觀想對象較為疏遠的人或不太友善的人，盡力讚賞他們的幸福，爲他們祈求幸福。接著，觀想對我們殘酷的人、確實恨我們的人。最後才觀想我們內心眞正恨他的人。如果別人恨我們，那只是小事一件；如果我們眞恨他們，那可就嚴重了，因爲我們的瞋恨心會使我們的修行遭遇很多困難。所以像這類強烈的情緒都須要克服。

另外，我們也可以把同樣的練習應用於不善。首先我們要去想那壞的事物，想苦，想我們不想要的東西。之後，我們再觀想自己爲最心愛的人（如父母、姊妹、朋友等）除去此苦。隨便想那一個最心愛的人都成，不過父母無疑是首要對象。然後，像以上的練習那樣，逐步把觀想延伸至熟人、陌生人、敵人等等，直到我們眞能代他們受苦。

如果我們能不斷的練習，很快的就會發展出世俗菩提心，但我們不應把所布施的快樂與所受的痛苦當成眞實。因爲苦與樂都是虛幻的。有一種修法的方式，是把所受的苦觀想成黑煙，把所布施的快樂觀想成鮮明亮麗的顏色。此種修法非常適合於某種程度的修行者，但在修時無須作骯髒與潔淨之想，只須作善惡之想就可以了。我們所想要的，他人也想要；我們所不想要的，他人也不想要。因此，我們要把一切善全部布施給他人，自己則接受他人的一切惡。

這種相對的態度只是起點，所有大小乘修行均由此開始。有了正確的了解，卽知四無量心乃覺心之特性。勝義菩提心，則是了知善惡俱非實有，只有好夢與惡夢之分而已。善惡都是無常的，當我們對善惡的了解加深之時，我們即可看出善惡無本體、無自性、非實有。

十九、一旦你開始大乘修行，你就該把佛法的重心——菩提心當作你最關切的事。依據西藏大依怙阿底峽尊者傳來的開示，他說：一個心只要思惟某些因和果的關係，就能漸次發展出菩提心。如：

「我必須成佛，這是第一要務。

我必須發菩提心，因為這是成佛之不共主因。

悲是菩提心的因。

慈是悲的因。

受恩不忘是慈的因。

體認衆生皆是我的父母，這個事實是不忘恩的因。

我必須體認這一點！

如此做以後，首先我必須念念不忘今世母親的恩，而觀想慈。然後我必須擴大這種態度，以包括所有還活著的衆生！」

二十、當你從鼻子吸氣時，要吸進所有衆生的惑業苦，讓它溶進你的心。當你從鼻子呼氣時，要呼出你從無始以來所積的福德。想一想當所有衆生都收到它時，他們都將成佛。愉快地觀想，不斷地念：

當我愉快時，

願我的功德流入他人，

願它的福澤充滿虛空！

當我不愉快時，

願所有衆生的煩惱都變成我的，

願苦海乾涸！

卽使當你臨終無法做其他修持時，只要你有一口氣在，就做捨和取的功夫。

二十一、只求未來世獲得人天福報而做幾件善事或修幾次法，這是與菩提心相違背的。對治這種心態的藥方是：努力思惟業果和輪廻之苦。

只想到你自己的福利，而不顧別人的福利，是本末倒置的。對治這種心態的藥方：是觀想自己的善業和幸福，和別人的惡業和痛苦相交換，這是最重要的。

因爲你只有一個，而衆生却有很多。因此，不要光說不做，你要有信心和決心，一旦自己成了佛，也要令衆生都成佛。

你不要只顧珍愛自己，你要把衆生看得遠比自己還重要。你必須準備接受極大的苦難，以把幸福帶給衆生，你只能爲衆生的利益而思而行。

今天，即使我們做了幾樁好事，大部份也只是爲自己著想。如果你只爲自己而做，或做被指定的工作，這樣將對你毫無利益！

你必須在行住坐臥中，一心一意想要幫助別人！

二十二、當別人使人注意到你的錯誤、羞辱你、打你或對你突然暴怒而傷害到你的時候，不要理他，只要以慈悲觀想。

千萬不要顯露你愉快或不愉快的情緒。

如果你不能忍受任何犧牲或幫忙別人，你就喪失了發菩提心的要義。

如果你能把自己的善業和幸福，與別人的惡業和苦難相交換，則很容易發展出菩提心，這是一種特別強而有力的善巧方便，因此你要以堅定的決心加以運用它。

二十三、縱使你遭遇到不幸，譬如生病、心煩氣躁、爭執或訴訟，也不要責怪別人。心中要這樣想：「這都是由於自己的我執在作祟。」

不要談論別人的錯誤。你要知道，他們的「錯誤」，實際上就是你不純潔之心的投射。不要使人注意人類的過失，不要用辱罵的語句或兇惡的咒來對付非人或其他生物。不要把麻煩的事給別人，不要叫別人做你的髒工作。

如果你爲對手的失敗而歡喜，爲敵人去世而高興，爲競爭者生病而慶幸，這種心態是最要不得的。不要考慮你的健康情況或答覆閒話的能力，只要觀想菩提心。專心觀想曾經是你的敵人或冤家等難以同情的對象而發菩提心。

二十四、當你被病魔所困，或被閒言閒語所苦時，你要勇敢承擔所有其他衆生的苦難。如果你知道目前的苦惱是來自於過去所造的業，那麼當煩惱再次折磨你的時候，你就不應該氣餒，而要承擔起別人的煩惱，以免他們再造相同的罪業。

當你愉快的時候，應該使用你的財富、影響力和功德來行善。不要無所事事。

總之，不要讓你的任何行為牽涉到私利，要以袪除我執的程度，來評估你對佛法的修行。

二十五、發菩提心之訓練是很廣泛的，因為它包含所有的宗教行為和修持。但簡單地說，訓練願菩提心，必須修學菩薩願的學處。

因為不管是心理上遺棄衆生，或是採取與菩提心相反的態度，這兩者都會連根摧毀菩薩願。所以一旦你發了菩薩願，千萬兩者都不可有。

如果你對衆生懷有惡意，不論牽涉的衆生有多少，即使只有一個，只要你這樣想：「哼！即使我有機會幫助你，我也不肯！」或對他滿懷厭恨、嫉妒或忿怒，這都是一種罪業，屬於「心理上遺棄衆生」。

同樣地，假如行者的心裏這樣想：「我無法幫助自己或別人！我不如做一個凡夫算了，佛道畢竟太難成就了。」或想：「我是不是發菩提心並無關緊要！我不可能幫助任何人！」「菩提心的利益並不那麼大。」這些想法都是違反菩提心的態度。

如果你不立即懺悔並改正這些態度，菩薩願就完全喪失了。因此我們隨時隨地都要小心，即使它們在無意中升起，也應即時懺悔，如此將可補救菩薩願。

總之，絕對不要讓此殊勝心態退失，縱使是仇敵和惡魔，也要希望他們能成佛。縱使遇到最大的惡人，也不因此而摧毀菩提心。雖然有時眞的無法幫助別人，也應經常存著將來幫助他們的心願。

二十六、質言之，你爲了激發願菩提心而做的任何事，都可以用下面的話來涵蓋，那就是把所有的利益和功德施給別人；自己則接受所有衆生的損失和罪業。

因爲菩薩願的動機和意願最重要，所以你要經常把菩提心放在心上，放在你的一言一行之中。如此將可以導致菩提心的穩定成長，因此，你必須訓練自己這麼做。

二十七、密勒日巴在世時，有一位比丘名叫格西本恩（Geshe Ben）。密勒日巴當時住在山洞，是一個不修邊幅的隱士，格西本恩則住在寺院，是一個受人尊敬的比丘。

有一天，格西本恩的一位弟子，也是一位有錢的大施主，要來看他，於是格西本恩做了一個非常別緻的佛龕，把所有佛像及八供碗都洗刷乾淨。就在該施主到達之前，本恩自己心裏想：「我現在爲什麼要把這座佛龕弄得這麼好，而這些都是我過去所不曾做的？」他想了一想，斷定唯一的原因是來人對他有重要性。於是他急忙跑到厨房去，抓了一把灰，撒在佛龕上，弄得整個佛龕極其骯髒。後來，密勒日巴得知這件事，就說：

於全藏之內，從未有一供

優於木恩僧，所獻之灰供。

這並不是說我們應把佛龕弄髒，而是說我們做事的動機極爲重要。

還有一個故事，也是講發心清淨的重要。從前有一位法師，他能知衆生輪廻之事並具有他心通。有一天，有母女二人想在他所居洞穴之下過一條河，結果不幸都被激流冲走。於隨波浮沉之中，母親想：「我現在是完了，不過只要我的女兒安然無事，我就不在乎。」女兒想：「我現在是完了，不過只要我的母親安然無事，就沒關係。」結果，母女雙雙被水淹死。但是由於她們發心清淨，所以都轉生天界。

我們所做的一切修行，我們所做的一切行爲，全依我們的發心而定。發心如果清淨，所爲也一定清淨；發心如果不清淨，所爲也一定不清淨。

還有一個故事，講到不善之念。從前，在某一王宮門外有一個乞丐。他想：「如果國王明天早上被人割喉而死，我可能會取而代之，成爲國王。」他的這個念頭十分強烈，完全出自眞心。第二天早晨，國王的一個侍衞駕車從宮門出來，車輪剛好輾過熟睡中的乞丐之頸部，使他身首異處。

我們一切的遭遇都是我們心意積聚的結果。我們所積聚的可能是好的，也可能是壞的，或不好不壞的，而此好、壞、不好不壞都是依我們的動機而定，而不在於行爲的本身。

二十八、我們每一個人對佛、菩薩、覺悟者，都會起尊敬之心，這是因爲佛菩薩及覺悟者會教導我們解脫的方法，又因他們是聖人，我們自然會接納；但如果我面對的是衆生，就往往缺乏善意，無法尊敬他們，這樣是違背佛法的。因爲一切衆生都是未來的佛，理當尊敬；況且修行者如果沒有澈底對衆生做到忍耐和慈悲的功夫，也不可能覺悟。衆生給予我們修行的機緣和對象，倘若沒有敵人、沒有衆生，我們當如何修習菩提心？所以唯有他們才是我們修習道上的朋友。我因衆生而發心，而修行，而成佛，有了這樣的體認，才會勇猛精進。

二十九、要達到眞實的發菩提心，有四種善巧方便（Four Applcation）：

(1)累積資糧：我們想解脫輪廻之苦，就要勤修積聚資糧——供養上師三寶，承事僧伽、開悟者，以及布施一切衆生。

(2)懺悔、淨除自己的業障：對過去世因三毒而累積的惡習及業障應徹底懺悔，並祈求未來的清淨，發誓今後永不再造；依止上師、諸佛菩薩而發菩提心；修習空性正見、百字明咒。

(3)供養魔食：供魔食子後，修慈悲心，請求他們伴隨修行，勿阻擾行者修行。

(4)供養護法空行：以食子供養護法空行後，至心祈求護法神守護壇城，利益一切有情，並成辦順緣，使修行得以成就。因護法曾在釋尊前發願，保護修習佛法的行者，所以供養護法空行，可以利益一切。

三十、發世俗菩提心的修法中，最迅速的是修「自他交換」，也就是將自己所修習的功德，盡數施捨給一切衆生，使其福德增長，同時把一切衆生之煩惱惡業等取回，由我代衆生受此果報。如此的交換修法，是極大的布施，眞正的慷慨，這是對付我執最好的藥方。

平時我們談論「施捨」好像很容易，實際上修起來却很難。因爲常人不論施給對方什麼，總是希望對方有所讚美，或有所實質的回報，世人一旦有這種意念存在，就表示已受我執的束縛。換言之，這種布施是透過自我的心態而產生，所以非眞正的布施。

修世俗菩提心的次第，可先由自己的母親著手，因爲面對自己的母親修慈悲心比較容易生起。修此法時，首先觀想自己的母親在面前，思惟她不但今生是我們的母親，即使在多生多劫以前也是我的母親。她爲了撫養我們長大，累積了很多的習氣和惡業。爲了照顧我們，不惜一切，甚至不惜起貪、瞋、癡等三毒之心、甘冒淪落三途之苦而無怨言。我們應以此念母恩的心對自己的慈母修慈悲心。

這種慈悲心修行一段時日之後，我們的「我執」會慢慢減少，然後再將此對象轉移至自己的家眷、親人、朋友乃至敵人。最後才普及於一切衆生，無一例外，這才是世俗菩提心的真義諦。

三十一、質言之，世俗菩提心的主要特質是慈悲；勝義菩提心的主要特質是智慧。因爲智慧的發展需要依賴於慈悲，如帕當巴（Phadampa）說：「魚會喜歡水而不會喜歡乾地；沒有慈悲就不會有證悟。」所以，勝義菩提心（眞如本性的證悟）的獲得需要依賴於世俗菩提心的生起。一個人只要喚醒純眞的慈悲力量，雖然還未證悟眞如本性，他也能夠在身口意三方面，爲別人的福祉而行善。

因爲世俗菩提心之有無，是菩提心本身之有無的唯一先決條件，所以我們必須先找出發世俗菩提心的方法。

上智者只要面對三寶的形像，誠心誠意地念菩薩願三遍，就可以激起世俗的菩提心。但是凡夫則一定要從傳承不斷的上師那邊接受菩薩願，並加以不斷的練習，否則就無法順利生起。

因此，一般學佛的人最好是先受發菩提心儀軌，然後每天早晚各念菩薩願六遍；在白天四次修法的開始和結束時念菩薩願一遍。如早晚各念菩薩願一遍也可以。

三十二、作爲一個佛弟子，應當勤修「堪忍」，否則僅能算是名稱上的「學佛者」。因爲「學佛者」之最重要因素在於「以心制心」，所以唯有能在內心培育「耐心」的人，才具有佛弟子的特徵，才能成爲眞正的佛弟子。

一個修習佛法的人，如果他心中還充滿嗔心，充滿妒嫉、恨意、傲慢，那麼這和一般沒有學佛的人又有什麼差別呢？並無實質的差別，只是在名稱上或外表上與人不同而已。

為了能使自己和其他有情獲得最大的利益，我們必須生起最殊勝的忍耐力。「忍辱」是佛之教法中最殊勝的美德，是一切修行法門中的最勝義，唯有能行忍辱的人，才能眞正把握住佛法精義之所在。

三十三、如果我們要想眞的能利益他人，則必須得到某種程度的證悟，因為唯有如此，才能使我們的利他行為永無錯誤。但是，如果我們能深信自己的動機純正，即使無此證悟，也可開始行利他之事。不過，我們應遵守下列四個基本原則：

(一)供給他人所需，幫助他們，實現他們的願望，但我們所做的一切行為不得有害於他們或其他的人。

(二)依照他人的願望，說他人想聽的話，但我們所說的話不得有害於他們。易言之，就是要說親切的話，不說嚴厲的話。但當我們確信非說嚴厲的話不能令其獲益時，我們就必須說嚴厲的話。

(三)我們若能以任何方式令他人見道，即使只是窺見一點點，我們也必須去做。

(四)不管我們修道的層次如何，不管我們實際上須不須要，我們所作的一切行為都不能違背佛之教誡（戒律），以及世間的法律或公認的善良風俗。

究竟說來，在獲得證悟之前，我們幫助他人的力量是有限的。在我們確信自己所做的行爲，於任何情況之下，都不會爲失望所損或爲我慢所蔽之前，也是一樣。話雖這麼說，但我們還是要從自己現在的層次開始，依自己的了解，以自己所能行的有限方式幫助他人。

三十四、修道之人如果犯了以下四種黑法，則此生願菩提心會逐漸轉弱，下一世則會忘失菩提心。

第一種黑法，是對上師、阿闍黎、善知識等堪受供養的人行欺騙。譬如上師以慈悲心指出你的過失，你却以虛妄語蒙騙他。或是你向上師稟白一件事情，之後在另外一個地方和其他人商議另外一件事時，你却以虛妄語向別人說上師已經准許了。這種欺蒙師長的話，不管你是不是使他們受騙，不管你的話是多是少，不管你是不是在開玩笑，只要你撒了謊就是犯了第一種黑法。

第二種黑法，是說當別人作了善事（或成功），而又沒有値得憂悔的地方時，你竟生起令人憂悔的心，說些使人產生憂悔的話。或對守戒清淨的人，以諂誑心使他對守戒產生迷惑。只要你說了這種話，不管你是不是使他們受騙，不管你是不是使他們產生憂悔，都是犯了第二種黑法。

第三種黑法，是對已由儀軌正受發菩提心的人，生起瞋恚之心，因而宣揚他的過失和短處。無論是說一般的過失也好，說法上的過失也好，當面說也好，背地說也好，能證明的也好，不能證明的也好，用柔善的話來講也好，用粗暴的話來講也好，不論對方聽見或未聽見，喜歡或不喜歡，只要說出就是犯了第三種黑法。

四種黑法中以第三種黑法最爲嚴重，也最容易犯，所以修道之人應特別注意。《寂靜決定神變經》中說：修菩薩行的人，除了毀謗菩薩外，實在沒有其他任何業行會使他墮於三惡道。《彌勒獅子吼經》中說：如果未登地的菩薩，對於登地的菩薩生起瞋恚心，即使身語未動，也將隨他所起瞋恚心之刹那數，摧壞他同刹那數之劫所修的善根，若要再修菩薩道，必須在同刹那數之劫中重披誓甲。《入行論》中說：如果未登地的菩薩對已登地的菩薩，生起瞋恚之心，將隨他所起瞋恚心之刹那數，於同數目之劫中恒處地獄。

修道之人除了對登地菩薩起瞋恚心會有上面所說的過失外，即使是對一般人起瞋恚心也一樣會摧壞善根，而且瞋恚會使慈悲心薄弱，乃至全無，是斷菩提心的根本。所以應盡全力斷捨第三種黑法。

第四種黑法，是說如果爲了貪著利養，對任何一位衆生以欺騙之心來向他們行騙或僞詐。譬如在稱斗上偷斤減兩，或誇大不實功德，隱瞞眞實過惡等。這種事只要你作了，不管對方知道或不知道，陷害成功或未成功，都是犯了第四種黑法。

三十五、修道之人如果修學以下四種白法，不但今世，即使是後世，乃至未證無上大菩提之間，都能記住你今世所發的菩提心。

第一種白法，是對任何一位衆生，都說誠實語，縱然是失掉生命，或是戲笑，也決不明知而說妄語。

第二種白法，是以正直之心對待一切衆生，決不行諂誑。

第三種白法，是對任何已發菩提之心的菩薩作如佛想，並宣揚其人之德於十方。然而誰是菩薩誰不是菩薩卻不是我們凡眼所能了知，所以最好的方法是如《迦葉問經》中說：應於一切衆生作如佛想，修清淨相，並讚揚其功德。

第四種白法，是盡你所能地敦促衆生行善和信奉佛法，尤其是大乘佛法，引導他們祈求無上覺，乃至受取正等菩提。

四、菩薩戒

一、凡是發無上菩提心的人，如果不再進一步持菩薩戒，行菩薩行，則無論修行多久，終不能取得無上菩提。爲什麼呢？因爲無上菩提是靠修學菩薩行精進攝取福慧資糧而證得，不是光靠嘴巴說說而已。如果只靠嘴巴說：「我要成佛！我要成佛！」而就能成佛的話，那麼無邊衆生早就都成佛了。

所以，修道之人如果對於波羅蜜中所說的菩薩學處，不去實地修學，乃至不生敬仰心，而却自詡爲大乘行人，應知這只是名的菩薩，決不是眞實行者。

或許有人說，行持菩薩淨戒，那是顯教所應修學的法門，密乘行人是不須要的。當知這種見解是爲大邪見。如妙吉祥本續中說：

「修密乘者，應具三法而得圓滿。何等爲三？一者不捨一切有情，二者護持菩薩淨戒律儀，三者不自棄失所修密法。」

這意思是說，要持金剛乘戒，一定要先持菩薩三戒，若不持菩薩戒縱使持五部佛戒，亦不能圓滿。若持金剛乘戒不得圓滿，則無論修密法多久，永遠無法得到密續中所說修密法應得的成就。

二、然而有心想進一步受學菩薩戒的大乘行者，在受戒之前，必須先堅固自己的願菩提心，和通達菩薩戒的內容。等到自己對於所應修學的地方，都能妥善防護，有把握不會犯過，並且意樂行持的心也堅固了之後，才能參加受戒，否則有大過失。

譬如有人受戒之後，因不知道如果心理上棄捨願菩提心，或不願荷擔利益衆生之行，或棄捨任何一位衆生，就算是棄捨菩薩淨戒；又不知道因棄捨菩薩淨戒而違背當初受戒時所發起利益安樂無邊衆生之大願，將來會墮入三惡道，而長夜流轉受無量苦。受戒人之所以有這種過失，完全是由於無知所產生出來的。所以在受戒之前，一定要審愼檢討自己是否瞭解菩薩戒的內容，看看自己有沒有發菩提心，或是發了，但不清楚自己所發的是不是就是眞正的菩提心，或是只想受戒但不願修學。如果說只想受戒但不願修學，或是樂於修學但不發願菩提心，或是不瞭解什麼是菩薩戒，當知這都是不具受菩薩戒之資格的。

三、目前臺灣受菩薩戒所依據的經本有很多種，有些經本是對出家衆說的，有些是對在家衆說的，內容稍有出入。又有些人因不明瞭菩薩戒之精神，對於戒相亦復不明瞭，所以每每對某些戒條之防護有所爭執。幸好，宗喀巴大師所著「菩提正道菩薩戒論」早已漢譯完成，修學者若能詳細恭讀此論，必能眞正把握住菩薩戒之精髓，進而圓滿菩薩戒藏，受取無上大菩提。

修道之人受菩薩戒之後，如果心不棄捨任何一位衆生，不棄捨願菩提心，不棄捨所受菩薩淨戒，不現行上品纏犯他勝處法，則一受永得，乃至成佛，不失此戒。雖然有的人轉生之後，忘失本念，再值遇善知識，爲他受菩薩戒，但此爲重受，不是新受。

已由儀軌正受發願菩提心的人，如果他心不放棄願菩提心，心不棄捨任何一位衆生，而犯了菩薩應修的戒律，這僅是違背中性善類學處，屬於惡行，只要以四力懺悔、或拜三十五佛、或誦了義經、或持百字咒就可以悔除。但是一旦受了菩薩戒，就應依菩薩戒論所說還出罪法，遵照行持，罪才能清淨。

質言之，凡是發願菩提心或受菩薩戒的人，只要他不放棄菩提心，心不捨棄任何一位衆生，再大的困難，都可迎刃而解，再嚴的戒律，都能守護清淨。所以有心求得佛果的人，都應受持菩薩戒。

四、受菩薩戒是很重要而又寶貴的事，故必須從正確的上師那裏受菩薩戒，傳戒的上師也必須具備以下幾種特別的資格，才可以傳授菩薩戒。

第一，必須從兩種不間斷的菩薩戒傳承裏面受過一種或兩種的菩薩戒，才能傳戒。這兩種不間斷的傳承，一是由釋迦牟尼佛傳給文殊菩薩，再由文殊菩薩傳給阿利亞德哇，再傳給香記德哇等，這派的菩薩戒叫「深見派」。另一種是由釋迦牟尼佛傳給彌勒菩薩，再由彌勒菩薩傳給無著菩薩，再傳給哇就兒慢都，這派叫「廣行派」。

第二，傳戒上師應該從沒犯過菩薩戒，他雖已從無間斷傳承受戒，但如犯過菩薩戒就不能舉行傳戒儀式。

第三，傳戒上師須具有特別知識來解釋什麼是菩薩戒、受戒的利益、及如何發起菩提心，和怎樣如理如法的來進行傳戒儀式。

第四，傳戒上師在傳戒時不可起分別心。例如，對受戒人持有種族、性別和貧富的不同看法，或其他世俗上的見解等等，更不可爲求世俗的名利地位、權勢來傳戒。如果從這類傳戒的上師那兒受戒，則不能很正確圓滿的受戒。正確傳戒的方式就是爲平等利益一切衆生，求戒的人只要是眞心誠意，是一個良好的瓶器，則上師隨時要傳給他。上師對他唯一的要求是希望他能眞心求戒，獲得最大的利益。

第五，傳戒上師還必須要受到他傳承上師的加持及授權，他才可以傳戒給眞心向他求戒的弟子，此爲傳戒上師該具備的五種資格。

五、除了傳戒的戒師本人須具有以上的資格外，求戒的弟子也必須具備一些條件。

第一，求戒者應具有眞誠的心，並深切感受到六道輪廻的種種缺失和痛苦，渴望從六道輪廻之痛苦中獲得解脫。

第二，他必須對佛菩薩具有無比的信心，虔誠敬意，及對傳承祖師、大成就者都具有虔誠的心，對戒師更有不動搖的信心。

第三，須具備慈悲心，眞的希望見到別人幸福，將別人的幸福和解脫列爲最優先的事來做。此爲弟子得戒必要的條件。

假若受戒的弟子只是以身體來聽開示、參加法會及灌頂，而不以虔誠的心來參加。同時，灌頂後又不修行，則無論他參加多少次法會或灌多少頂，也不會得到很大利益的。譬如一個倒放的瓶器，瓶口向下，不論倒多少次水也倒不下去。所以，虔誠的參加法會及修行也是很重要的。

受戒弟子若以傲慢心來聽法，認爲自己比上師好，他講的話對我不重要，有此傲慢心受戒，也不會受到好處，得不到加持。譬如水要倒進瓶子，必須水高瓶子低，若瓶子在上而水在下，則水根本倒不進去。

受戒弟子若以自私心爲求名利、財富或健康的心來參加法會，想經由法會來滿足這些希求，用此心態來參加法會只能得到部份利益，而不能得到全部利益。譬如瓶子本身有毒，不管放多少清淨的水下去，也會受污染。

總之，要受戒必須具有眞誠的心，對佛菩薩、上師、一切聖衆都要有不動搖的信心，並且眞的願意從六道輪廻中得到解脫，心中眞的關心別人的幸福，有能力做利益他人的事時就要努力去做。求戒者應該在這樣的心態下來接受寶貴的菩薩戒，這才是正確的受戒。

六、以上是說要用眞誠的心來受菩薩戒。現在再講受菩薩戒的利益。

基本上沒有人能詳細、完整無缺的把受菩薩戒的利益說清楚。卽使是到達完全開悟的佛，當他在開示受菩薩戒和發菩提心的利益時也說，如虛空之不可量，菩薩戒和發菩提心的利益亦不可量，他若要講，幾百萬年也講不完。佛又說：若將菩薩戒及菩提心的功德以物質的標準來說，整個宇宙也容不下去。因爲戒的利益太大，包容太多，爲不可說。但爲使大家了解，我們還是簡單的來講一下：

受戒之前我們是凡夫，心中充滿與生俱來的不良習性，因此，我們一定會在六道裏流轉，永遠無法解脫。人的身體是由地、水、火、風四大組合，皆是不淨的。如：尿、血、膿、糞等。但受戒以後身心則轉化，外在的身體轉化成爲男菩薩或女菩薩，做爲菩薩就有一種力量，讓別人見到自己，而使他們得到利益。這是因爲有菩薩戒功德的緣故。所發的聲音，可使聽到的人也因戒的功德而得到利益。在此世界中最高的梵天天神也因此來頂禮我們，卽使已解脫的阿羅漢、辟支佛也會認爲我們值得尊敬，對已受戒的菩薩也會頂禮。這就是菩薩戒偉大的地方及偉大的利益。

在轉心方面，已受過菩薩戒的人卽使只做了一次小小善行，此小善行也會日日增長。因爲他本身具有戒體的功德，又一直都在持戒，所以無論他是在吃飯、睡覺、或是在遊戲，善行都會天天增長，這是受戒的無上利益。對沒受戒的人來說，所做善行當然也會有很好的功德，但此善行無法增長。

總而言之，一個人只要受戒，同時遵守戒的規定沒有犯戒，則會像過去諸佛菩薩一般的成佛，所以世上再沒有比菩薩戒更偉大的了。

如果受菩薩戒、持戒，則不管以前所積惡業有多嚴重，也會因戒的功德而消失，不致墜入惡道中受苦。所以，世上沒有比菩薩戒能爲我們帶來更大的利益。

譬如人犯了大罪被判死刑、無期徒刑，很幸運的總統給他特赦，則此人立即能得到自由。同樣的，經由受菩薩戒功德的無比力量，可使我們像此犯人一樣，最後得到成佛解脫。這就是菩薩戒的利益。因此，以後凡遇到有受菩薩戒的機會，一定要去受戒。

七、過去諸佛菩薩有的已成佛，有的仍在不同的菩薩地上修行，這些諸佛菩薩剛開始修行時，都是以接受菩薩戒爲基礎，然後才開始在菩薩道上修行的。

換言之，不受菩薩戒就無法得到成佛的果位，也無法在菩薩道上一步一步的修上去。釋迦牟尼佛本人就已經給我們一個很好的例子。三世諸佛菩薩他們成佛的唯一基礎就是菩薩戒，從來沒有人成佛是不受菩薩戒的。

八、Sagaramatiparipriccha sutra 經說

「菩薩有十事。1.安住於信以爲根，依賴阿闍梨；2.勤習聖法的每一面；3.誠心助人，勤於行善，永不罷手；4.小心避免浪費的行爲；5.幫助衆生道業成熟，不執著由此所產生的功德；6.不惜身命堅信佛法；7.永不滿意自己所累積的功德；8.勤積智慧；9.牢記最高的目標；10.以善巧方便追求自己所選擇的道路。」

勤奮實現這十件事吧！至於行菩提心的訓練，就像希望豐收的農夫，不只是需要播種，還要耕耘，你既想成佛，光是願望還不夠，你必須盡你所能地成就各種菩薩行。

九、對一個剛開始修學菩薩道的人來講，要他馬上消除心中各種惡念和壞的行爲，那是非常困難的。同樣的，要他馬上發出善心，做出好的行爲來也是很不容易的事。所以在菩薩道的修行上，應該採取漸進的方式，和契而不捨的態度。同時更須要多了解菩薩之種種功德，以激發他行善事的意願。

爲了避免產生壞的心理，剛開始只找些容易做的事情來做，並且在做的時候運用些善巧方便，來改變自己的心態，這是非常重要的。

過去印度有一個生性極爲慳吝的人，不要說叫他行布施，卽使只叫他說出「布施」這兩個字，他都感到非常的困難。因爲他心中根本沒有布施他人的意願存在。但是他經由釋迦牟尼佛善巧的教導，却能由一個完全沒有布施心的人，而轉化成能行大施捨的菩薩。

佛首先叫那個人，右手拿一把有針刺的草，教他想像把右手當做自己，左手當作別人，然後教他把右手中微不足道的東西交給左手。卽使是這樣，那個人剛剛開始做的時候都覺得很難，因爲他把左手當作別人，他自然就會猶豫：「我是不是要把右手的東西交給左手呢？」後來他又想到：「左手也是我自己的手嘛！」於是就交給左手了。

經過幾次練習以後，佛再教他把左手的東西交給右手，這樣用左手、右手反覆訓練他，他就能慢慢習慣把東西交出來，也慢慢地發展出布施心，最後終於能把他的財產布施出來，修到最後，如果是爲了利益衆生，他也能布施出自己的身體，乃至生命。

所以，不管有多少困難，只要能依照佛之教法中的智慧和善巧方便去做，在菩薩道上修行一定沒有問題的。

五、金剛乘

1. 金剛乘的意義

一、金剛乘有許多不同的名詞，如：信手鎧（Shraddhakaravarma）在《無上瑜伽教義》中說：「菩薩乘有二種，一爲講十地與六波羅蜜之因乘，另一爲講秘密眞言之果乘。」因此，「秘密眞言乘」、「果乘」及「「金剛乘」都與「眞言乘」同義。「眞言乘」又名「方便乘」。至於「因果乘」這個名辭，乃是二大乘（波羅蜜及眞言乘）的異名。

在金剛乘的典籍中，金剛乘也被稱爲「持明藏」（Scriptural division of the knowledge Bearers）和「密續藏」（Sets of tantras）。

二、關於「秘密眞言乘」，它之所以被稱爲秘密，乃是因爲它是暗中秘密傳授的，不傳給非法器之人。「眞言」（咒）的原字是 mantra, man 意爲心，tra 意爲救護。《一切如來金剛三業最上秘密大教王經》第十八章（Guhyasamajatantra, chap. XVIII）中說：

依根塵爲緣，所生起之心，

卽是所謂 man，Tra 意爲保護。

以諸金剛力，護離世間法，

所發諸誓願，卽名「修眞言」。

還有另外一種說法是，man 意發如實智，traya 意爲保護六道輪廻衆生之悲心。

三、關於「果乘」，此處之「果」係指四種清淨：卽住處清淨、身體清淨、資財清淨、行爲清淨，也就是佛宮殿、佛身、佛財、佛行。修者依此四種清淨，觀想自己當下卽有一座不可思議的大宮殿，並有天人爲伴，四周具諸聖物，及具足淨化環境和衆生的聖行。是故此乘被稱爲「果乘」，其原因就在修此乘者乃依果（佛位）所具諸相而修觀。信手鎧在《無上瑜伽教義》中說：「此乘之所以名『果』，乃是因修此乘者都以扮演具有清淨身、清淨資財、清淨住處及清淨行的佛果爲修行的辦法。」

四、關於「金剛乘」一名的由來，寶手寂（Ratnakarashanti）在《掌花論》（Kusum-anjaliguhyasamajanibandha）中有極明確的說明。論中說：「總括整個大乘之經意的是六波羅蜜，總括六波羅蜜的是方便與智慧，而總括方便與智慧令成一味的是菩提心。這就是金剛薩埵三昧。只有此智慧和方便合一才是『金剛』。由於它旣是金剛又是乘，故名金剛乘或眞言乘。」因此，以方便和智慧合一不分的金剛薩埵瑜伽爲修行的方法和修行之目的的就是金剛乘。

由於金剛乘較波羅蜜乘有更多的善巧方便，故又名方便乘。智依在《不二金剛乘》中說：「以不可分故，名為金剛乘。以果為道故，又名為果乘。以大方便故，又名方便乘。以極秘密故，又名為密乘。」

2. 金剛乘的特質

一、如果將大乘分為波羅蜜乘和金剛乘兩種，那麼到底是依據什麼來劃分的呢？說到波羅蜜乘（顯教）與金剛乘（密宗）之間的差異，就必定會牽涉到「乘」字二義中的一個，也就是說，必與兩乘在修行的方法上或與所要修得的成果上有關。

就「乘」為修行之果的意義而言，金剛乘和波羅蜜乘並無高下之分。此二道的目標，都在成就淨除一切過失及圓滿一切功德的佛果。因此二者不同的地方，乃在於獲得佛果的修行方法上。

然而，在修行的方法中，金剛乘和波羅蜜乘的正見（對空性的看法）、發心意樂（為利一切眾生發無上菩提心）及修學六波羅蜜也沒有什麼不同。其最主要的差別，只在金剛乘有成辦利他之色身的特殊方便。

就修行的方法而論，大乘優於小乘，因為大乘以發利益一切眾生的無上菩提心為方便。將大乘再分為波羅蜜乘與金剛乘，也是以方便為依據。

一般來說，方便中所含之道是成就佛陀色身的方法，而智慧中所含之道則是成就佛陀法身的方法。要成就佛陀法身，就必須修與佛陀法身相應之道。波羅蜜乘與金剛乘都有與佛陀法身相應的智慧道，亦即在根本定中證空性的方法。

要成就佛陀色身，就必須修與佛陀色身相應之道。這一點只有金剛乘才有此特殊方便。金剛乘在方便上的偉大之處，就是利用與佛陀色身相似之身做為觀想的對象。這是波羅蜜乘所沒有的。

二、這兩種大乘的行者所追求的主要目標都與利他有關，而不是成無上覺。成無上覺只是自我成就的目標。因為他們視成佛為達到利他的一種手段，所以把無上覺只當作利他的一支來追求。好比彌勒菩薩在《現觀莊嚴論》（Abhisamayalamkara）中說：

發心為利他，

求正等菩提。

所以，這兩種大乘行者所發的利他心是一樣的。

佛陀實際向修行者示現的佛身不是法身，而是兩種色身（報身與化身）。佛之法身要由通達甚深空性之智慧來成就，而色身則要由廣大方便法來成就。但這只是指依修主要的法而言，實際上佛之法、色二身都不能藉無方便之智慧或無智慧之方便而得成就。因此，智慧與方便合一不可分是成就佛果必備的條件，也是一般大乘行者所共遵的教義。

如果不能通達諸法實相，就不能滅諸煩惱，出生死海。因此，通達空性的智慧，不但大乘的菩薩要有，即使是小乘的阿羅漢（聲聞與緣覺），也都要有。

所以大乘之道的主要特色不在空性智慧，而在於輪迴未空之間，永遠對具足善根的修行者顯現色身，以作爲一切衆生之依怙與皈依境的勝方便。波羅蜜乘行者所修諸法實相、離於戲論的方法，就是修與法身行相相應的道。但是，波羅蜜乘沒有修習與相好莊嚴之色身行相相應的道，而金剛乘則有。因此，在成辦利他的色身方便上，波羅蜜乘與金剛乘有極大不同之處。大乘之所以分爲二乘，也就是在於此方便上的差異。

三、要除去內心的煩惱，必須觀「空性」，但這不是圓滿成佛的方便，因爲觀空性只能除去「自性有」這一個概念而已，以及除去基於此一概念而產生的一切煩惱。若要成就完美的佛陀色身，還必須有他種修行。迅速圓滿成佛的方便，是修本尊瑜伽之道，藉以建立起自視爲果位本尊的佛慢。

修行此道所欲成就者，乃是佛之三十二相八十隨行好。要想有此成就，修行者必須修與佛身相似的本尊身。因此修本尊身不僅是獲致一般成就之道，也是獲致特殊成就——佛陀色身——所必修之道。

四、根據波羅蜜乘，要想用「通達空性的智慧」去對治全知之障，則「通達空性的智慧」必須加上發菩提心，和菩提心所引導的六波羅蜜。布施、持戒、忍辱等廣大方便，能利益無量衆生。這些方便的印記，就是成佛時所獲得之能行無量利他行的色身。

洞察諸法實相的智慧，卽是證得佛陀之如所有智和盡所有智的工具，因此，通達空性智慧的特殊印記，就是成就智慧法身，並且捨一切煩惱。

五、大乘行者所欲證得的佛果，是具有甚深性的法身，和具有廣大性相好莊嚴的色身。當智慧之心與諸法實相同住一味，終不起動時，則具光明相好之莊嚴身也就終不改變，心身二者一體不可分，這就是所謂的佛之自性義。

所以要以智慧和方便成就佛果的修行者，就必須修隨順佛果之法身和色身之道。比如說修行者在從事成就佛心（法身）之修行時，卽必須一心專注諸法實相，修與佛心行相一致之道。同樣的，在從事成就佛色身之修行時，卽必須專注自身現爲相好之身修與佛色身行相一致之道。

又佛的果位階段，是相好莊嚴之身與依此身而立的無所得之慧心，二性無分別地住於一體，所以在道的階段中，修行者也應現自身爲如來身相的心和緣法眞實義無自性慧的心，同一識體俱時和合。

當知這就是金剛乘中，方便和智慧和合不二之義。行者藉修此同時結合方便和智慧的瑜伽，最後乃能成辦由無二智中，於所化衆生前現起色身之佛果。

總之，在金剛乘眞言道中，如果不修本尊瑜伽，則無論你修空性智慧有多久，在果位中不免墮寂滅邊，如果不修空性智慧，只修本尊瑜伽，也一樣不會令修行者進登佛位。這是諸密續中最勝意趣。如果於此不能深信，你將捨棄本尊瑜伽或空性智慧，而只修眞言道的一部分，當知這就表示你根本沒有找到金剛乘的道體。

六、根據波羅蜜乘的說法，如果以一般情況而言，色身是因積聚功德而成就的。但如果就特別情況來說，當菩薩登上十地中的第八地時，會獲得類似佛之三十二相八十種好的心靈之身，此身之所以生起，完全依靠潛在的無明傾向（欲獲心靈之身的動機）及無染業（與欲獲心靈之身的動機有關的微妙願行）。八地菩薩的心靈之身若逐漸改進，最後會成爲佛之色身。因此，卽使波羅蜜乘也沒有說，只積聚功德就夠了，同時也不認爲成佛時所獲的新色身非來自過去。無論修顯修密，都必須先成就與佛色身相似之身才能成佛。

根據無上瑜伽密續的教法，說有的人能一生成佛。然而這些人並非一生下來就具有三十二相八十種好的莊嚴身，所以他們必須藉修本尊瑜伽來成就此微妙色身。

七、金剛乘所謂的方便與智慧結合，或智慧與方便結合，並不是說方便與智慧是兩個不相同的體，僅能彼此相容。不是這樣的。而是說它們兩者都成就於一心之中。以修此種方便與智慧的合一爲基礎，於成佛時，不二智慧法身卽能自然顯現爲本尊之相。因此，在觀想本尊身相之前，必須先以推理建立自身爲無自性，然後開始觀空。就在觀此空性之時，此觀自身爲空之心卽成爲本尊身相之所依。

由於確認自性本空，此種認識卽能自然顯現爲本尊之面、臂等相。所以慧識既能顯現爲本尊之身，同時又能確認此身爲無自性，此二者——知無自性之慧及本尊瑜伽之心——實爲一體。但從其印記來看，則被認爲有所不同。因此，從傳統的觀點來看，方便與智慧雖爲一體，仍有差異。據說這是因爲方便所遮遣的是非方便，智慧所遮遣的是非智慧的緣故。

由於波羅蜜乘提出成就佛陀智慧身的方便，以及成就能使無量衆生心成熟的色身的方便，故被認爲是具有無上方便之乘。然而，波羅蜜乘所講的成就無上覺之因只有六波羅蜜，這是不夠的。因爲只修布施、持戒、忍辱等因——與佛果之色身不相應——並不能證得佛位。這樣做等於是想要證得與因不相應的果。本性深奧的法身與具有三十二相八十種好的色身，兩者合爲一體所構成的佛果，是藉修與其性質相似之因而成就的。正如要想成就法身，就應修與法身相應的無我之義，所以要想成就色身，修行者也應修與色身相應的廣大之道。

八、方便與智慧的這種結合——無實質本尊的如幻顯現——是肯定的否定，既無自性，又確有顯現。修行者會逐漸對此心感到習慣，最後，當修到無上瑜伽密續所講圓滿次第的高層次時，修行者獲得自身的統一，而能不斷模仿佛的色身與法身。這是修道位的「色身」及「淨光的慧心」，也就是成佛的眞實原因。

因此，金剛乘與波羅蜜乘的區別，在於前者有成就佛陀色身的殊勝方便。儘管只靠波羅蜜乘之道不可能成佛，但波羅蜜乘的確提出了成佛之道。聽說修道之人如果修此成佛之道（觀空及修波羅蜜所講的方便法）也能成佛，只是必須經過無量劫的修行，不能迅速成佛罷了。但究實而言，上面的講法是不了義的，因爲修行者不可能藉修與果（色身）不相應的因而成佛。換句話說，只有觀想佛身才能得到佛身。所以修行者應觀想本尊之身，直到能不斷明見本尊的容貌，直到似乎能親手摸到本尊、親眼看到本尊爲止。

九、此深法與顯法合一的瑜伽，是金剛乘中主要修行者之道，但並不一定是金剛乘中所有修行者之道。對那些不能想像自己就是本尊的人來說，觀想面前本尊的修法要與念咒、祈願等同時進行。受金剛乘之教的主要修行者，是那些能修全部眞言道的人，其所受之教中必定含有自爲本尊之法。獲致各種成就的觀想法，如觀風（windo prāna）之法，其目的都是爲了堅定本尊瑜伽，或更能認知實相。

十、金剛乘所謂的「廣大」，係指本尊之身相。在道的階段，「廣大」是修明見本尊之身相，外加自視爲本尊的佛慢；在果的階段，「廣大」是成就利他行的究竟廣大。本尊瑜伽所指的「廣大」，譬如大日如來是在空性中顯現出如幻的身相，都是無盡、不斷、無限和清淨的。儘管淨法與染法皆以空爲性，然因以空爲性的法不同，據說其間還是有差異的。

十一、修學大乘之道的人，如果不修廣大方便，則無論他觀空多久，終不能成爲饒益一切衆生的佛，同樣的，如果不修空性智慧，則無論他修方便多久，也終不能滅除垢染而證得法身。

然而這並不是說，僅僅觀空而無方便，就能滅除一切垢染，而不能利益一切衆生。也不是說，僅修方便而不觀空，就可得佛之色身而利益一切衆生，但不能得佛之法身而滅除一切垢染。因爲法身和色身，只要證得其中一個，必能證其另外一個。這二種身，都是以同一聚因所依，同一繫屬之故，所以根本無法分離。

由菩提心所引導的空性智慧，能淨除一切我執垢染，是成就具有自性清淨和離垢清淨的法身的不共主因。不過，空性智慧也是得佛色身的助緣。

同樣的，廣大方便雖是成就佛色身的不共主因，但也是成就法身的助緣。因爲若不勤修廣大方便，則無論觀諸法實相多久，也只能脫離輪廻，終不能獲致滅除諸垢染的法身。在成就佛色身方面也是一樣，如果不力求通達空性智慧，則無論修廣大方便多久，也必不能得佛色身。

雖然如此，我們仍然要把成佛時之滅諸垢染視爲修空慧之印跡，而把能饒益一切衆生者視爲修廣大方便之印跡。譬如若要產生了解靑色之眼識，亦須具備三個條件，故眼識是三個條件共同之果。然而，眼識仍不失其三個條件各個之印跡，如眼識能了解可見之物的顏色、形象，但不知聲音等餘境者是眼根的印跡。眼識能生領納性者爲等無間緣的印跡。眼識能生青色之行相者爲所緣緣的印跡。

十二、如果想要獲得至善的佛果，就必須以方便和智慧合一的方式精進修行。這種前進的方式是一切乘所共有的，不管是因乘還是果乘。

波羅蜜乘認爲方便和智慧不可分，是指方便不離智慧，智慧不離方便而言。也就是說，當利他的菩提心顯現時，實際知空之心卽不現，當實際知空之心顯現時，利他的菩提心卽不現。

據波羅蜜乘所說，只停留在觀空的禪定中，而不從事布施等六波羅蜜行是不適當的，只從事布施等六波羅蜜行，而不修觀空之禪定，也是不適當的。因此，波羅蜜乘的瑜伽行者，必須先修知空之心，然後在不減損能見諸法如幻的觀想力的情形下，修布施、持戒、忍辱等六波羅蜜。而且，他必須在不減損利他之願力的情形下，修學空慧。這就是波羅蜜乘所說的方便與智慧不可分。

金剛乘對此有更深入的解釋。

金剛乘認爲方便和智慧不可分，並不是說方便和智慧是結合起來的兩個不同的體，而是說方便和智慧都含在一體之內。在金剛乘中，認爲方便與智慧完全是同一心識的不同面所含攝。

十三、觀想自己與本尊無別，是成佛之類似其果的特殊因。若只觀空，不修方便（既不修波羅蜜乘的方便，也不修金剛乘的方便），就僅能得到較低的小乘阿羅漢果。要獲無上的成就，亦卽至善的佛果，則必須修本尊瑜伽。而且，欲獲八成就等一般的成就，也必須明見自身爲本尊身，及修自爲本尊的佛慢。沒有本尊瑜伽就沒有眞言道；本尊瑜伽是金剛乘的心要。

觀想自己具有本尊之身，看起來似乎是兒戲，就像在跟小孩子講故事，以激發他的想像力一樣。然而，加上了空觀、利他心以及對其目標的了解，此種觀想就成爲非常重要的修心之法。（修學金剛乘不論修那一種法，是息、增、懷、誅也好，是無上佛果也好，其修法時如果只誦眞言，和在修本尊瑜伽時誦眞言，兩者的效力是有差別的；也許有一天科學會對爲何有此差異提出解釋）。

十四、法身與色身都不能單純獲得，因爲二者都以積聚方便與智慧爲其成就之因。此二種積聚是法身與色身共同之因，也是特殊之因。例如：眼識的產生有三因：所見之物、視覺、前一刹那之「眼」識；眼識知色、知相而不知聲，卽是視覺的印記；眼識爲有識者，卽是前一刹那之「眼」識的印記；眼識所生某物之影像，卽是該物的印記。此三因中的每一因，都在眼識的產生中有其個別的印記。智慧與方便之於法身與色身，亦復如是；智慧的印記是法身，方便的印記是色身。

十五、金剛乘和波羅蜜乘在見解上並無差別。金剛乘對中道的解釋並未超越龍樹菩薩在波羅蜜乘中所講的，就算見解有所不同，却仍能相容於同一乘中。

乘之分別不是決定於智慧就是決定於方便。由於空性智慧是聲聞、緣覺、菩薩、佛的共同之母，所以小乘和大乘之分在於方便，而不在於智慧（大小乘之果，同是空性智慧所生之故。），同樣的道理，波羅蜜乘和金剛乘之分也在於方便，不在於智慧。

宗喀巴大師說，在見解上，小乘和大乘並無不同，大乘中的波羅蜜乘和金剛乘亦無差異。但宗喀巴大師在這裏所說的見解乃是指對所知之空（所知的淨光）的見解而言，並非指對知空之慧（能知的淨光）的見解。

薩迦班智達也認爲金剛乘並沒有與波羅蜜乘不同的見解，假若有的話，那種見解一定會落入常邊和斷邊的窠臼。因爲波羅蜜乘所說的中觀既已超越戲論，如果再有與此不同的見解，那無疑的將會落入常見和斷見的戲論中。

據說，寧瑪巴的舊譯經派有所謂的顯密見解不同之說，但經分析起來，這裏所指的不同見解，主要是就能知之慧而言。

寧瑪巴並未在能知的慧識與所知的空性之間作一明顯的劃分，因爲在道的較高層次裏，能所是無所分別的，只能在名言的安立上加以區分而已。在禪定中觀空之時，能所成爲不可分的一體，由於這種境界無法以一般的言語或概念來表達，所以稱之爲「不可思議」

和「不可說」。這是方便與智慧的不可分性，超越了思想戲論的所有領域，又是福與慧的不可分性，也是世俗、勝義二諦的不可分性。除了以如此深奧的說明之外，實在無法以任何言語來加以表達。

在對所知的淨光和能知的淨光不作區分的情形下，寧瑪巴於談其見解時，強調上述的不可分性，所以就此見解而言，波羅蜜乘和金剛乘確有不同的地方。

格魯巴（黃教）姜陽雪巴曾說，所知的淨光，也就是空性智慧所緣的境，這個部分顯教和密教都教。但能知的淨光，也就是行者最微妙的本有淨光心，這個部分則只有無上瑜伽密續才教，即使在下三部密續也未曾提起，當然在波羅蜜乘中也是沒有的。因此寧瑪巴的舊譯派所經常提到的無思想戲論之見，乃是針對能所不分的這一點談淨光心的本質。此之謂本質的清淨，是肯定的否定，不是如所緣的境那樣非肯定的否定。

新譯經派的書中，稱此淨光爲究竟淨光的圓滿次第，甚至稱之爲了義諦。例如在波羅蜜乘中，自續中觀派提出一種隱喻性的義諦，指那以空爲所知對象的心。

同樣的，當無上瑜伽密續講述傳統的圓滿次第（幻身），及究竟的圓滿次第（淨光）時，所謂「究竟」並不是指所知的空，而是指能知空的心。這是因爲能知的心已和所知的空不可分了，故而稱之爲了義諦或隱喻性的了義諦。

因此，當宗喀巴大師說，在中觀見解方面沒有比龍樹菩薩造的「中論」講得更高的了，這時他所指的，乃是所知的淨光——空。此空全無常斷二見的戲論。在這一點上，誠如薩迦班智達所說，顯教和密教之間並無差異。

十六、密續有四部：事、行、瑜伽、無上瑜伽。有人又分無上瑜伽為父密續、母密續及不二密續，與事、行、瑜伽合為六密續。據宗喀巴大師說，「不二密續」係指方便與智慧不二——大樂與空不二；因此，他說所有無上瑜伽密續都是不二密續。可是譯者塔藏（Tak-tsang）斷言，時輪密續是不二密續，因為時輪密續強調第四灌頂，而此灌頂則與無上不變大喜樂和完全無上空性的合一有關。對塔藏來說，有二之密續只強調其中之一，不是強調無上不變大喜樂，就是強調完全無上空性。

修四密續者的意願相同，因為都是謀求他人的福利；所欲達成的目標也一樣，皆為成佛——滅盡所有過失及圓成一切吉祥品性。因此，我們不能從意願和所欲達成的目標上來劃分四密續。四密續中都有本尊瑜伽，本尊瑜伽在四密續中的差異，也不足以作為區分四密續的依據，因為每一密續本身就有多種本尊瑜伽。四密續的對象是印度四姓或受制於某種煩惱的人，此一看法雖在印度文經典中有根據，但這些根據並不能作為區分四密續的依據，甚至也不能顯示出修四密續者的優越。

四密續主要是為欲界衆生而說，尤其是為那些藉用欲於道以求證覺之人而說。四部密續的區分在於四種修行方式，以及適合使用此四種方式的四類修行者。此四種修行方式是四種用欲於道的方法，都是基於修行者在生起空觀及本尊瑜伽方面的不同能力。

事密續以外在的活動爲主。行密續則外在的活動與內在的瑜伽並重。瑜伽密續以內在的瑜伽爲主。無上瑜伽密續所教之道就無與倫比了。這些依四密續之名稱所作的解說，只適用於四密續的主要修行者，不適用於四密續的所有修行者。因爲據說甚至有些瑜伽密續，都是爲懼怕觀想自己爲本尊的人而講的。

四密續是依其主要修行者的能力而劃分的，不是依那些只對四密續有興趣的人而劃分的。因爲，就如當今的情況，很多人都對道有興趣，但沒有能力修。

十七、我們不能說，只要修一般的金剛乘，就能在此墮落的時代一生成佛，而不必修無量劫，因爲只修較低的三密續之道是無法做到這一點的。要想不修無量劫就能成佛，終究必須修無上瑜伽密續。根據宗喀巴大師所著的《密宗道次第廣論》中說，一生成佛是無上瑜伽密續獨有的特色。

較低的三密續之道，比波羅蜜道能較快獲得成就，原因是前者的資糧道與加行道不需經過一大阿僧祇劫就能修成，但其修禪觀的方法與波羅蜜乘相似。不過，我們要考慮到事、行、瑜伽三密續都說一生卽可成佛。例如，行密續中的「大日如來正等覺密續」(Vairochanabhisambodhi Tantra)就說：「修秘密眞言道的菩薩，一生卽獲正等覺。」這種只修較低的三密續就能一生成正等覺的說法，應被視爲過份誇張了三密續的偉大。

修較低的三密續行者，可獲得很多一般的成就，因而使他們能見諸佛及菩薩、聞其法教，並在其護持之下迅速完成證覺的修行。但是，除了在資糧道與加行道上能比修波羅蜜乘者進展較快以外，其餘之道還是需要用很長的時間來修行的。根據口頭傳承，在此末法時代（依現代的算法一生約爲六十年）能於短暫的一生中成佛，是無上瑜伽密續獨有的特色，但是一生就能成就佛位也是較低的三密續所有的特色。但後者所說的一生，並非指末法時代中短暫的一生，而是指藉修較低之三密續的天瑜伽，所獲得的延一生爲多劫的能力。在這樣漫長的一生中，他們可藉修下三部及無上瑜伽，而得無上覺。上引「大日如來正等覺密續」中的那一節，所說的一生，可能就是指長達多劫的一生。

十八、雖然就方便和許多修道的方式而言，波羅蜜乘與金剛乘有異，但在果上並無差別。

只修波羅蜜乘雖不足以成佛，但波羅蜜乘與金剛乘所講的佛果是相同的。說只修波羅蜜乘之道就能成佛是不對的；說一旦成佛還必須入金剛乘以期獲得更高之果，也是不對的。儘管最後非修金剛乘不能成佛，然而一般說來，波羅蜜乘與金剛乘所修的佛果相同，只是得果的速度有異。

3. 上師與弟子

一、佛教「正覺之道」的教義，一直是由師徒相傳而延續至今的，這種從未間斷的傳承方式，可以上溯到釋迦牟尼佛時代。當初佛陀親自將教法教導給他的弟子，然後再由他的弟子轉教給他的弟子，如是一代一代的傳下來，這就是維持佛教正覺之道迄今不衰的傳統。但是對於所要傳法的內容，傳法者自己必須先要修持，等到自己完全證悟了，才能轉教給他人。因此，當他們轉教他人時，就不僅是傳授法本和法本中的眞義，同時也傳授了他們自身所證悟的實際經驗。

二、上師、法教和修行者自己的精進，這三者都是修行發展必要的基礎。要想在修行上有眞正的成就，此三者必須完全結合。倘若此三者之中，缺少任何一個，我們的修行就要受到阻礙。

三、上師的開示，可以引導我們獲得上師親身的修行經驗和證悟。對於正在證悟之道行走的弟子來說，上師的開示就是地圖，而上師本人就是一位經驗豐富的好嚮導。

上師對弟子指出修行上的某些步驟或次第，鼓勵弟子按照這些步驟前進，以使弟子能夠逐漸獲得與上師所有完全相同的經驗，這是傳統的教學方式。因爲上師熟悉在修行上所有需要通過的地區，所以他能解釋地圖，指導弟子。弟子的責任就是要完全按照地圖及指示前進，如果不這樣做，弟子就得不到上師的經驗或證悟。

四、我們要怎樣才能確知，我們的上師是具有引導我們得到證悟的能力呢？首先，我們必須以自己的智力和直覺爲嚮導，去親近業已具備某些品性的上師。上師的這些品性，也就是我們希望自己將來也能發展出來的品性。因爲上師已經身體力行佛法的深義，所以我們也就能在上師的身上，看到我們自己內在的本性。此外，上師還能以其開明的慈悲，協助發展我們自己的慈悲性、正直和深信。

因此，重要的是，我們先要知道構成一位良好上師的條件是什麼？然後還要確定，我們所選擇的上師，是不是我們能夠信賴的上師，是不是我們能夠追隨的上師。

一位值得我們信賴，並能領導我們走入成就之道的上師，他本身必須對佛法有實際證悟的經驗，和對一切衆生平等的慈悲心。同樣重要的是，上師必須了解弟子，眞心想要教導弟子，而且他還必須沒有出於情感或自私的動機，因爲這類動機會歪曲上師與弟子之間的關係。換言之，上師自己必須知道他的責任是什麼，他現在所做的是什麼。

五、如果遇到犯有下列惡業的上師，我們絕對要避開他，因爲這種上師只能給你「魔鬼」般的加持。這些惡行是：

1.對一般大衆公開講說或展示「氣脈」或大手印之觀想等這類高深的修持。

2.對人吹噓他擁有獨家不共傳承的密法，並且不是爲了灌頂，而恣意宣洩無上密之秘密修法。

3.行爲放蕩不羈，甚至公開摟抱女人。自己從不知守護衆生的心，却要別人恭敬他。

4.覬覦屬於三寶之淨財，或將三寶之物，反贈給俗家女子，或在家親人。
5.傳授沒有傳承的灌頂和開示。
6.欺詐虛僞，自己從不守戒，却要以「上師五十法」戒規範弟子。
7.耽於酒色，假密法之名，行淫欲之實，因此特別喜歡收女弟子。
8.自作聰明教導與佛法相衝突的理論。因爲他不知道如何教導眞正的佛法。
9.口說高高深深的佛法，心行却不一致。
10.喜歡接近異性，又喜歡與異性一道出門者。

關於上師的特質，在顯教經典和密續中均有詳細的說明，在此不多贅述。

當上師最重要的一點，是不要讓自己的信心和神聖的三昧耶戒毀壞，更不能在弟子面前批評自己的上師和傳承。平時要多念咒多修持，不要太關心世間八法之類的東西，以作弟子修學的好榜樣。

上師如果要爲弟子講述佛法，不論是顯是密，自己一定要先修持這項佛法，這意思是說，如果想要達到調伏別人的目的，自己必須先行調伏自己的心。

六、在實質上，你的上師也許只是普通人，或是佛菩薩的顯現。但如果你能向他祈禱，同時觀想他是佛，則一切佛菩薩和本尊將進入你的上師的身口意中，爲一切衆生的利益而工作。

文殊菩薩的《廣布吉祥口授》（Mukhagama）中說：

「藐視未來金剛持的人，
就是藐視我，
因此，我將捨棄他們。
住在上師身中的是我，
接受修密行者供養的是我，
他們取悅我，
因此，他們的業障將被消除。」

對一個學密乘的人而言，無論修什麼法門，都沒有比尊敬上師和守三昧耶來得更重要的了。

七、你與上師之間的神聖誓約是不是被打破了？上師是不是成了你犯第一根本戒的對象？這完全取決於你，而不是取決於這位上師是否是你的根本上師。

你一旦向他請求密法灌頂，他就是你的上師，你與他自然就有了密乘師徒的關係。對於這麼一位上師，你不可以犯第一根本戒。因此，你一旦請求上師給你開示顯教或密教的道理，最重要的是要避免壞的行爲。

卽使是與你沒有發生任何師徒關係的各種密法傳承上師、或密乘瑜伽士，他們也絕對不可以成爲你侮辱或犯其他戒律的對象。

八、一切佛都是你的根本上師。根本上師就是十方三世一切三寶的總合。三寶的一切無量功德都是從根本上師的事業中顯現出來的。

如果你把你的上師看成佛，你將得到佛的加持。如果你把他看成菩薩，你將得到菩薩的加持。如果你把他看成阿羅漢，你將得到阿羅漢的加持。如果你把他看成普通人，你就只能得到普通人的加持。如果你對他既無忠心，又無恭敬心，你絕對得不到任何加持。

九、如果你想請求一位上師開示佛法或灌頂，你不可太大意，一定要愼重地檢查他的品行，看他是否是值得你信賴的上師。

但你一旦接受了他的開示和灌頂，就不應再挑剔他的行爲了。卽使他有了些微的差錯，也不可以對他喪失信心，更不能譭謗他。

如果你惡意誹譭或不尊敬一個曾經是你信誓旦旦的上師，這種惡行將使你產生再也找不到一位圓滿無缺的上師的果報。卽使可以找到，也將因你沒有純淨的視力，你會把他正當的品行誤以爲是過失，就好像提婆達多一直認爲佛有過失一樣。

（如果你遇到的是假上師，或是惡行昭彰的上師，你就悄悄的離開吧！）

十、如果你不能體認出上師的恩德，這就是不尊重佛法的表現。如果你不尊重佛法，則你一切修行將歸枉然，因爲不論你多麼用功，也將得不到任何證悟。

如果你因為不尊重佛法，而起傲慢之心，認為上師無法獲得證悟，那你就是以邪見在觀想，因為你已犯了第一根本戒，你過去所累積的一切功德就被掃除淨盡。

如果你能體認上師的恩德，你將自然而然地尊敬上師和佛法，並毫不費力地獲得修佛法所應有的證悟。

如果你對上師無法很容易就生起虔誠和恭敬之心，那你就要供養三寶、服務僧伽，盡你一切所能地行身口意善業。然後一心觀想上師並祈禱說：「願我所修一切功德，令我快速激起虔誠和尊敬之心。」如此不斷的做，純潔的恭敬心會在祈禱的引導下慢慢生起。

大體上來說，一個能生起大虔誠和大恭敬之心的人，他一定能行大善業。如果只能生起平常的虔誠和平常的恭敬心，那麼他只能行平常的善業。如果虔誠心和恭敬心都很不容易生起的人，那麼他所能行的善業也必定很小。

十一、聖入生信力印經（Arya-Shraddhabaladhanava taramudra Sutra）說：

「侮辱一位菩薩的罪，遠大於偷竊三千大千世界一切眾生之所有財物，和摧毀一切佛塔的罪。

輕視和批評菩薩的人，不管其環境如何，將轉生號叫地獄。他的身體將有五百由旬高，有五百個頭，五百支犂將割他的每一根舌頭。」

一般說來，譭謗堪供養的人，尤其是譭謗已得授記的菩薩，其罪大得不可稱計。如果是譭謗已得成就的瑜伽行者，那就更爲嚴重更爲可怕的了。

最令人擔憂的是，我們只是一個凡夫，根本無法分出誰是普通人、誰是堪供養的人、誰是大地菩薩、誰是已得成就的瑜伽行者。能正確察知一切衆生之能力的人，除了佛以外，沒有人辦得到。

因此，如果我們隨意侮辱別人，就是在燒毀過去所辛苦積聚的資糧。到處在尋找別人的過失，便是在毀滅自己成就的根源。

十二、佛、本尊，以及偉大的成就者們，的確都是非常殊勝的。

但是我們始終無緣讓他們直接教導，也沒有聽過他們說法。就算是今天我們有緣碰到他們，他們所能做的，也不會超過目前上師所做的一切。

過去的無量佛已經入了涅槃，現在的無量佛却住在十方。雖然還有很多的佛、菩薩、本尊、上師都還住世，但我們並不很幸運，連一個也沒遇到過，甚至連夢中都沒見過。然而，我們的根本上師能教我們如何以此生此身圓滿無誤地成佛。因此上師的大恩大德，就是我們以生命來酬謝，也無法回報。

十三、上師爲弟子說法時，循序教導他從一個階段到下一個較高階段是非常重要的，不可顚倒躐等，這樣弟子才能發展出每一個階段特有的智慧，並獲得所有證悟的品行。

如果按照最佳的順序教導別人，佛法的傳統就會得以保存。當我們教授別人對正見的了解，一定要提醒弟子注意非常精密的因果律。譬如教授空義時，最重要的是要強調雖然一切事物皆無實體，可是弟子仍必須淨化障礙，及成就慧福二資糧，以便得到證悟。

最重要的是，上師不可隨便將密法，尤其是無上密法最極秘密的部分講給一般弟子聽、或讓他知道，因爲弟子聽了不適合他能力修的密法，有兩種現象可能發生。其一是譭謗密法，乃至譭謗整個佛法，而斬斷了他的慧命；其二是藐視戒律，胡作非爲，以爲這樣做就是眞正的無上密法。

十四、師父與弟子之間的關係，純粹只有佛法，離開佛法，不能有世俗的感情，乃至男女間不清淨的貪愛。

聽說臺灣的某一座寺廟，有一天住持師父出國去了，她的弟子想念她就像想念他的母親一樣，竟然每天以淚洗面足足兩個星期，直到師父回來才停止。又有的因師父往生了，其弟子爲了表示孝心，也一樣哭了幾個月，連眼睛都哭腫了。甚至也有的爲了爭著拿東西給師父吃，而與其他同修反目。這些都是既荒謬且愚痴至極的行爲，令人聞之痛心不已。

弟子必須恭敬師父才能成就佛道，已如前面所述。但弟子之恭敬師父純粹只是一種恭敬教法的表示，而不是要你對師父產生思慕或貪愛。況且恭敬與不恭敬，完全在乎你一心，並不一定要師父知道，更不能存著要師父對你特別好的自私心理。

如果弟子以異性之情接近師父，不管弟子自己本身知不知道，事實上他此時整個心中已失去了佛法，完全被魔軍所佔領了。魔王正揮舞著他的軍隊，伺機破壞佛法，最後他一定會給正法、師父和自己帶來不吉祥的噩運。

如果爲人師父的知道自己的弟子心染世俗之情，乃至以異性的貪愛頻頻接近他，而他不馬上提出糾正、教導，甚至還耽溺其中，究實而言，不管他是顯教的師父，或是密教的上師、仁波切，都不具備「爲人師表」的資格。因爲他不但無法引導弟子走入覺悟之道，而且還把自己和弟子帶到犯戒的邊緣徘徊。

一個佛弟子，尤其是女衆，如果你的師父是比丘，你一定要維護他的比丘戒，所以親近師父特別要注意到自己的行爲。譬如不在隱密的地方單獨與師父在一起；不要以一般女性對男人講話的語調、姿態跟師父講話；穿著要端莊，不要打扮；不要跟師父出門；不要以你的身體，乃至衣裙碰到師父；除了請示佛法，不要跟師父談一些沒意義的事情，如果沒有事就要離開，即使師父很客氣的要你留下，但你絕不能逗留。

目前泰國、緬甸、斯里蘭卡等地的女衆，都還保存著很好的佛教傳統。她們始終能以恭敬之心與比丘保持適當的距離，從不敢與比丘同行、同車，乃至同桌吃飯，當然更不可能同住在一個屋簷下。即使有必要之事親近比丘，也有一定的範圍，不敢踰越。由於她們如此的尊敬佛之教誡，佛之清淨教法也就很完整的在這個地方保存下來。

4. 如何修學金剛乘

一、密宗有許多本尊，時常顯現出極忿怒的面容，如張口捲舌，手執武器，身披獸皮，乃至人頭，又腳踏屍體或鬼魅，又聽說有極大的殺傷力，一般人見了不免會產生各種疑惑。普賢菩薩爲了替衆生解疑，於是請問佛陀說：

「世尊，諸佛如來不是以大慈大悲爲懷嗎？爲什麼密續中常說有操惡威德自在等本尊，能傷害鬼神及諸外道天、阿修羅？」

佛陀回答說：

「諸佛顯現忿怒相，和所謂的降伏鬼神衆魔，其實都是諸佛的方便說法。其眞正的目的在於調伏持咒人自心的顚倒妄想，以及種種惡心。衆生由於受到五毒的污染，有時生餓鬼心、有時生外道心、有時生阿修羅心、有時生諸惡鬼神羅剎心。這些壞的念頭如果相續不斷，將來一定要受惡趣之身。密續中說摧伏鬼神者，事實上就是指以咒力消滅持咒之人自心所生的這些惡念。持咒之人心中若無此惡念，將來一定不會受惡趣身，所以說已經降伏鬼神。」

「又持咒之人如果能降伏自心的諸惡鬼神，一切天魔、外道天、阿修羅、藥叉、羅剎等諸惡鬼神也自然能降伏，不敢違逆。如果說自己不能降伏自己的惡念，却能降伏外在的鬼神，這根本是不可能的事。」

那麼持咒能治病救衆生苦，以及能滅重罪救地獄苦，這到底又是怎麼一回事呢？

「這也是佛陀的方便說法。衆生因爲心有病，所以才會有種種疾病之產生。持咒之人如果能如法灌頂，如法持咒，就能消除種種顚倒妄想之心病，以及種種罪障，而治癒各種疾病。如果說持咒之人內心有病而能治癒疾病，這是根本不可能的事，縱使治療之，也無法痊癒。所以說，所謂持咒治病，實際上乃是指治療心病而言。」

「同樣的，持咒之人若能依仗咒力，漸漸薰修，到達認識自己本來的心性是清淨，知法如幻，罪性本空，了不可得，如此就能消滅重罪，不到地獄受報。所以說持咒或聞咒能救地獄苦。」

二、我們平常所遭受的一切疾病、符咒、刀兵、魔害等災難，事實上都是出自於內心，而非由外而來。由於我們內心染有五毒，於無我中妄見有我，所以才會導致外境侵害的苦惱。

如果我們能如法灌頂、如法修持，則能快速消除自己無始以來所造的身口意罪障，而逐漸明白自心。等到完全徹悟自心本是清淨後，則一切妄境皆不能加害，一切疾病皆不會存在。

所謂降魔除病，實際上就是指降伏自己內心的五毒煩惱而言。內心只要有煩惱有欲望，魔害就會乘隙而入。如果內心之五毒拔除了，自心光明之體性自然會顯現，屆時行者必然知道，疾病魔害等一切外境皆是虛妄。如此煩惱不生，一切外境也就不足爲害了。

一切衆生皆具有與十方諸佛法身相同的佛性，由於受無明覆蓋，無法展顯，因而起貪瞋痴慢疑等五毒煩惱，造無量惡業，受無量苦。

目前我們不知自心，不明心性，所以要依賴灌頂、觀想本尊、念咒等來消除身口意業障。等業障消除福智增長了，自然就會明白心性本空。到那個時候，就不需依賴外界的本尊或咒力，因爲心就是我們最終的無上本尊。

三、在印度，完全合格的上師，只把秘密眞言的教義傳授給極少數的弟子，這些弟子都具有適當的業行與願心，上師完全熟知之後，才把教義直接傳授給他。

傳授密法如果能謹愼如法，不摻雜個人的喜惡和妄想，則弟子在修習法教時，必能產生相當的經驗和證悟。佛陀的法教與衆生的福祉也能因弟子的成就而有所推展和獲得。

然而在西藏這個白雪之鄉，上面所述的必要戒規却沒有受到普遍的尊重。秘密眞言傳播太廣，人們之所以追求它，只因慕其美名，根本毫無考慮到自己是否有此能力修行。

有智慧的人，在衷心追求無上密法之餘，也會考慮到此密法是否適合自己。但目前西藏大部分的修行者，却從無認眞考慮這一點，即認定自己是有此能力的人，結果眞言密法是聞名於西藏了，但這僅止於名而已。因爲此地修密法的方式和印度大不相同，所以大多數的人根本無法獲得密續中所說修密法應有的成就，有的甚至於連最起碼的徵兆也沒有。

四、以修學大乘的方法來講，就是在小乘的基礎上，再加上一些額外的修行，而不是要我們把小乘抛開，另外尋求大乘，絕對不是這個樣子。大乘在小乘基礎上所加修的是發菩提心和菩提心所引導的六波羅蜜。

同樣的，以修學金剛乘的方法來講，就是在波羅蜜乘的基礎上，再加上一些額外的修行，而不是要我們把波羅蜜乘抛開，另外單獨修金剛乘的方法。金剛乘在波羅蜜乘的基礎上所加修的是智慧與方便合一的金剛薩埵瑜伽。

五、金剛乘密法是佛陀所說教法中最深奧的一部分，因此發心修學金剛乘的人必須具有最堅固的誓願，累積更廣大的功德，遵守更嚴謹的戒律，斷除更多的煩惱習氣。

一位眞正金剛乘的修行者，必須具備三種金剛，即所謂的外金剛、內金剛、和秘密金剛。外金剛是指別解脫戒，內金剛是指菩提心戒，秘密金剛是指三昧耶戒。

以一個修學金剛乘的出家人爲例，他必須遵守二百五十條的出家戒律，外現清淨的聲聞相。絕不能因爲他是修大乘法而捨棄小乘戒律，或是受持某種密戒而破壞清淨形相。這好比蓋大樓，絕不能因蓋了上一層樓，就把下層的基礎打掉一樣。

六、按照金剛乘的規則，修任何一個法一定要知道這個法的傳承，如果這個法的傳承斷了，這個法也就廢止了。

七、目前金剛乘行者普遍存在著一個極大錯誤的觀念，那就是非修所謂的無上大法不可。事實上，佛法中沒有絕對的大法和小法之分，總以契機爲是。如果單就修行次第而論，密續中的確有層次較高的法，一般人稱之爲「大法」，但要修這種高層次的法，必須具備一些先決條件，否則會毀了他。

這些條件是：要具有無上的中觀正見，要有能力嚴守極微細的戒律，要經過一番清淨自己罪障的修行，要累積足夠的福慧資糧，要養成一種精進不懈刻苦修行的耐力，還要有一位已得成就的嚴格上師在旁指導。

若要具備這些先決條件，並不是一件容易的事，所以目前無論在印度或西藏，能具有這種資格的人實在有如威鳳麟毛，少之又少。

金剛乘行者或許此世並未具備上述所說的優厚條件，但若能爲下輩子製造卽身成就的好環境，也是一種成就，而且是最重要的成就。

八、金剛的意義有三種，一爲外在的金剛，一爲象徵性的金剛，一爲指所象徵之意義的金剛。

硬度最高的鑽石，是礦石中的極品，這是外在的金剛。修法儀式中所用的金剛鈴和金剛杵，一個代表智慧，一個代表方便，這是象徵性的金剛。四部密續中所說的方便和智慧合爲一體，了無分別，這是指所象徵之意義的金剛。

方便是觀想廣大，亦即想本尊的身像，與發利他的無上菩提心相結合。智慧是了知諸法實相。此方便和智慧合爲一體，了無分別，就是金剛薩埵瑜伽。如果終生持此金剛，就叫金剛持，也就是佛位的意思。

九、佛的法身有兩面，一爲智慧法身，一爲自性法身。

所謂智慧法身，就是指金剛持的心。只要虛空存在，他的心就繼續安住在眞如的廣大境界中。所謂眞如廣大的境界，也就是泯絕一切戲論的境界，它旣是自然純潔又無外來污染，這就是自性法身。

菩薩爲了利益一切衆生而發心成佛，所以佛證法身的目的就是爲了替衆生謀幸福，但是佛能直接利益衆生或敎導衆生的不是法身，而是各種色身。所以，藉色身來協助輪迴中的衆生修行是必要的。佛顯現這些色身時，並不離開法身，也不費力、造作或思考。佛的色身完全是依衆生之需要而自然顯現給他們的。

色身可分爲報身和化身。較細的色身是報身，較粗的色身是化身。化身之中又可分爲有礙身和無礙身。

十、在修習方便道時，非常重要的一點，就是修行者要保密，對別人必須絕口不談修行事，也不確言自己在修什麼。除了對弟子施敎以外，如果做不到絕對保密，就是犯了密宗戒，並且會障礙證悟之道。

十一、金剛持曾經講授一套修持密法的完整制度，其中含有許多不同的層次。譬如有的人只能進壇城而不能受灌頂，有的人能進壇城，又能受聖水及頭巾灌頂等。這些戒律上師和弟子都要遵守，否則不得成就。

在受灌頂前，上師必須仔細分析想受灌頂的弟子，以確定此弟子是否有能力修戒、定、慧三學，及遵守誓言。對那些不合格但有信心的人，上師只許他們入壇城，不准他們受灌頂。

如果能遵守這些條理分明的限制，就可使灌頂既有效又切合實際，但是現在有很多人不遵守，以致爲上師和受灌的人都帶來痲煩和凶兆。

有一個故事，講卓巴康拉（Druk-pa Kunlek）到一位喇嘛正在傳授灌頂的地方去。在那裏，喇嘛所經之處，附近的人都起立向喇嘛致敬，唯獨卓巴康拉不然。喇嘛戲問他在幹什麼。說：

「我經過的地方，其他的人都向我致敬。你爲什麼這樣不懂禮貌？」

卓巴康拉以反問的口氣回答說：「你是不是給很多人灌頂？你是不是使很多人破戒違誓？你是不是爲很多人開闢地獄之路？」

十二、你若能想一想輪迴的一般意義，特別是人生的意義，你就能藉修宗教的安樂行來修心。否則，若太強調地獄之苦和死亡之近，就可能使你陷入癱瘓的恐懼。

西藏有一個關於一位寺院住持去說法的故事。有人問住持的侍者，住持到那裏去了。侍者回答說：「他去嚇唬老公公和老太太去了。」

你若以修宗教行來成就人生的價值，那就用不著爲死擔憂。

（有些人因太強調死亡的恐怖，和密法之難遇，而冒然甘犯密宗戒律，爲不適合修學某種密法的人舉行灌頂。其中甚至還有人堅持顛倒的理論，說灌頂要從上而下、由大而小，也就是說先爲修學者舉行大灌頂，如果不適合修大灌頂的密法再傳他次一級的密法，不行，再傳更次一級的密法。如此類推，一直到他適合修的密法爲止。）

十三、金剛乘密法之所以不公開傳授，是因爲它對很多人的心性不適合。譬如密法中有息、增、懷、誅等修法，如果修學的人動機不純正，修了之後會害人又害己。

又一個人如果尚未修完顯密共同之教法，如知輪廻之苦而有出離心，然後皈依三寶，發大悲心、菩提心等成熟其心的教法，就逕自直接修金剛乘，這樣會毀了他。因爲這是顛倒躐等的修行，非他的心所能勝任，就像一個尚未完成訓練的空降人員，直接從空中跳下來一樣。

所以在一個人的心尚未準備好的時候，是不適合修學金剛乘的。

十四、依照金剛乘密宗的傳統，任何一個法的傳授與學習，必須經過合格上師的口傳、灌頂、講解三個步驟，如果讀者依照書本、儀軌法本或其他刊物所登載的內容，擅自模彷學習，實爲金剛乘修行之大忌，輕者修法無效，重者著魔顛狂，如果牽涉到氣脈等大法，更有喪失生命的危險。

十五、金剛乘眞言中的教義，不應該像商品一樣的公開展示出來，給任何想看的人看。金剛乘的法教是要秘密修學的，若不如此，會引發非法器的人的誤解，對人有害。譬如有些人根本沒有能力修四密續，尤其是無上密續，他們只想玩弄眞言密法而已。有些人雖有信心，但並不了解佛教的觀點，也不知禪修及行爲。還有些人雖有正確的了解但是沒有能力持戒，不能保持信仰和堅一的心志。行者若無正確的認識和持戒的能力，要修金剛乘密法是很危險的。

十六、時至今日，秘密眞言已成爲一般人有趣的話題。許多密法被傳了出去，許多公開場合中大談密法，並且有關密法的書籍也被翻譯了出來。儘管秘密眞言應該密傳，許多書籍還是照出不誤，而且在這些書中還夾雜著許多僞造的思想，眞是令人無法忍受。

如果將秘密眞言的法公開修行，或用作商品般的買賣（只要有供養金就傳授），那麼如此做的修行者，就會遭受意外的惡報，甚至會喪命。即使不如此，也會產生種種逆緣阻礙他的證悟。

其他書籍如果發生了錯誤，後果還不太嚴重，但有關密法的書，無論在解釋或翻譯上，只要一有了差錯，對他本人來講後果就不堪設想了。而且若誤將密法傳給尚未成熟的人，非但無益反而有害。有很多故事中，都曾談到有人因著手論述密法而夭壽，也有人因撰寫密法的書，而延誤了自己在修行方面的進步的實例。

十七、灌頂之前，你應衷心皈依三寶，再受別解脫戒，接著再發利他菩提心。當你完成顯密共同基礎之後而又達到適合聽聞密續的地步，你應學「菩薩戒二十頌」及「上師五十法頌」，然後你就可以接受灌頂了。

十八、金剛乘是將佛之教法結合起來的一貫修法，也就是修行者必須先建立堅固的小乘基礎，在此基礎上發菩提心，進修六波羅蜜的大乘法，再以大乘顯教的基礎，加修大乘密教的四部密續。

如果有人認為金剛乘可以拋棄小乘和大乘顯教，另有一條屬於密法的秘密捷徑可以直接成佛，那是大錯特錯的邪知邪見。

十九、過去諸佛菩薩初發心修行時，都是以菩薩戒為基礎，然後才開始在菩薩道修行的。換言之，不受菩薩戒就無法得到果位，也無法在菩薩道一步一步的往上修。

修學金剛乘的人，都知道密法有很深奧的善巧方便。但是縱然是這樣，修密法仍然要受菩薩戒才能成就。世上沒有任何一種密法的修行方式可以缺少菩薩戒，也從沒有不受菩薩戒而修密法成就的人。

無論你參加多少次法會，灌頂多少次，如果你沒有受菩薩戒，或者是受了戒而沒有把戒放在心上，那麼你就無法將所學的法義具體化，更無法將它吸收融化在你的心中。所以菩薩戒是得到金剛乘成就必備的重要條件。

譬如一個非常出色的畫家，如果他不在畫布上作畫，而在空中揮舞著，那麼不管他用的色彩是多麼絢麗，技巧是多麼純熟，其不會有結果是簡而易知的。同樣的，一個屬於菩薩乘的密宗行者，如果不在菩薩戒的基礎上修學密法，其不會有成就，也是可以想像得到的。

二十、已經修過顯教各個階段，並希望迅速成佛的人，應該進入能速證佛果的秘密金剛乘（Secret Mantra Vehicle）修行。可是你不能只為自己尋求佛果，不能只為自己出人頭地而修行密宗的法。你必須在善知識護持下，先修普通道，也就是修下等和中等根器的人所修之道——認知輪迴是苦，並發出離輪迴之心。然後，修慈悲心，也就是不忍見他人受苦而不救之心。眾生希望快樂而得不到快樂，不要痛苦而却恒常受苦。所以你必須從內心深處，為一切輪迴於三界的眾生（欲界、色界、無色界），發出廣大的慈悲心，願一切眾生離苦及苦因。

有些人由於多生所積的習氣，從小就有善心。譬如他們對瀕死的小蟲以及受苦的人，都忍不住心生慈悲。他們具有極強的利他之心。像這樣的人才應該進入金剛乘修行，以便能快速成佛，利益眾生。

密法不是人人都能修的，卽使是多生行善之人，或從小就有強烈助人之念的人，也應該先尋求善知識的協助，藉著善知識的指導，下幾個月或幾年的功天，不斷提升自己原有善心的層次。直到他在行、住、坐、臥間，都能生起處處找機會做一切利他之事的堅強心力。並極願像佛那樣，自然的、不加造作的給予他人廣大的助益。這種人就適於修學密法，也應該修學密法，以便早日成佛，完成渡衆生的心願。

你如果只想求得一時的溫飽，只想達到今生短期的目標，只想免於暫時的疾病、獲得豐富的資產、一時的名聲或大量的金錢，那麼的確有別的方法可以使你發大財，使你暫時免除疾病，以及使你享一時的盛名。你可以貪婪、欺詐，有時誠實，有時說謊，有時爭鬥，有時和平。這些都是暫時的方法，當前有很多的人都在這麼做。如果這就是你的目的，你就無需進入金剛乘，更無需宗喀巴大師所著的《密宗道次第廣論》(Great Exposition of Secret Mantra) 了。

反過來說，你如果不以上述世間耆老們所行的那一套爲滿足；你如果認爲上述那些行爲沒有意義、沒有骨氣；你如果知道，就今生而言，無論你多麼富有，也難得心安；你如果想爲自己和別人尋求安心之道，則改進你的精神狀態，就非常重要了。那時你極需要進入金剛乘。

二十一、修行的人，如果著手於多種不同的修行法門是不好的，比如說這個密法看來不錯，那個密法看來也好，這也碰碰，那也摸摸，結果却一無所成。如果你不好高騖遠，而只選擇適合自己能力的某一個法門來修，這樣你就能發揮出相當的能力，精通你所修的那一個法門。修成之時，那一項修行的力量或徵象就產生了。

否則，就會像西藏口授傳統所說的：「印度人只修一位本尊，就能獲得修一百位本尊的成就；而西藏人修一百位本尊，却連修一位本尊所應有的成就都得不到。」

六、達賴喇嘛最重要的開示

本文摘譯自達賴喇嘛之《修行三主要道的註釋》

（英譯：GLENN H. MULLIN，紐約雪獅出版社出版，一九八五年再版本）

1. 如何親近善知識

一個良好的善知識，會帶給修學者極大的好處。所以我們必須盡力去尋找條件夠的善知識。並且以財物供養、勞役侍候、如說修行等三法與善知識建立起良好的師徒關係。

密勒日巴尊者說：「我沒有足夠的財物供養，但我代之以如說修行來取悅於我的上師。」（密勒日巴尊者就是以此供養上師，依此而修行），結果即身成就了。如說修行雖然有時不容易做到，但就其結果來說，如說修行是所有供養上師法當中最為殊勝寶貴的。所以為人師者，不可以把財物供養看得比如說修行更重要；而為人弟子者，則應盡一切努力以如說修行來供養上師。

所謂如說修行，顧名思義，就是要我們照着上師的話去做。但是我們如果遇到上師要我們做的事情，我們不樂意做；或者上師說的話不合理、不合教法，這時我們就必須以正理和佛之正見來做衡量取捨的標準。如果上師所說的教誡違背了這個標準，我們要加以拒絕。因爲這是佛陀親口告訴我們的。

如果你對上師說的話感到懷疑，你就必須先很善巧的把這個疑問弄清楚。關於這種作法在無上瑜伽密中是非常敏感的。因爲修學無上瑜伽密的先決條件，就是弟子必須無條件的服從上師。但是卽使是無上密中所說的無條件服從，也只是在特別的意義下進行。

如果上師指著東邊告訴你向西邊走，這時當弟子的人必須毫無選擇的加以抗議。但是態度必須非常的恭敬和婉轉，否則就不是回報上師大恩之正當途徑了。

2. 做金剛上師的條件爲什麼必須是佛

小乘和顯教大乘的經典，雖然也說上師的種類、修學者必須依止條件夠的上師、上師應具備什麼條件，以及弟子應該有的修學態度等等。這幾個問題在（無上）密續中也同樣提出來討論，但密續中除了規定密宗上師必須具備上述之種種條件外，他必須是佛。因爲他必須有能力以自己的修行證驗傳授生起和圓滿兩種次第，特別是他必須有能力以自己的證悟爲弟子傳授第四灌頂。這意思是說，做爲一個合格的上師，他必須有能力介紹給弟子大雙運，而具有這種能力的人，則唯有金剛持佛。

一個有能力爲弟子加持（無上瑜伽密法的）第四灌頂的上師，他必須親身驗證幻有與真實淨光。而淨光與幻身的關係，就如同人騎在馬上一樣。同時上師必須親身驗證大雙運，並以此傳授給他的弟子。這是當上師應具有的條件。

在弟子方面來說，卽使上師沒有獲得像上述那樣的成就，而向你灌頂的話，這樣的灌頂主要是替你在心識中種下殊勝的種子。這種種子力量的大小，則完全取決於你當時受灌頂的心理狀態。當時如果你能把上師看成佛的話，你就能獲得最強力的種子。事實上，這也正是上師應該在第四灌中替你做的。

3. 上師的行爲一切都是圓滿的嗎

一般的說法，在修學依止上師法的當中，最重要的是要把他的一切行爲都看成圓滿無缺的。但依我（達賴喇嘛）的看法，我不喜歡這一個教法應用得太過度。雖然我們經常可以在佛經上看到「（上師的行爲）一切都是圓滿的」這句話，但是我們仍然必須透過佛之光明去了解它。因爲佛陀曾經說過：「要接受我的教法，不能依靠盲目的信仰，而是必須透過理智的決擇，就像買金子的人事先一定要經過化驗一樣。」

「把上師的一切行爲都看成十全十美」的這個教法，如果不透過正確的決擇，很容易變成上師與弟子的毒藥。所以當我在教授此教法時，對於傳統的這句話，總是叫人不要太過份的強調。如果上師所做的行爲不如法，或所講的言論與佛之正法相違背，這時我們必須愼重的以理智和佛法上的正見去加以辨別。

拿我自己來說吧！因爲過去歷代的達賴喇嘛都是偉大的聖者，而我又被認爲是他們的轉世，加以我又時常爲大衆說法，因此很多人對我都能生起很大的信心，於是他們在修上師法時，就把我觀成佛。同時我又被推爲世間的領袖，以是「把上師的一切行爲都看成十全十美」的教法，很容易在我推行宗教或政令而與人民接觸的時候，變成毒藥。因爲我可以這麼想：他們既然把我看成佛，我無論說什麼他們都會接受，（那麼我大可利用此機會爲所欲爲了。）所以說，太過份的信心和無條件的把一切都看成聖潔的想法，會很容易把事情弄糟。

因此，我一直建議大家，「把上師的一切行爲都看成十全十美」的這個敎法，不可以在普通的修行人當中強調它。如果人們將此（修無上瑜伽密才須要用的）甚深教法，隨意應用到其他不相應處，這是很不幸的事。

或許你會想，達賴喇嘛難道沒有念過《菩提道次第論》嗎？他怎麼會不知道「沒有上師就不可能學到佛法」的道理呢？事實上，我（達賴喇嘛）不是不尊敬《菩提道次第論》裏所說的教法，做爲一個弟子，是必須依止上師，以及思惟上師之種種功德的。但這個「把上師的一切行爲都看成十全十美」的教法，卻必須在完整的教法中以理性的智慧去應用它。因爲此「十全十美」的教法，是出自於「無上瑜伽密續」中，《菩提道次第論》之所以引用它，目的在作爲修學者準備修學「無上瑜伽密」的前行。所以初學佛法的人對處理這件事要特別小心。

上師如果利用密宗上師戒來愚弄虔誠而無知的弟子，想在弟子那邊獲得他所要的好處，（不管他要的是名聞利養或者是婬欲），這種行爲就像是把地獄中的滾熱鐵汁硬灌進弟子的肚子裏一樣。所以做爲一個佛弟子，依止上師一定要依理智和佛之正見來作主要的引導。如果弟子不具備這樣的善巧方法，是絕無法在佛法上獲得驗證的。

弟子在正式依止上師之前，一定要對上師作全面的觀察，乃至於只須以世俗的看法，把上師看作佛陀的代表，而不認爲他是眞正的佛陀。至於「把上師的一切行爲都看成十全十美」的這個教法，則留到修學無上瑜伽密法時才全面運用它，那時這個教法就有新的意義了。因爲修學密乘，（尤其是無上瑜伽密），當中有一個主要的本尊瑜伽法，就是將整個世間看成佛的壇城，把一切衆生都看成佛。此時在這種每一個人都是佛的情況之下，上師反而不是佛，這豈不是旣荒謬又可笑嗎？

佛法在西藏已被廣泛的流傳，又由於歷代上師們的慈悲，一般西藏人對佛法都能普遍生起很大的信心，卽使是一塊小紅布，他們也能把它看成眞實的僧伽（註：西藏出家人的袈裟是紅色的）。對他們來說，修習「把上師的一切行爲都看成十全十美」的這個教法是毫無困難的，所以淨化傳承教法的責任，就完全落在上師的手裏。但是很不幸的是，（許多上師不但不這麼想），反而被這所謂「十全十美」的教法所寵壞。究實而言，一個越被恭敬的人，應當越加謙遜才對，但這個理論有時卻被弄反掉了。所以一個（眞正發菩提心的）上師，必須時常很小心的防護自己，並牢記種墩巴的話。種墩巴說：「修道之人應當利用別人對你的恭敬，而啟發你的謙虛。」這是做上師的責任。

（編者按：西藏有資格傳密法的人，只有仁波切。因此這裏所指的上師包括仁波切在內。有些當上師的人，因爲經常被恭敬的弟子所包圍，所以我慢與煩惱都很容易在不知不覺中，日漸加深。有的人甚至於只撿恭維的話來聽，挑剔吃的、住的、穿的、用的，荒廢修法，不嚴守比丘戒，不知遠離異性，不知守護衆生的心。）

那麼做弟子的人應該負什麼責任呢？

做弟子的人應負的責任，就是必須運用智慧，善巧的表達自己的信心和恭敬，因爲信心固然可以產生功德，但若不在智慧的指引下，會造成很多的麻煩（和失望，乃至斷送自己的慧命）。

我們西藏人（對傳法上師）普遍都有着過度的信心，而我們也都認爲這是理所當然的。（但是身爲上師的人應該知道：）一個依賴施主而過活的出家人，如果不如法修行、（不遵依佛之教誡），這樣做是造了大惡業，就如同盜用三寶物一樣。出家人必須具足善行、或精進的修學、或修行到堪受供養的程度，如此接受施主布施才來得有意義。如果是破了戒的出家人，就應寧願飲下烊銅鐵汁（也不受人供養）。

問題是（有許多上師並不這麼想），他們只把「十全十美」的這個教法用來增長自己的迷妄與愚癡，而這些煩惱正是我們所要克服的。這種寬容的態度，很容易使我們墮落。這是我爲什麼把「十全十美」的這個教法說成毒藥的理由。同時西藏之所以會有這麼多的宗派門戶之見，也是基於誤用「十全十美」之教法而來。

第一世達賴喇嘛曾經寫過這麼一句話：「一個夠條件的上師，應該以慈悲心觀視一切衆生，尊敬任何一個教法的傳承上師，（他從不傷害任何人），只是傷害自己內心的敵人——無明。」

佛法之所以有這麼多的不同傳承，完全在適應不同根器的衆生，這是一種極爲善巧的方便。所以如果我們利用「把上師的一切行爲都看成十全十美」的教法，來達到自己分宗分派之目的的話，那我們將如何回報歷代傳承上師所賜給我們這麼好的佛法傳承和利益呢？我們能不感到慚愧嗎？如果我們誤解或誤用傳承祖師的教法，我們將無法取悅於他們。

做爲一個上師，如果是爲了利益衆生，而舉行法會或灌頂，這樣做是正確的、是值得的，並且有功德。反之，如果是爲了獲取世間的名聞利養，那倒不如改行做個生意人還好些。

帶着佛法之假面具（到處欺騙別人），利用衆生，這種行爲會造成很大的損害。縱使像惡魔般的敵人曾無情的傷害過我們，但與其相較之下，如果我們利用佛法來達到分宗分派的目的，或利用衆生，其所造成的傷害，將遠遠超過敵人對我們的傷害。因爲這種惡行損害了（佛法和善行的）基礎。

密勒日巴尊者曾經說過：「修道之人的行爲如果不如法，那麼他的行爲都在破壞佛法。」所以凡是利用教法來分宗分派，或利用教法來欺騙衆生，這種行爲就是在破壞佛法。我們與其花費很大的力氣供設佛堂，或長途跋涉的去朝聖，倒不如憶念佛陀「諸惡莫作，衆善奉行，自淨其意」之教誡來得好。修道之人如果因爲修行而增長了自己的惡業和愚痴，越發攪亂自己的內心，顯然這是修錯方向了。

據說八百年前的印度佛法之所以衰退，是由於條件不夠的人修了金剛乘的密法，以及僧伽的腐化，造成宗派的林立。所以任何人在宏揚西藏佛法的時候，都應牢牢記住，隨意使用「把上師的一切行爲都看成十全十美」的教法是十分危險的，尤其是對於初學的人。

國家圖書館出版品預行編目資料

佛教寶藏／不動慧獅子編著. -- 初版. -- 新北市：
華夏出版有限公司, 2024.04
面；　公分. --（圓明書房；051）
ISBN 978-626-7393-16-1（平裝）
1.CST：佛教修持　2.CST：生活指導

225.87　　112020879

圓明書房 051
佛教寶藏

編　　著　不動慧獅子
出　　版　華夏出版有限公司
220 新北市板橋區縣民大道 3 段 93 巷 30 弄 25 號 1 樓
電話：02-32343788　傳真：02-22234544
E-mail：pftwsdom@ms7.hinet.net
印　　刷　百通科技股份有限公司
電話：02-86926066　傳真：02-86926016
總 經 銷　貿騰發賣股份有限公司
新北市 235 中和區立德街 136 號 6 樓
電話：02-82275988　傳真：02-82275989
網址：www.namode.com
版　　次　2024 年 4 月初版—刷
特　　價　新臺幣 560 元（缺頁或破損的書，請寄回更換）

ISBN：978-626-7393-16-1

《佛教寶藏》由佛教出版社同意華夏出版有限公司出版繁體字版